教师实践能力发展丛书

初中化学教学设计与案例分析

主　编　刘继和　辛　静
副主编　李春燕　刘晶茹　刘东方
　　　　薛　峰　黄东宁

科学出版社
北　京

内 容 简 介

本书分为两篇。上篇为初中化学教学设计与学案设计的理念,包括教学设计的知识与策略。下篇为初中化学教学设计的案例与分析。每个案例都包含对教学内容的基本认识与理解，并附详细的教与学的过程设计、板书设计、学案、教学反思以及专家对案例进行的中肯点评。在案例最后，介绍了参考资料。本书的教学设计案例均为一线教师结合理论研究及教学实践得出的成果。

本书可以作为化学教学论硕士研究生和教育硕士研究生的参考教材,也适用于化学教师和教研人员的进修培训,并可供化学教育工作者阅读和参考。

图书在版编目（CIP）数据

初中化学教学设计与案例分析 / 刘继和,辛静主编.—北京：科学出版社，2015

（教师实践能力发展丛书）

ISBN 978-7-03-043242-1

Ⅰ.①初… Ⅱ.①刘… ②辛… Ⅲ.①中学化学课-教学研究-初中
Ⅳ.①G633.82

中国版本图书馆 CIP 数据核字（2015）第 022773 号

责任编辑：石 悦 / 责任校对：桂伟利
责任印制：赵 博 / 封面设计：华路天然工作室

科 学 出 版 社 出版
北京东黄城根北街 16 号
邮政编码：100717
http://www.sciencep.com

三河市骏杰印刷有限公司印刷

科学出版社发行 各地新华书店经销

*

2015 年 1 月第 一 版 开本：787×1092 1/16
2024 年12月第八次印刷 印张：17
字数：403 000

定价：49.00 元

（如有印装质量问题，我社负责调换）

总　　序

人们对教师教育的关注可谓由来已久。《世界教育年鉴》曾于1963年和1980年两度分别以“教育与教师培养”和“教师专业发展”为主题。关于教师教育的研究成果也十分丰富，仅就数学教育研究而言，根据2001年Ball，Lubienski和Mewborn所做的统计，在1986～1998年发表的48种重要教育研究的期刊中，有354篇是与数学教育有关的论文，其中15%的论文是关于数学教师知识和观念的。

在教师教育研究中，存在着两个重要的相关主题，一个是教师应具备什么知识，另一个是促进教师知识发展的策略。在关于教师应具备什么样的知识的研究中，由于研究者所持有的知识观不同，因此，他们对于教师知识的认识和对教师知识的概念化方式都存在着很大的差异。但从教师知识研究的脉络上看，存在着两条特征十分清晰的主线，一条主线是具有实践取向性的教师知识构想，另一条主线是从理论上，甚至是命题的立场上理解教师知识产生的影响。

许多研究者从教师课堂教学实践的立场出发，认为教师知识是教师在自身的教学实践中发展出来的一种知识。由此得出，教师知识具有实践性特征、个人化特征、情境化特征。实践性特征说明了教师知识是在教师的日常教育教学活动中形成的；个人化特征说明了教师知识是源于教师个体在教育教学活动中生成的，强调不同个体产生的体验不同；情境化特征说明了个体实践环境对个体体验的影响。在一个教师个体身上，教师知识的三种特征是统一在一起的，交融在一起的，即该个体教师知识是对特定情境的反应。

关于命题观点下教师知识的研究成果应首推Shulman关于教师知识的概念性和分析性的框架。Shulman和他的同事提出了构成教学知识基础的七类知识：①内容知识(content knowledge)，主要指所教学科的内容知识，包括该学科的主要事实、概念以及它们之间的关系，同时也包括该学科的实质结构和句法结构。一个学科的实质结构指的是“解释性框架或用来引导该领域探究和数据理解的范式”，而句法结构指的是该学科委员会成员为了引导该领域探究而使用的规定(the canons of evidence)。它们是新知识被引入和被认可的各种方式。Shulman认为，教师拥有关于学科所使用的解释性或诠释性框架的知识和在该学科怎样进行探究的知识，而这些知识严重地影响了他们的课程决策以及如何向学生呈现内容和描述该学科的本质。②学科教学知识(pedagogical content knowledge)是指有机融合所教的学科知识内容和教育学原理，进而对具体课题、问题或论点组织、表达和调整，以适应学习者的不同兴趣和能力，以及进行教学的理解。③一般性教学知识(general pedagogical knowledge)，指超越各具体学科之上的关于课堂管理和组织的一般原理和策略。④课程知识(curriculum knowledge)，指对作为教师的“职业工具”的教材和教学计划的掌握。⑤学习者及其特点的知识(knowledge of learners and their characteristics)。⑥教育环境的知识(knowledge of educational contexts)，包括从班组或课堂的情况、学区的管理和经费分配，到社区和文化的特征。⑦关于教育的目标、目的和价值以及它们的哲学和历史基础知识(knowledge of educational ends, purposes and values)。他们认为教师在作教学决定时常常会用到这七个范畴的知识。

“教师实践能力发展丛书”主要由各学科教学活动设计构成，也包括班队会设计和板书设计。不论是哪一类设计都反映出了教师知识的发展水平，特别是教学活动设计，更集中地反映了教师学科教学知识（PCK）发展水平。通常所说的教学活动设计主要是针对某一课时的教学设计。教学设计活动主要包括对学科课程内容分析，特别是基于学科课程标准的要求对教科书的分析，对学生现阶段认知发展水平的分析，学习习惯分析，对现有教学资源和教学设施手段的分析，以及基于上述分析设立科学合理教学目标，并针对目标对教材进行处理与教学流程设计和评价管理设计等内容。由此可见，教学活动设计包含了教师的学科知识、学科课程知识、学习者及其特点的知识、认知心理学和认识论的知识、管理知识等。教学设计是这些知识整合的结果，展现教师如何把学科知识有效传递给学生，以及如何把学科知识中蕴含的教育价值有效释放出来并为学生所理解。因此，教学活动设计较为集中地反映出教师当下拥有的教学知识及其发展水平。

此外，教学活动设计也是教师知识得以发展的重要逻辑起点。通过教科书分析，可以不断地加深对所教学科知识的理解。这种理解是在所教学科知识之间、所教学科知识与其他学科知识之间、所教学科知识与现实生活之间不断建立联系的过程中完成和发展的。通过对学生认知发展水平的分析，掌握学习者认知特点和学科学习心理发展规律。针对即将学习的内容，可以更加具体地掌握该群体学生关于这些内容的认知准备状况，进一步对比教科书中知识发展的要求，再结合以往该年龄段学生面对这些学习内容的认知情况，可以更加精准地找到教学难点所在。针对确定的教学难点，一方面可以结合已有的教学经验，运用已有的破解难点的方法，从而再一次验证经验的有效性；另一方面，还可以尝试新的破解难点的方法。比如，设计与教科书不同的认知途径，或设计比教科书更加细腻的认知过程，或采取与以往不同的师生活动方式等，从而增加和丰富有效教学经验。通过教材分析和学情分析，以及教学手段与资源分析，可以确定教学目标。根据教学目标设计有效的教学过程与方法，使得教学过程、方法与教学目标统一起来，有效落实教学目标。教学过程与方法的设计，一方面涉及学生认知活动流程，即围绕教学目标，如何提出每一个问题，如何设计问题串，使之更有效地引导学生的思维活动达到预设目标的要求；另一方面涉及师生互动的具体方式和方法，即谁来提出问题，谁来解决问题，以及如何创设情境提出问题，如何呈现问题和问题解决方案等。

本套丛书的特色是借助案例阐释教学活动设计的各要素、各阶段，以及各教学环节的功能，期待能够帮助读者充分理解教学活动设计的基本方法、基本原则，深入理解教学活动设计的意义。同时也期待这套丛书能够帮助教师梳理现有的教育教学设计的经验（实践知识），使之不断提升为个人的理论知识。

景　敏

2014年1月

前　言

关于教学设计的研究从20世纪60年代形成和发展起来，是以解决教学问题为宗旨的一门新兴科学。90年代初期，我国化学教学设计也孕育而生，并在理论和实践方面取得较快发展。新课程实施的今天对教师提出了更高要求，他们应该具备学科知识、教学设计能力、教学实施能力、教学评价能力。其中，教学设计能力是教育理念与教学实践相结合的界面，是决定教学成败的关键因素之一。因此，教师要以研究者的身份参与到教学设计中去，提高教学实践能力，实现通过化学教学促进学生科学素养发展的教育宗旨。

学案教学则是近些年在中学课堂中兴起的一种新型教学方式。学案是引导学生主动学习的方案，是学生自学的有效工具。化学课堂教学中学案的使用能帮助教师转变教学观念，有效地指导学生学习。

本书分为两篇，上篇为初中化学教学设计与学案设计的理念，向读者提供化学教学设计与学案设计的知识与策略；下篇为初中化学教学设计的案例与分析，这些案例的主题来源于初中化学教科书，并分别由深谙课堂教学的中学教师提供教学设计。每个案例都包含对教学内容的基本认识与理解，并附详细的教与学的过程设计、板书设计、学案、教学反思以及专家对案例进行的中肯点评。在案例最后，介绍了参考资料，以供读者借鉴。

本书由沈阳师范大学教师专业发展学院刘继和教授提出全书章节、主体架构和编写体例要求，并加以统编、修改与审阅。同时，高级教师、辽宁省化学教研员辛静征集和选编教学设计及案例，并亲临课堂进行指导，在反复实践中对部分案例进行修改。

编写分工如下：上篇由刘东方（沈阳师范大学教师专业发展学院博士）编写；下篇分别由李春燕（辽宁省鞍山市教师进修学院化学教研员）、刘晶茹（辽宁省铁岭市教师进修学院化学教研员）、薛峰（辽宁省沈阳市教育研究院化学教研员）、黄东宁（辽宁省抚顺市教师进修学院化学教研员）做案例的组织、选编和评价工作。

在本书编写过程中，我们参考了部分专家、同行的研究成果，科学出版社对本书的出版给予了大力支持，在此一并表示感谢。衷心希望大家在使用本书的过程中，提出宝贵的批评意见和建议，为科学学科教师专业实践能力的提升与发展献计献策！

作　者

2014年7月于沈阳

目　录

下篇　初中化学教学设计的案例与分析

上　篇

初中化学教学设计与学案设计的理念

第一章　化学教学设计

学习目标

通过本章的学习，应实现以下学习目标：

(1)了解化学教学设计的基本内涵，了解化学教学设计的特点。

(2)明确化学教学设计的主要方法，对不同方法有深入的认识。

(3)对化学探究教学设计方法有深刻了解，掌握其设计环节、难点及策略。

(4)认识化学教学目标的重要性，明确化学教学目标的设计方法，能够准确陈述化学教学目标。

(5)理解化学教学策略，能够针对化学教学的核心内容选择合适的教学策略。

第一节　化学教学设计的内涵和特点

一、化学教学设计的内涵

化学教学设计是化学教师运用系统科学方法，根据正确的教育思想和化学教学原理，分析教学问题和教学目标，针对具体的教学对象、教学内容和教学目标，对化学教学的总体结构、整个程序及其具体环节所拟定的行之有效的教学系统方法和技术。

化学学科的教学设计要体现学科特点，主要表现在：以实验为基础；以科学探究活动为手段；以学生的发展为目的；以化学用语为工具；以科学方法论为指导；以科学认识论为原则；紧密联系生活和社会实际。

教学设计经历了从以“教”为中心到以“学”为中心的教学模式。无论是以系统论、传播理论、学习理论为基础，还是以教学理论为基础，教学设计模式都包括学习需要分析、学习内容分析、学习目标的阐释、学习者分析、教学策略的制定、教学媒体的选择和利用、教学设计成果的评价等基本内容。

二、化学教学设计的特点

第一，理论性。教学设计必须依据现代学习理论、教学理论和传播理论等，对教学过程的诸要素进行优化设计，以保证设计的科学性和合理性。

第二，系统性。教学设计必须运用系统方法，从教学系统的整体功能出发，综合考虑教师、学生、教材、媒体和评价等各个方面在教学中的地位和作用，使之相互联系、相互促进、相互制约，产生整体效应，以保证教学设计中的“目标、策略、媒体和评价”等诸要素的协调统一。

第三，差异性。教学设计必须以学习者为出发点，将学习者的特征分析作为教学设计的依据，它强调充分挖掘学习者的内部潜能，调动学习者的主动性和积极性，促使学习者内部学习过程的发生和有效进行。它注重学习者的个别差异，需要对学生进行调查、分析。其具体任务包括：弄清学生的学习状况；经过努力，学生可以达到怎样的状态和学习水平；了解学生在感知、记忆、思维等方面的认知特点和认知风格；了解学生的情感发展水平、情感特点和情感需求；了解学生的性格、行为习惯等个性特点。

第四，应用性。教学设计作为一门联系理论和实践的“桥梁学科”。一方面，可以把已有的教学理论和研究成果运用于实际教学中，指导教学工作的进行；另一方面，也可以把教师优秀的教学经验升华为教育科学，进一步充实和完善教学理论。在学科教学实践中，教学设计完全可以反映教师的教育教学理念和教育教学理论水平。

第五，层次性。教学设计的对象是教学系统，教学系统是有层次的，因此教学设计也具有层次性。教学设计的基本层次是课程教学设计、学段教学设计、单元教学设计、课时教学设计四个层次。

在本书中，集中关注课时教学设计。因此，化学学科的课时教学设计就是为了实现一定的化学课堂教育、教学目标，依据现代化学教育思想、化学新课程理念、化学学科及学生特点，依托化学教学资源，建立解决化学教学问题的策略，评价反思试行结果和对设计方案进行反馈修正的系统过程。

第二节　化学教学设计的主要方法

一、基于讲授的化学教学设计①

1. 对讲授式教学方法的认识

讲授式教学方法简称讲授法，是教师通过口头语言对学生系统地传授知识的一种方法。运用这种方法，教师可以将化学知识系统地传授给学生，使学生在较短时间内获得较多的知识。它能运用启发的方式对学生提出问题，引起他们积极思考，并指出解决问题的途径，发展学生的抽象思维。

根据教材内容和学生认知发展水平的不同，讲授法的运用可分为讲述法和讲解法两种主要形式。①讲述法是教师向学生叙述化学史实，描述物质的性质、反应现象，介绍重要物质在国民经济中所起的作用等所使用的方法。②讲解法是教师向学生说明化学现象产生的原因，阐述化学概念、化学原理时所要使用的方法。这种方法的特点是，教师要对化学现象进行分析对比、推理、论证，从而使学生理解化学现象本质，掌握化学概念、原理。在一堂课中，讲述法与讲解法经常结合运用，配合有演示实验、随堂实验和对学生的提问。

讲授式教学的主要优点是教师能够同时向许多人传授知识；缺点是在教学过程中，学生的注意力会下降，教师很难使学生的注意力在整个教学过程中一直保持相当高的水平。为了克服这一缺点，教师常在教学中穿插一些简短的提问和对话。

通过奥苏贝尔的有意义接受学习理论可知，学习是有意义的还是机械的，是被动的还是主动的，并不取决于教学的方式，而是取决于能否满足有意义学习的心理过程和条件，以及

① 杨承印. 中学化学教材研究与教学设计. 西安：陕西师范大学出版社. 2013

教师是否能够正确地运用这一教学方法。先行组织者教学策略为接受式教学设计提供了很好的理论基础。

先行组织者是指安排学习任务之前呈现给学习者的引导性材料，它比学习任务具有更高一层的抽象性和关联性。提供先行组织者的目的就在于用以前学过的材料去解释、整合和联系当前学习任务中的材料（并帮助学习者区分新材料和以前学过的材料）。先行组织者可以是比较性的，也可以是讲解性的，但是在呈现作为先行组织者概念时，必须仔细解释这些概念或者命题的基本特征。

2. 化学讲授式教学方法设计

(1)适用条件。所学的知识用其他方法不容易获得；需要将来源于各个方面的资源加以整合；学生要理解不同的观点。因此，要在短时间内将大量信息传递给学生时，讲授法是一种比较合适的方法。

(2)实施过程。以良好的组织和复习开始；简短讲述目的，提醒学生注意新的或重要的概念；提供新的信息时，考虑学生对这方面已知的知识，按照学生易于跟上的步骤进行；循序渐进地激发学生主动学习的欲望；结束时复习重点，强调普遍的完整的概念；讲解后，提出问题后布置作业，要求学生以自己的话解释材料，并利用或延伸到新的情境中。

(3)基本步骤。第一，弄清教学目标和主要知识点；第二，按顺序逐渐地呈现知识，在讲述一个复杂的材料时需要呈现一个提纲；第三，讲授应该是清晰具体的；最后，必须能够掌握学生的理解程度。

(4)与其他教学方法结合。讲授法强调的是知识的客观性、稳定性和外在性。除此之外，知识还具有创造性、生成性、动态性以及内在性。因此，课堂教学不主张以单一的讲授一以贯之，还要倡导与谈话法、问题探索法、直观法等教学方法相结合，促使学生不仅能够认知知识，而且还要在学习的过程中积极地建构知识、生成知识。

二、基于STSE(科学、技术、社会、环境)教育的化学教学设计

1. 对STSE教学方法的认识

STSE教育是第二次世界大战后西方世界的人们对科学、技术、社会、环境关系重新认识的产物。在此之前，科学仅仅被看作“认知过程”，科学技术是“一种独立自主的不可抗拒的力量，是可以为任何偶然的利益和需要服务的纯粹中立的工具”。随着科学技术社会化和社会科学技术化进程的加快，科学、技术、社会、环境四者紧密联系在一起，形成了一个辩证的综合体系。

STSE思想起源于学校科学教育领域之外，但STSE思想对科学、技术、社会、环境相互关系的重新认识必将影响到教育中，STSE教育的出现是现代社会发展、现代科学技术发展的必然要求。

2. 基于STSE教育的化学教学方法设计过程

(1)适用条件。与生产、生活相关并且被广泛应用的化学知识；与社会发展有重大关系的化学知识；与科学技术有关的社会热点问题；化学发展的成就及前沿问题。

(2)实施过程。由于STSE教育涉及科学、技术、社会、环境多层面，内容广泛，要求ST-SE教育组织形式多样化，通常可采用课内渗透、STSE活动课和社会实践三种形式。

三、基于科学探究的化学教学设计

1. 对科学探究教学的认识

美国国家研究理事会(NRC)在《国家科学教育标准》(*National Science Educational Standards*)中提出:"科学探究指的是科学家们用来研究自然界并根据研究所获事实证据做出解释的各种不同途径",同时"科学探究也指学生构建知识、形成科学观念、领悟科学研究方法的各种活动";我国香港《科学与科技标准》提出,"科学探究是利用科学知识、解决问题的技能及思维去探索某些值得关注的现象或事情。始于问题确认及形成概念,然后建立假设以图解释这些现象或事件,并利用设计实验来验证假设,收集有关数据予以分析,最后得出有关结论";我国大陆《全日制义务教育化学课程标准》的内容标准中对发展学生的科学探究能力提出了"增进对科学探究的理解""发展科学探究能力"和"学习基本的实验能力"三方面的要求。

探究教学则指符合学生进行探究性学习所需要的基本特征和要素,并对学生进行探究性学习具有明显支持和促进作用的教学活动和过程。从科学探究过程角度看,探究教学包括:提出问题、假设猜想、设计方案、进行实验、搜集证据、解释推论、反思评价、表达交流等重要过程环节。其中,提出问题包括根据已有知识和经验发现问题、清楚地表述所发现的问题、从发现的问题中筛选出适当的课题进行科学探究;假设猜想是指对提出的假设进行质疑,依据已有的知识和经验对猜想或假设作初步论证,在有关背景知识支持下,确定要探究的内容、起点和方向;设计方案是指能明确探究目标,提出可操作的实验步骤和测量变量的方法,考虑影响探究结果的因素,合理控制实验条件;进行实验是指顺利地完成实验操作,在实验操作中注意观察和思考相结合,能对实验事实或数据进行描述和解释并形成结论;搜集证据是指运用多种方式对物质及其变化进行观察、对观察和测量的结果进行如实地记录,并运用图表等形式加以表述,能运用调查、资料查阅等方式收集解决问题所需要的证据;解释推论包括初步判断事实证据与假设之间的关系,对所获得的事实与证据进行选择,应用有关的科学知识解释,得出正确的结论,通过比较、分类、推理、归纳、概括等方法认识知识之间的联系,形成合理的认知结构等思维活动。

科学探究教学受到了世界科学教育界的普遍推崇。研究者们普遍认为:科学课程的总目标是对学生科学素养的培养,科学素养虽然界定方式很多,但大体可看作由科学知识、科学方法、科学精神三个方面有机结合而成,因此通过科学教育应使学生获得科学知识、形成科学方法、发展科学精神。科学探究教学在科学方法运用、科学精神培养等方面远优于传统讲授式教学。另外,科学教育要回归科学本质,科学的复杂性、价值性、证据性、发展性也是传统教学难以体现和驾驭的,科学探究教学恰恰给了学生追寻、领悟科学本质的空间,弥补了传统教学的缺陷。

尽管教师认同科学探究理念,但是在目前的课堂教学中坚持经常开展科学探究活动的教师并不多,其主要原因是开展探究教学没有让教师体会到重大价值,教师在探究教学的使用中还存在一些困惑和问题。

(1)探究教学追求过程还是追求结果的问题。探究教学有利于学生体验科学过程,学习和运用科学方法,但是这不等于探究教学只关注过程,不关注结果。实际上探究教学更关注过程和结果的统一。学生进行科学探究学习时，起点是学生已经获得的知识(以前学习的结果)，并在原有知识经验的基础上形成观点假设(需要验证的结果)，探究活动是在具体知识和方法的支撑下完成的，探究活动的终点是结果得到论证，学生获得新的知识。教学过程中，只关注结果，学生获得的知识是空中楼阁，是孤立的，缺少结构化的知识；只关注过程，不重视结果的阐明、论证和表达，学生今后的探究活动就会是无源之水、无根之木。可见，探究教学一定要结果和过程并重。

(2)探究教学的教学环节问题。课程标准描述了科学探究的八个要素，一个完整的科学探究活动应该经历这些过程，但是课堂教学中，并不一定要把这八个要素一一展开，可以根据教学目的和要求选择一个或多个环节开放给学生，对其他环节可以简单处理或由教师为主完成，重要的是探究过程逻辑，结论的推导严谨。有些教师僵化地认为探究教学必须展开全部八个要素，使探究教学耗时长且缺少针对性。

(3)探究教学的活动形式问题。化学是一门以实验为基础的学科，探究活动也以实验探究为主。因此，有教师误以为化学探究就是化学实验，对于没有实验的教学内容就不能使用科学探究。教学中较多关注探究教学的活动性，而较少关注探究教学的思维性。对于学生的实验活动，也更多地关注实验本身的现象和结果，而忽略实验的证据作用和对新问题的引发作用。

(4)探究教学关键点的把握问题。探究教学作为化学课程的学习内容是为了发展学生科学探究能力，使学生面对真实问题时有解决问题、探寻结果的意识和能力。科学探究作为化学课程的重要学习方式，承载着帮助学生获取知识、理解和使用科学方法、形成严谨思维习惯的作用。因此，教师在教学中应更多关注学生假设能力、论证能力、实验设计能力的培养，也应重视科学方法的体现，最终实现创新能力的提升而不仅仅是具体知识的获得。

(5)探究教学的实施策略问题。探究教学的有效实施离不开教师对实施策略的把握。如何设计有良好驱动性的探究问题；如何合理控制教学中的开放度，尽可能给学生发散的空间；如何利用科学探究展示过程方法；如何从学生的实践经验中提炼出新的探究问题引发学生新的思考；如何设计好的探究活动开展概念原理的科学探究……这些都需要教师进一步探索可行的实施策略。

2. 科学探究教学策略设计

探究教学模式分为五个基本阶段：关注、参与；实验、探究；解释、推论；整合、精致；反思、评价。第一个阶段是使学生参与到学习任务中来，使学生的注意力集中在物体、问题、情景或事件上。这个阶段的活动应能够引发学生的已有认识，并且应与过去和将来的活动产生联系。第二、三个阶段以学生亲身的探究活动为主，学生要提出假设、设计方案、实施方案，得出初步结论，给出自己的解释并进行初步的推论，而且学生要思考假设、证据、结论间的关系。其中教师的作用是帮助者和辅导者。第四个阶段是教师导向的，给学生提供使用与学习经验相关的术语的机会。此阶段的初始部分应以学生的解释为基础，把解释与探究阶段的经历密切结合起来。教师的教学行为关键在于简洁地、清楚地、直接地呈现概念、程序或技能。此阶段的核心学习任务是在学生自己得出的初步结论的基础上，进行明确精致及进一步的推论，建构新旧经验间的联系，形成合理的认知结构。第五个阶段是学生和教师进行反思、评价的活动，对整个学习活动进行总结、反思，包括知识技能、过程方法和态度情感。[①]

应用探究教学模式时各个阶段的核心教学策略主要包括：①关注、参与阶段的教学策略。创设的问题情景要与学生的生活实际相联系，从学生熟悉的、感兴趣的现象、事实(包括实验)或经验出发；激发学生的兴趣和探究欲望，同时引发学生的已有经验或相关认识；尽量发散学生的思维，对于学生已有认识的正误，不立即给予评价反馈，只是作为一种观点。②实验、探究阶段的教学策略。对于学生已有的经验基础，或学生已经达成的共识，不要再占用时间进行专门的探究活动，教师要在把学生的认识明确化的基础上，直接得出结论。例如，乙醇的性质，学生在日常生活中或者科普读物中已经有了较多的了解，在这种情况下，教师可以让学生直接谈谈对酒精的认识，明确乙醇的一些性质。对一些学生自己探究起来非常困难，又不是关键或重要的教学内容，不要在上面花费较多的时间。例如，乙醇的沸点问题，就可以直接告诉学生。在学生探究阶段，教师要融入学生的探究活动中，要巡视各小组的表现情况，及时给予必要的帮助和辅导，如有的小组在一个非关键问题上纠缠，而且走入了歧途，有的小组只是在盲目地做实验，没有一定的计划性和目的性。同时，这也是教师探查学生情况的良好时机，为后面的整合、精致及今后的教学安排提供具体的学生情况。③解释、推论阶段的教学策略。学生探究活动结束后，教师要给学生机会进行讨论、总结、归纳，然后再进行小组间的汇报交流。对于学生的各种观点、认识，教师不应该立刻给予评价。先让学生自己进行交流、辩论，直到不能确定而且自己无法解决时教师再给予指导帮助；不要仅仅让学生说出最终结论，更重要的是让学生说出自己的假设，拿出实验证据或事实证据。④整合、精致阶段的教学策略。学生汇报后，不要急于做推论、解释。先把学生能初步得出的结论得出来，要由近及远、由易到难、由浅入深。⑤反思、评价阶段的教学策略。教师要及时评价。不仅要考虑知识方面的总结归纳，还要重视如合作、探究方法、实验设计等方面的评价；注重学生的自我评价：要给学生机会说一说自己的亲身体会和收获。

第三节　化学教学目标的设计

教学目标是预期学生通过单元或课时教学活动获得的学习结果，它规定了通过具体教学过程希望学生学会什么。化学教学目标是教学活动的起点和归宿，它支配着化学教学的全过程，并规定着化学教与学的方向。化学教学目标的设计，主要涉及教学目标的确定和教学目标的陈述两方面问题。

一、化学教学目标设计的一般原则

1. 全面性原则

要反映教育对人的全面发展的要求，要体现多元化。不仅要有对知识性目标的要求，还要重视学生操作、能力、情感、态度、意识等方面的发展要求。化学课程目标，即知识与技能、过程与方法、情感态度与价值观三个领域构成了一个完整的目标体系。

---

① 胡久华，王磊，胡晓红. 探究教学模式的课堂教学策略的初步研究. 化学教育，2002，11，12

2. 层次性原则

从纵向来看,学生任何预期学习结果客观上都要通过达到不同层次的要求而实现,以较低层次目标的要求逐步达到较高层次的要求。

3. 可操作性原则

尽可能地用可观察到的外显行为来描述教学目标,或用可测量的笔试、口试、动作测验、心理测验语句来陈述目标。教师在设计教案时要留足检测目标的时间,要制定与每一个目标有相对性匹配关系的检测项目,以保证实际教学紧紧围绕教学目标而展开。

4. 难易适中原则

目标的难度要接近学生认知结构的"最近发展区"。目标过高,学生经过努力却达不到,会使学生产生畏学心理;目标过低,学生的学习毫无压力,对学生的发展起不到激励作用。因此,在制定目标时,教师要对学生的群体学习水平有一个科学的分析。

二、化学教学目标的设计方法

主要有以下几个因素制约化学教学目标领域的制定:要体现化学课程标准的要求,要全面反映教材的内容构成;要突出重点,要充分考虑学生的实际水平;分别对知识与技能、过程与方法、情感态度与价值观各领域教学目标的设计作出分析。

(一)"知识与技能"教学目标设计

知识与技能目标是对学生的化学学习提出的最基本要求,是引导学生展开学习过程、历练相关的能力、陶冶情感态度所依靠的材料。高中化学课程对于学生在知识技能的发展,更关注化学核心概念的学习、核心观念的建构、实验方法和实验技能的学习,同时也提出要加强化学与其他学科之间的联系,注重培养学生综合运用有关知识、技能与方法分析和解决一些化学问题的高级认知技能和问题解决能力。特别是化学实验方面,要求学生在义务教育化学课程目标的基础之上有所提高,获得有关化学实验的基础知识和基本技能,学习实验研究的方法,并能设计和完成一些化学实验。

(二)"过程与方法"教学目标设计

过程与方法作为课程目标之一,是化学新课程改革的一个突出特点。有效进行教学目标设计,可以从如下方面着手。

1."过程与方法"教学目标的内容构成

根据《普通高中化学课程标准(实验)》《全日制义务教育化学课程标准(实验稿)》,过程主要是指化学科学探究的过程;也指学生的学习过程,即学生获得知识技能以及情感体验的过程。方法是指观察、实验、记录、分析、比较、分类、归纳、概括等一般科学方法;也指化学研究与学习的科学方法;也指与人交流、讨论、表述自己观点的方法等。过程与方法的目标,要求学生在以下方面得到发展:一是在过程体验方面,包括经历具体的观察、描述、实验等操作过程,经历猜想、推断、证明、想象等思维过程;二是在认识发展方面,要增进对科学探究、科学本质的理解;三是在行为表现方面,能够做到或完成哪些任务。

2. 目标设计

化学教学过程与方法目标的设计,从操作层面上讲,就是要分析目标在不同学段不同课题中的体现，认识某一具体目标在教学实施中的要求。既要了解化学课程内容标准中对该项学习内容的基本要求，也要根据实际情况再转化分解为具体的教学目标。既要挖掘具体教学内容潜在的过程与方法，也要考虑学生基础和认知发展水平。

（三）“情感态度与价值观”教学目标设计

情感是人对客观现实的对象和现象的刺激所产生的心理反应。态度是指在一定情境下，个人对人、物或事件，以特定方式进行反应的一种心理倾向，是个体在社会环境中，与各种人和事接触过程中逐渐形成的。价值观是人们对客观世界所持的判断标准。对价值的取向往往取决于一个人的情感和态度，三者又交织在一起，需要从整体上对其进行理解。化学情感态度与价值观目标是指在化学教学中，以学生的发展为本，培养学生正确的学习态度、高尚的道德情操和健康的审美情趣，形成正确的价值观和积极的人生态度，为学生未来的可持续发展奠定基础。

三、化学教学目标的陈述

教学目标的制定一方面要考虑它能够直接指导教学，另一方面要考虑便于评价。一个完整、具体、明确、规范的教学目标应包括主体、行为、条件和标准四个要素。

（1）主体。说明教学的对象。化学教学目标的行为主体必须是学生，而不是教师作为目标的行为主体，教学目标不能使用“使学生”“培养学生”等陈述方式。

（2）行为。行为是指通过学习以后，学生能做什么，或者有什么心理感受或体验。教学目标的陈述应力求明确、具体，可以观察和测量。要根据课程标准对教学内容应达到的要求，选择恰当的行为动词来刻画和表述教学目标，便于理解、操作和评估。

（3）条件。条件是指影响学生产生学习结果的特定的限制或范围，主要说明学生在何种情境下完成指定的学习目标。例如，环境因素（地点等）、设备因素（借助工具多媒体等）、信息因素（参考资料等）。

（4）标准。标准是指目标达成的最低表现水平，用以评量学习表现或学习结果所达到的程度。除了行为动词上体现程度的差异外，还可以用其他的方式表明学生的学习程度。

总之，陈述得好的教学目标应该是预期学生的学习结果；应力求明确、具体，可以观察和测量，尽量避免含糊的和不切实际的语言陈述目标；应反映学习结果的类型和层次水平。

第四节　化学教学方法和策略的选择

教学方法和策略的选择是对课堂教学的更为具体化、动态化的过程性预设，要对教学活动程序、教学内容的呈现方式和教学媒体等因素进行总体考虑，是教师进行教学设计的又一项重要任务。

一、针对化学核心知识选择教学策略

1. 元素化合物知识的教学策略

在进行元素化合物教学设计中应注意以下几点：

(1)从学校和学生的实际出发,设置合理、清晰的教学目标,认真落实课标提出的各项要求;

(2)严格控制教学内容的深广度,保护学生学习化学的兴趣和积极性;

(3)紧密联系社会生活,精心创设问题情境,激发和培养学生学习化学的动机,引起学生的质疑、惊讶或好奇,使其产生学习的愿望;

(4)精心设计学生的实验探究活动方案,使学生通过探究加深对物质性质的认识,形成基本的化学观念,掌握基本方法。

2. 概念原理知识的教学策略

概念原理教学提倡学生通过活动主动建构、形成并应用概念,在教学中体现概念原理的认识功能和价值,使学生知道知识的来龙去脉,不仅知其然,还要知其所以然。要达到这样的预期效果,教师进行教学设计时应注意:

(1)教学中不能孤立地对概念原理知识进行内涵分析或外延辨析,概念原理知识的认识功能在于,它能够丰富学生对物质及反应的认识角度,加深认识水平,因此只有将概念原理知识与元素化合物知识的学习融为一体,才能体现出其功能;

(2)教师可以通过对某一概念主题在初中、高中必修、高中选修和大学教材中相关内容的梳理,确立该主题中的核心概念、核心知识的发展脉络和层级关系,结合学生的已有知识和学习需要,确定教学内容的深广度;

(3)挖掘概念原理的认识功能和价值,需要教师在教学实践中关注并研究学生的概念学习过程,探查其认识发展的关键点、障碍点,不断积累经验,对学生认识发展脉络进行客观概括。

二、针对教学核心线索选择教学方法

1. 教学情境的选取及创设

针对教学内容和学生已有的知识基础、认知特点、生活经验而创设学习情境,其目的是使学生能够在一定情境之下进行学习,激发其产生好奇和疑问,进而产生学习的驱动力,为学生能够主动建构认识框架奠定基础。从板书几个简单方程式到教师精心准备的演示实验,都可以作为情境选取和创设的素材,其效果优劣不在于形式的丰富与否,而取决于是否符合教学目标,是否体现特定的教学思想和教学策略,是否能够真正激发学生产生相应的问题并积极主动地思考。

选取教学情境素材通常基于两方面考虑,一是来自生产、生活及自然界的实际,二是与学生经验有联系便于理解接受。此外,教学情境应该明确指向教学目标及教学意图。

2. 驱动性问题的构思及设计

教学设计中的驱动性问题包括内容过渡型问题和思维启发型问题。在教学设计中,这两个问题往往交替呈现,使学生在思考问题、解决问题的过程中建构起与教学内容的学科本体结构相一致的知识结构,同时突破认识障碍点和关键点而形成顺畅的思维流程。

内容过渡型问题的提出是为了引入下一个内容的教学环节,往往是教师自问自答的,引发学生思考,但不需要学生及时作出问题结果。此类问题的设计依据往往是教学内容之间的逻辑关系。一系列的问题串联起来能够呈现一节课的核心教学内容框架,使学生在问题解决的过程中建构起相关的学科核心知识框架。

思维启发型问题针对学生学习过程中的思维生长点和障碍点而定，设计这类问题时，首先要关注学生的已有基础，找出其认识结构中新知与旧知的联系，其次要关注学生在解决问题过程中的认识脉络，把握其发展的关键点和障碍点。

3. 学生活动的安排及评价

学生活动是课堂教学活动的主体，也是教师教学设计和实施的工作重点，无论是情境的创设、问题的构思，还是内容的组织都服务于活动的设计。教师应针对教学内容设计合适的学生活动，包括活动形式的设定，如观察思考、交流研讨、活动探究、分组实验等；也包括活动过程的预设，如支持学生活动的必要素材、活动时间、任务分配等；还包括对学生活动表现的反馈及评价。

思考与练习

(1)请你谈谈化学教学设计的基本内涵，化学教学设计有哪些具体的特点？

(2)请你说出化学教学设计的主要方法有哪些，并选择一个教学主题进行教学设计。

(3)结合对学生能力的培养，谈谈化学探究教学设计有什么重要的意义？

(4)设计化学教学目标时，应该如何准确定位和表述，请你举例说明。

(5)你知道常用的化学教学策略有哪些吗？元素化合物的教学策略主要有哪些？请你举例说明。

第二章　化学学案的设计与编制

学习目标

通过本章的学习，应实现以下学习目标：
(1)了解学案的基本内涵，深刻认识学案在教学中使用的作用和意义。
(2)明确化学学案编制的基本方法，学会针对不同的教学内容设计和编制学案。
(3)学会在教学中使用化学学案，了解化学学案的评价方法，以发展和完善学案。

第一节　学案的概述

学案教学是近些年在中学课堂教学中兴起的一种新型教学方式。化学课堂教学中“学案”的使用能帮助教师转变教学观念，有效地指导学生学习。

一、学案的含义

20世纪80年代后期，日本首先提出了“学材”的概念，并围绕这一提法展开过专门的讨论，大部分人认为“学材”应该写成“经过教师的辅导后能理解的东西。”到90年代中期，高仓祥提出教科书作为“学材”的五大功能：“唤起学习欲望、提示学习课题、提示学习方法、促进学习个性化和个别化、巩固学习。”由此形成了“学材”设计的基本思想。

在我国，“学案”教学的提出始于20世纪90年代。关于学案教学的研究多关注于学案教学模式、学案和学案教学概念的界定、学案的设计与编写、学案教学的实施程序、学案教学的教学效果等方面。

学案是指教师在课堂教学中，为发展学生能力，依据学生的认知水平、知识经验，为指导学生主动建构知识而编制的一系列问题探索思路、要点、结论等纲要式的学习指导方案。学案是指导学生主动学习本课时或本课题内容的工具与方案；是教师启发讲解，学生课前预习、课堂自学、课后复习的工具与方案。

二、学案在教学中使用的作用和意义

学案教学之所以被教师认可并被创造性地运用，就是因为它能高效地提高教学质量，大幅度、大面积地提高学生的学业成绩。学案教学具有以下作用和意义。

1. 学案教学提高了教师的能力

教师在编制学案时，必然要研究学生的知识基础、起点能力、心理特征和学法特点，研究课程标准，挖掘教材，认真分析哪些知识点可以发展学生的何种能力，精心选编有代表性的习题以检查、巩固学习效果。教师在设计学案的同时，还要设计教案，以对整个教学过程有充分的设计，如怎样调动学生的积极性，如何激发学生的创新意识，怎样指导、反馈，怎样调控教学行为与课堂教学实际一致等。在设计教案和学案的过程中，提高了教学预见的准确

性和教学设计能力。

学案教学提高了教师的管理能力。教师在课堂教学过程中指导学生自学,组织讨论,随时处理课堂中的突发事件。教师在精讲过程中要随时收集学生信息,并以此调整教的内容、讲的起点和切入点,还要引导学生提出有创见性的问题,组织学生进行学习小结等。课堂上学生处于主体地位,大部分时间给了学生,教师只占用较少的时间,以此保证教师有足够的时间参与学习活动、组织学习反馈、思考如何解决教学中出现的各种问题,还能检查调控效果,总结得失。这样,周而复始,日积月累,教师在不知不觉中提高了组织和调控能力。除对课堂教学进行管理外,教师要管理学生的作业、考试,还要诊断和排除学生的学习障碍等。总之,教师的各种管理能力都得到了较为快速的提高。

2. 学案教学培养了师生的非智力因素

在实施学案教学的过程中,教师要研究相关理论并创造性地编制匹配性的学案,与学生开展真诚的情感交流,以获得学生的认可和欢迎,提高教学成绩。这样,教师既受到了尊重,又获得了良好的教学体验,将对教学、教研工作产生新的追求。教师对教学工作的积极性和热情,开展教学研究的动机和兴趣,克服困难的意志品质等,也得到了不同程度的发展。

实践证明,对传统教学已经厌倦的学生,对学案教学这种活跃的、积极的、主动的学习方式很欢迎。学生在尝试探索知识的过程中不断克服困难,学会了设计自己的学习,能开展富有个性的创造性学习活动,由此获得成功的学习体验和成就感,激发了学习兴趣,增强了自主性、自信心,同时具备了持续学习的强大动力。作为研究者的学生,在学习活动中,其动机、兴趣、情感、意志和性格都得到了充分发展。

3. 学案教学使学生得到个性化发展

教师要从学生整体、学生群体和学生个体三个方面来开展学习设计,既要满足班级学生的学习需要,还要实现个性化学习。教师运用各种措施和手段激发、维持、强化每个学生的学习动机,最大限度地挖掘每个学生的潜力,基本上使每个学生都能在适合个体实际水平上开展学习,获得最佳学习效益。在学习过程中,教师要系统地介绍学习方法,既弥补学生个体学习方法的缺陷,又丰富学生个体的学习方法,使学习方法得到个性化、结构化的发展。教师要诊断学生集体、群体、个体的学习障碍,既要克服学生个体学习上的不足,又要促进学生个体的协调发展。

在个体学习时,学生一方面依据教师的学习设计,运用适当的学习策略,认真地解决学习问题,达成或部分达成知识、能力、非智力因素的预期学习目标;另一方面,学生处于主动的能动地位,处于"心理自由"和"心理安全"的学习环境,能主动生成个体的学习目标,创造性地提出问题和解决问题,达成知识、能力、非智力因素的部分预期学习目标和非预期学习目标,强化了学生的个性化学习。

第二节　化学学案设计的理论基础

任何一种教学模式的建立,都需要一定的相应的理论基础作为依托,只有以正确的理论作为指导,我们在进行实践的过程中才会有正确的指引和方向,才不会在课改的大潮中随波逐流,失去方向,减少在实践中的盲目性,增强该模式的生命力。"自学辅导"理论、"建构主义”理论、“问题教学”理论、“发现式教学”理论，它们都有着坚实的教育学和心理学基础，化学学案教学是在充分吸收上述理论精华的基础上，针对它们在教学实践中暴露出的问题而进行的新的探索和尝试。

一、问题设计是化学学案教学的核心

学习化学知识，掌握化学知识，用已有的化学知识去解决书本及实际中的问题，是化学教学永恒的主题。培养学生分析问题、解决问题的能力，给学生一个具体的问题，可以让学生通过讨论、分析或者实验来自己动手动脑解决问题，让学生通过自己的探究活动得出结论，从中体验到成功学习的快乐，增强对化学学习的兴趣。既有利于学生真正的解决化学问题，理解化学知识，发展化学思维和素质，又有利于学生树立化学应用意识，运用所学的化学知识去解决实际问题，体验化学知识的实效性，更能培养学生的发展创新能力。

二、探索与发现是化学学案教学的基本特征

创造理论研究表明：人人都有创造能力，创新教育不仅要解决问题，更重要的是发现和提出问题。只有善于发现和提出问题，才能发现改进、创新的起点，利用自己掌握的创新技巧和方法得到创新性成果。在化学教学中，要给学生探索和发现的机会。任何一个化学问题的解决都是一个探索过程，教材的内容设置中往往多是给出固定的结论和定义，需要教师在教学中挖掘教材中知识的发生和发展的过程，将一个知识点的掌握和传授过程分解为若干个问题，然后将这些问题在课堂上提供给学生，让学生一步步去探究、去发现，培养学生养成良好的问题意识。

三、完善系统的认知结构是化学学案教学的基本目标

完善系统的认知结构是培养创新能力的基础，构建化学知识体系是形成完善系统的认知结构的重要手段。美国认知心理学家布鲁纳提出以知识结构为中心的课程论，强调知识结构化，强调以学科的基本结构去促进学生的发展。化学知识结构是化学知识的内部联系和规律，是以元素化合物知识为依托和载体，将基本概念和基本理论为连接点，并且以知识之间的相互的内在联系，及各个知识所渗透的思想和方法作为纽带，形成的网状结构。

化学认知结构既包括前面所提过的基本化学概念和化学基本理论，以及元素化合物知识，也包括化学思维能力、观察能力、记忆能力、解题技巧等。单纯的化学知识的堆积不能形成良好的化学认识结构，将知识结构系统网络化，便于学习过程中的重现和提取。在平时学案的设计中要体现出利用图表记忆，或让学生自己动手做出知识内容的网络图。

第三节　化学学案的编制与实施

化学学案是教师在化学教学中，从学生的角度设计，并指导学生进行自主学习、自主探究、自主创新的导学材料。对应于教材的内容，化学学案具体包括疑难信息反馈、相关化学史及背景知识介绍、教材结构分析、学法指导和提示（从哪些角度进行观察、记忆、联想、对比、推理、归纳、思考、讨论等）、结合教材的有梯度的练习题、自我小结（概括本节课

的学习重点、难点，构建化学知识结构图，指出自己学习中存在的疑问和学习中的新想法）、补充作业、设计意图（培养学生何种思维方法，训练何种能力，强化何种解题方法和化学思想）等。

化学学案在教学中的使用是以化学学案为载体，以学生主体实践活动为基础，结合化学学科特点，实践“学案教学”方式的过程。在化学学案教学的课堂上，学生在学习中遇到的问题主要通过生生和师生之间的合作讨论或教师的个别指导来解决；教师为学生只提供学法上的指导和知识上的准备，使学生能够依案自学，从而实现“学案”与教材、学生自学与教师指导的有机结合。通过化学学案教学，落实学生的主体地位，培养学生的自主学习能力，让学生学会学习。

化学学案要在一定条件下按照一定的操作程序有计划地逐步实施，化学学案的编制实施主要包括化学学案的编写、使用与评价。

一、化学学案的编写

学案的设计和编写是学案教学系统中最重要的部分，编写学案要充分考察、了解学生的实际情况，进行精心的设计。基本概念原理课、元素化合物知识课、化学计算课、实验课、复习课等不同类型的课在具体教学实践中各有不同的特征和要求，学案要充分体现各种课型的特点和功能。

1. 基本概念原理课学案的编写

化学课程的基本概念、基本理论大多数都比较抽象。例如，氧化还原的概念、燃烧的概念等都是根据物质的客观变化总结得出的具有归纳性的陈述性的语言；物质结构元素周期律、化学反应速率与化学限度，是从客观变化中经过总结得出的规律性的结论。化学基本概念原理课的学案设计应从生活中或者生产中的实际事例出发，从学生能够感知的化学变化的现象和事实中，回溯概念理论的形成过程，使学生了解概念理论的原理和来龙去脉，加深对概念的理解。学案主要围绕实例引入和要素联想进行编写。编写时应注意以下几点：①应给学生举一些非常生动形象的生活中的实例，或提供具体的模型供学生观察。让学生在这些实例的基础上结合自己的理解去寻找客观世界中的物质的变化规律。②教师应结合提供给学生的实例和模型，创造性的提出问题，让学生在感性认识的基础上继续深入的思考，从不同角度、不同深度、不同层次去认识和感受概念，理解概念，掌握概念背后隐藏的内涵和外延。③应给学生提供适当多的反例，加深对概念的理解。

2. 元素化合物知识课学案的编写

元素化合物知识在中学化学中起承上启下的作用，整个课程设置都是元素化合物和概念原理相互指导的过程，通过学习元素化合物中单质及其化合物的性质总结出它们在性质上所表现出的规律，就是在元素化合物知识的基础上总结基本概念原理，这些基本概念原理又指导元素及其化合物的进一步学习。例如，通过元素化合物中碱金属的学习，总结出同主族的性质递变规律，这些递变规律反过来还可以对元素化合物的性质进行判断和预测。

元素化合物知识的特点是零散、繁多、不易记忆，在教学中应该帮助学生对元素化合物的知识形成网络，以及形成物质性质研究的基本方法。例如，在学习钠及钠的重要化合物时，不仅要让学生掌握钠及其重要化合物的性质，而且在学习过程中要让学生掌握学习元素化合物知识的一般步骤和方法，对今后的氯气、硫、氮的性质学习打好基础。

元素化合物知识课学案的编写应注意以下几点：①给学生更多动手实验的机会，让学生亲身去体验元素及其化合物的性质及现象；②结合呈现的例子，创造性地提出问题，引导学生从不同层次进行观察，创造性地归纳物质所具有的性质，形成推理、归纳的能力；③提供学生研究物质性质的思路与方法，为今后的元素化合物知识的学习打基础。

3. 化学计算课学案的编写

化学计算课要通过习题的解答去应用知识，并对学生的解题思路和解题方法进行指导和深入，培养学生的化学学习思维，培养学生解决化学问题的能力。在化学计算课学案的设计上要注重习题的编排和选择，这些习题要有全面的内容覆盖、不同的层次水平和学生区分度。针对某一类型的习题在学案中应该有典型的例题，让各个层次的学生都能得到训练，使大多数学生主动参与到课堂中，体验到解决化学问题的乐趣。

4. 实验课学案的编写

化学是一门以实验为基础的自然科学，在中学化学教材中安排了很多演示实验和学生实验，目的就是让学生通过实验巩固、理解所学化学知识点，更是为了培养学生的化学学科素养，因此，化学实验是化学知识学习的必要的补充，也是培养学生学习能力的必要手段。高中化学实验在教材的安排中，大多数都是探究性实验，即在学生清楚实验目的的情况下，根据所学知识提出假设，根据自己的猜想设计各种实验方案，然后用实验去逐一验证自己的猜想，最后找出最合理的猜想。在设计实验课的学案时，应该注重的是让所学化学知识与实验内容有机地结合起来。实验课的学案应该包括以下内容：①对实验所涉及的知识点进行复习；②引导学生根据知识进行合理的假设；③帮助学生设计合理的实验方案；④引导学生根据实验现象得出结论，完成实验报告。

5. 复习课学案的编写

复习课是对所学过的知识进行归纳和总结，不仅是将学过的知识进行重现和复习，更是复习知识点的同时总结其中的规律性，让学生的认识得到深化和提升，形成更加清晰的知识脉络。让学生学会对化学知识进行归纳总结，将复习内容转换成研究专题，主动地获取知识、应用知识解决问题。研究专题大致可分为以解题规律为研究对象的题型方法专题、以考试策略为研究对象的专题、以知识联系为研究对象的知识网络专题，这些专题的复习在化学知识复习中起着至关重要的作用。为了提高学生的学习效果，教师不仅要根据已有题目编选达标练习，还要结合已有题目创新新的练习题。在学案的编写过程中，针对为学生创造自学学习探究的课堂教学模式，复习课学案可分为两部分：一部分是提供习题和此类习题的解决策略，一部分是提供详细的解题过程和对于解题策略的具体分析，让学生从中对比、分析、寻找涉及的相关知识点，以及相关知识点在解题中是如何考察和应用的。

在复习课学案的编写中要注意以下问题：

(1)要注重题目的质量。在选题上要注重培养学生创新能力，而不是题海战术，复习课应该要求学生不仅具备解决教材习题的能力，而且还应让学生将本章或者以前学过的章节的内容以方法链和知识链有机结合在一起，形成网络结构，并能灵活运用和提取这些知识解决化学习题。因此，编写学案要在原有基础上有高层次的提升，在学案的设计中可以将原有教材的习题进行变式分析，也可以精选习题，选择经典典型的例题进行讲解，能让学生在已有知识网络的基础上对这一道题有不同的解法，培养学生的创新精神和创新能力。

(2)要注重解题策略。以培养能力为中心的复习课并不是要教师在课堂上套用公式、套用定理给学生演示解题过程，不是要让学生进行机械的模仿和套用，而应当在分析的基础上，启发引导学生的自觉思考，让学生随着教师提出的每个问题去进行积极的分析和思考，这样在师生的共同协作下思考出习题的解题策略，反复理解、反思、分析、总结对与解决此类习题的经验和规律。

(3)要注重对知识的反思。反思对于知识的消化和吸收是很重要的一个手段，而中学生往往还不具备这种反思的习惯和能力，自我调控、自我评价的能力还不完善，需要教师进行指导和帮助。因此，在学案设计中教师要考虑到学生反思的重要性，要在学案中设计出供学生反思的问题，对学生的反思过程在学案上要做以补充完善和指导。①

对于高三专题复习课学案的编写，可以遵循以下方法：

(1)专题划分。高考化学总复习的知识点多(约 470 个)，而且分散，在复习中若按章节内容或知识点进行复习，则复习时间过长。在开始复习时应按化学知识的系统性对知识结构进行调整、组编，以专题形式帮助学生从纵横两方面对知识进行归类、叠加、联系，通过对不同概念的糅合，不同类型知识的对比，达到对知识的掌握应用、触类旁通的目的。

(2)学案设计的方式。根据学案编写的原则和组成要素，每个专题的学案一般包括以下五个内容：①高考复习要求。根据教学大纲和考试说明制定便于操作的具体要求，目的是使学生明确本专题复习的重点和方向，在知识目标复习要求的描述中可用识记、理解、会用、综合等行为动词。②基础知识回顾。将每个专题所涉及的基础知识设计成填空式、图解式、图表式、问题式方案，帮助学生回顾和梳理知识，在知识问题设计时要做到基础、全面、系统。③重点、疑点、难点、生长点的精析。学案中将这些知识点设计成问题，引导学生通过思考、讨论、辨析等方式找准重点、突破难点、消除疑点、拓展生长点。目的是启迪思维，培养能力。④解题方法指导。精选或设计有代表性的例题，通过课堂解题指导学生学会审题，形成解题思路，总结规律和技巧，达到解答的规范性，重在培养方法。⑤知识能力训练。多种题型合理搭配，题次编排由易到难，避免教师占过多的讲解时间，练习中可适当给出提示或答案。

二、化学学案的使用

使用学案分为学生自学、小组展示交流、教师点拨、达标检测等活动。编制好的学案，可以提前一天发给学生，也可以于课前下发。当提前一天下发学案时，教师要布置明确的学习任务(如课下完成自学设计，并根据个体的实际情况合理地设计自己的学习)，课堂上开展学习小组(如展示、讨论、交流、质疑等)、教师点拨、达标检测等活动。当课前下发学案时，使用学案的活动都在课堂上完成。

---

① 宁亚玲.高中化学学案教学模式初探.东北师范大学硕士论文.2011,05:25.

使用学案时，学生要能够把教师编制的学案作为自己设计个体学习的模板，开展适合个体实际的学习活动，如学生要自己确定是否需要拓展学习内容、需要拓展哪些学习内容、拓展到哪个层次等。实际上，学生编制学案的能力会在教师的课堂中不知不觉地得到提高。

三、化学学案的评价

课堂使用学案后，要对学案作出评价。评价学案的目的在于判断学案的实用性、创造性，诊断学案的缺陷和不足，以发展和完善学案，提高教师和学生编制学案的能力，并探讨更好的编制模式。

评价学案时要侧重于目标是否全面明确、学习难度是否适宜、问题情境是否恰当、差异学习是否明显、情感激励是否显著等几个方面。

评价学案的主要方法有以下几种。

1. 教师评价

作为一线的教育教学工作者，都有自己的教学经验，有自己的优势，特别是在使用学案的过程中有自己独到的见解，学案使用者和听课者更能创造性地提出切合学生实际的建议，有利于教师整体水平的提高。

2. 自我评价

教师编制学案并在课堂教学中付诸实施，能比较清晰地掌握学生学习全过程的信息，对学案的使用效果有比较清楚、切合实际的了解，同时也能深刻地体会到哪些方面设计得好，哪些方面需要改进和如何改进。自我评价能引导教师深思、领悟和自我激励，并向更高的层次发展。

3. 学生评价

学案教学要求学生也参与学案的编制工作，教师更要培养学生编制学案、修改学案的能力。学生是学案的直接使用者和受益者，当他们具有一定的编制、评价能力后，更有权利和资格参与学案的评价工作。让学生评价学案，主要采用调查法和座谈法，教师设计要调查的问题，让学生笔答或谈自己的看法，以提出建设性意见。学生的选择要有代表性，能比较全面地反映出各个层次学生的意见。学生评价可以沟通教师与学生的思想，消除心理隔阂，激发教师与学生的情感，提高学生学习的自主性。

4. 专家评价

专家可以是课程专家或者是教育专家，也可以是学案教学有经验的实施者等，由于他们具有教学设计的宝贵经验，了解评价的理论和方法，因此，他们具有学术上的权威性、立场上的中立性和判断上的可信性，他们可以发现教师不能发现的问题，能提出令人信服的建设性意见，评价若与座谈相结合，可以比较快速追踪专家的观点。

评价学案时，初期要有切实可行的计划，并逐步落实；当教师与学生比较适应时，可以适当减少次数；比较成熟时，只是定期评价即可。

不同的评价方式有其不同的适应性：促进教师反思，最适合采用自我评价；课外总结适用于教师和学生的评价；教研活动适用教师评价和教师自我评价；进行评选活动，适用于专家评价、教师评价和学生评价相结合的方法；进行阶段性总结和经验推广，适用多种方式相结合的评价。

思考与练习

(1)请你谈谈化学学案的基本内涵，化学学案在教学中有哪些作用和意义？

(2)请你说出化学学案编制的基本方法，并针对一节复习课编制一份学案。

(3)结合一节具体的化学课堂教学，谈谈化学学案的具体使用程序。

(4)你了解化学学案有哪些评价方法吗？它们分别起着什么样的作用？作为一名教师，你会如何对一份学案进行评价？请举例说明。

下　篇

初中化学教学设计的案例与分析

绪言　化学使世界变得更加绚丽多彩

一、基本信息

课题	化学使世界变得更加绚丽多彩				
授课学校	抚顺实验中学	授课年级	九年级	授课班级	九年七班
授课时间	2012.9.3	课　型	新授课	课　时	1
姓名	郭霞	毕业学校及专业	抚顺师范专科学校化学专业		
年龄	43	最高学历	本科		
职称	中学一级	教龄	23 年		
最高荣誉	—	最高奖励	国家级教学设计一等奖		

二、对本节课的基本认识与理解

本节课的性质、在教材中地位与作用	本课是学习化学的开端，通过生动的事例和图片，从生活实际出发，向学生展示化学的独特魅力和化学与我们生活密切的关系。中外化学家们正在通过自己的智慧和辛勤劳动使我们的生活变得绚丽多彩。从而使学生感受到学习化学的价值，激发出他们对化学的强烈兴趣，使他们产生强烈的学习动力	
学情分析	有利因素：学生已经对一些化学制品和化学现象有所接触，可以列举出一些简单事例，九年级学生已经在心理上和知识背景上具备了学习化学的条件，并且他们对化学充满了好奇和想了解化学的强烈渴望。 不利因素：学生对化学与人类进步和社会发展的关系还了解不够，尤其是有关化学的学科特点、学习化学的方法等知识有待于今后的不断完善	
教学目标	(1)通过书中图片及科学家的介绍，深刻体会化学与人类进步及社会发展的密切关系，认识学习化学的价值。 (2)通过师生的实验及结合日常生活中的例子，体会化学的奇妙和与生活的密切联系，产生对化学的强烈兴趣及渴望了解化学的情感，并且关注与化学有关的社会问题。 (3)知道化学是研究物质组成、结构、性质及变化规律的自然科学	
教学重难点	重点	(1)知道什么是化学。　(2)体会到化学的作用
	难点	对化学持续的学习兴趣
教学资源与教学手段	仪器、药品	试管、导管、石灰水、蒸馏水、手帕、酒精、烧杯、酒精灯、火柴等
	演示文稿	课件(PPT)
	其他资源	学案、影像(人教社教材配套光盘)等

三、教与学的过程设计

教学内容	教学环节与方法	教师活动	学生活动	设计宗旨与意图
趣味实验： (1)烧不坏的手帕。 (2)白纸写字。	导课	导入：新的学期，我将和大家一起走进一个新的学习领域，目前这个领域中的许多知识相对于同学们而言，	(1)请学生代表演示：将 NaOH 溶液喷洒到白纸上，出现“我爱化学”红色字样；将稀盐酸溶液	创设趣味情景

续表

教学内容	教学环节与方法	教师活动	学生活动	设计宗旨与意图
(3)清水变牛奶	导课	有如这张白色的纸一样(出示一张用酚酞试液写有“我爱化学”字样的纸)是一片空白。但是通过我们的学习和探究,这个领域中的许多知识会呈现在我们面前。 首先,让我们做一个小实验:将手帕浸在医用酒精里,一会放在酒精灯上燃烧	喷洒到有红色字的白纸上,红字又会消失。 (2)两位学生分别用导管往盛有澄清的石灰水和蒸馏水的试管里吹气,观察并描述现象。 观察现象	激发学生的好奇心和探究欲
化学的作用	图片展示	从工业、农业生产,人们的生活用品等多方面介绍化学的用途	观看课件	体会化学与生活的密切联系,激发学习化学的欲望,使学生在轻松愉快的氛围中感知化学就在我们身边
化学的发展历程	播放影音材料	(1)我国古代的化学工艺。 (2)分子和原子学说的建立。 (3)现代科技发展下的新材料、新工艺	观看视频。 学生讨论,同桌、前后桌学生都可讨论交流,回答问题:初步描述你对化学的印象,你想不想学化学呢	感受化学的发展历程,了解化学家们对化学的发展和进步作出的不可磨灭的贡献,感受化学在提高我们生活质量中所起到的不可磨灭的作用
化学研究的对象	阅读教材第 4 页	指导阅读。 提出问题	归纳化学的研究对象并回答问题	激发学生的主动学习意识,给学生以展示自我的空间
课堂练习	见学案			
课堂小结	今天,我们初步了解了化学,化学的发展确实为人类的生存发展作出了巨大的贡献,也使我们的世界变得更加绚丽多彩。但是化学、化工的生产也给人类环境带来了一些危害,因此我们现在提倡和研究绿色化学。目前,同学们要做的是学好化学,为未来研究化学、为人类造福打好基础			
课后作业	上网观看化学趣味实验视频			

四、板书设计

化学使世界变得更加绚丽多彩

一、什么是化学

二、化学研究的对象

化学是在分子、原子层次上研究物质性质、组成、结构与变化规律的科学

五、学案

化学使世界变得更加绚丽多彩学案

一、演示实验

(1)白纸写字。(2)清水变牛奶。(3)烧不坏的手帕。

通过观察实验现象和教材第 4 页图片及视频,初步描述你对化学的印象,你想不想学化

学呢？

二、回答问题

阅读教材回答下列问题。

(1)化学研究的对象是什么？

(2)化学为什么能使世界变得更加绚丽多彩？

(3)我们为什么要学化学？化学与生活有什么关系呢？

(4)我们身边哪些事物或现象与化学有关呢？你能举例说说吗？

三、课堂练习

(1)发现元素周期表和元素周期律的科学家是(　　)。

A. 拉瓦锡　　B. 道尔顿　　C. 门捷列夫　　D. 阿伏伽德罗

(2)奠定近代化学基础的是(　　)。

A. 火的发现和利用　　B. 原子论和分子学说的创立

C. 门捷列夫元素周期律的发现　　D. 发现和合成的物质超过 3 000 万种以上

(3)取一些食盐，可以从不同的角度对其进行研究，以下不是化学研究领域的是(　　)。

A. 食盐由什么成分组成　　B. 食盐的产地在哪里

C. 食盐有什么性质　　D. 食盐的微观结构如何

六、教学反思

本节课通过趣味实验入手引领学生进入化学知识的领域，形式多样的教学手段使学生对学习化学充满了期待，对激发学生学习的兴趣起到了作用，实现了本节的教学目标。本节课课前准备一定要充分，否则的话，一节的教学任务很难完成。今后要想办法事先加强动员学生，也应不怕麻烦，严格要求自己。

七、点评与分析

1. 教学手段

教师通过丰富多彩的图片展示，使学生们感知化学就在身边，深刻体会到了化学与人类进步及社会发展的密切关系，认识学习化学的价值，从而认真学习以后的章节。

介绍古今中外科学家们通过自己的智慧和辛勤的汗水让生活变得更加绚丽多彩，使学生了解化学家们对化学的发展和进步作出的贡献，激励学生向科学家学习不断探索、提高的精神，同时感受到化学在提高我们生活质量中所起到的不可磨灭的作用。

2. 教学过程

通过趣味实验和图片紧紧抓住了学生的眼球，就此揭开了化学学科神秘的面纱，学生有耳目一新的感觉，对化学学科产生了浓厚的兴趣和强烈的学习动力。

总体而言，本节课的设计循序渐进，从实验出发到最后回归教材，让学生深刻体会化学与人类生活的密切关系，认识学习化学的价值，产生对化学的强烈兴趣及渴望了解化学的情感，并且关注与化学有关的社会问题。学生通过绪言会更好地学习以后的内容。

八、参考资料

教育部基础教育课程教材专家工作委员会. 2012. 义务教育化学课程标准(2011 年版)解读. 北京：高等教育出版社.

点评专家：巍　莹　抚顺市实验中学化学组组长，中学高级教师
刘继和　沈阳师范大学教师专业发展学院教授，硕导

第一单元　走进化学世界

课题1　物质的变化和性质

一、基本信息

课题	物质的变化和性质				
授课学校	盘锦市第一完全中学	授课年级	九年级	授课班级	九年一班
授课时间	2012.9.5	课　型	新授概念原理课	课　时	1
姓名	王庆葵	毕业学校及专业	辽宁师范大学化学专业		
年龄	37	最高学历	硕士研究生		
职称	中学高级	教龄	14年		
最高荣誉	—	最高奖励	全国初中化学优质课一等奖		

二、对本节课的基本认识与理解

本节课的性质、在教材中地位与作用	性质:新授概念原理课。 地位:化学变化和物理变化是初中化学学习中接触到的第一个中考考点,本节课从一些生活中常见的与化学有关的事实、现象和问题出发,建立有关物质变化和性质的基本概念,为后续学习打下良好基础。 作用:通过实验,认识物质发生化学变化的基本特征。引导学生走入化学世界,培养学生学习化学的兴趣	
学情分析	有利因素:学生在学习化学之前,对物质变化的具体事例已经有了初步认识,有助于学生对物理变化和化学变化的理解。 不利因素:学生刚开始接触化学,对于怎样辨析化学概念还不清楚,因此,判断物理变化和化学变化时还存在困难	
教学目标	(1)理解并掌握物理变化、化学变化的概念;认识化学变化的基本特征。 (2)通过对实验现象的观察和分析,学会归纳整理。 (3)通过学习,激发学生学习兴趣,培养严谨务实的科学作风	
教学重难点	重点	物理变化、化学变化的概念以及它们的区别和联系
	难点	物理变化与化学变化的判断
教学资源与教学手段	仪器、药品	试管、带弯管的单孔橡皮塞、酒精灯、玻璃片、烧杯、铁架台(带铁夹)、研钵、药匙、镊子、胆矾、氢氧化钠溶液、石灰石、稀盐酸、澄清石灰水
	演示文稿	PPT
	其他资源	学案

三、教与学的过程设计

教学内容	教学环节与方法	教师活动	学生活动	设计宗旨与意图
走进化学：生活中的化学	导课	化学在我们的生活、生产以及发展中有着不可低估的作用。我们知道，大到宇宙的星体，小到肉眼看不见的粒子，构成了千姿百态的物质世界。各种物质之间存在着多种相互作用，也不断地发生着各种变化。你能举出生活中的例子吗？ 认识物质的这些变化的特点，有助于我们更进一步了解自然现象，发现自然规律，使人类的生活得到进步和提高。下面我们观察几个小实验	学生倾听，思考，举例：水在一定条件下可以变成水蒸气和冰，钢铁制品在潮湿的地方会慢慢生锈，煤、木材和柴草可以在空气中燃烧而发光、放热等	激发学生的学习兴趣，放松心情，暗示化学与生活紧密联系。引导学生探究，激发探究欲望，激活学生的思维
观察实验的方法	实验探究	适时指导学生观察实验现象、记录实验结果。 演示实验1水沸腾，有大量水蒸气冒出，玻璃片上有小水滴附着。 下面请大家观察几个演示物质变化的实验，主要观察变化前后物质的颜色、状态，列表记录。 你在实验过程中看到了什么现象？你能描述吗？请把观察到的现象与同组的同学交流一下。 引导学生从两方面来描述： (1)反应前后物质的颜色。 (2)反应前后物质的状态。 这里的蓝色沉淀是氢氧化铜。这个过程是胆矾溶液和氢氧化钠溶液作用生成了新的物质氢氧化铜	实验2：首先展示胆矾晶体——蓝色块状固体，研碎后成为蓝色粉末。 实验3：两支试管都形成蓝色溶液，加入氢氧化钠溶液后立即生成蓝色沉淀。 实验4：加入盐酸后立即有气泡产生，石灰石逐渐变小。澄清石灰水变浑浊，摸一下试管感觉到发热。 观察现象并及时记录。 (1)观察实验现象。 (2)记录实验现象。 (3)描述实验现象	知道实验是学习化学的基础。通过观察实验现象，体验观察、描述实验现象的方法，让学生在观察与讨论中发现问题、提出问题、解决问题，从中培养其科学观察、规范表达和分析问题的能力。树立实事求是、严谨务实的科学态度
物理变化和化学变化	讨论总结提升认识	提问：实验1、2有什么共同特征？ 提问：实验3、4有什么共同特征	分组讨论、交流结果。完成学案	对实验现象作进一步的分析、比较、归纳，培养学生处理信息的能力
物理变化和化学变化	PPT图片展示	播放PPT	观看思考	加深学生对化学变化的认识
	总结	在化学变化过程中除生成其他物质外，还伴随发生一些现象，如放热、发光、变色、放出气体、生成沉淀等。这些现象常常可以帮助我们判断有没有化学变化发生	整理并记录交流结果	通过对比进一步认识物理变化和化学变化的区别和联系
课堂练习	见学案，大屏幕出示答案			

续表

教学内容	教学环节与方法	教师活动	学生活动	设计宗旨与意图
课堂小结	本节课从一些生活中常见的与化学有关的事实、现象和问题出发，建立有关物质变化和性质的基本概念，为后续学习打下良好基础。 通过实验，引导学生走入化学世界，认识物质发生化学变化的基本特征，培养学生学习化学的兴趣			
课后作业	教材第10页1、2、5题			

四、板书设计

物质的变化和性质

一、化学变化和物理变化

1. 物理变化

(1)概念：没有生成其他物质的变化叫做物理变化。

(2)特征：没有其他物质生成(常表现为形状、状态的改变)。

2. 化学变化

(1)概念：生成其他物质的变化叫做化学变化(又叫化学反应)。

(2)特征：有新物质生成(常表现为颜色改变，放出气体或有沉淀生成，发光、放热)。

3. 本质区别

是否有新物质生成。

	物理变化	化学变化
定义	没有生成其他物质的变化	生成其他物质的变化
常见现象	形状、状态的改变	颜色改变，放出气体或有沉淀生成，发光、放热
实例	水的沸腾、蜡烛融化、电灯发光	蜡烛燃烧、钢铁生锈、食物腐败
本质区别	是否有新物质生成	
联系	化学变化过程中一定伴随物理变化，物理变化过程中一定没有化学变化	

五、学案

物质的变化和性质学案

一、课前复习

(1)化学是研究物质的________、________、________以及________学科。

(2)近代英国的________和意大利的________等科学家通过研究得出了一个重要的结论，物质是由________和________构成的，________是化学变化的基础，这就是说在化学变化中________会破裂，而________不会破裂，但可________。这些观点是认识和分析化学现象及其本质的基础，被称为“原子论和分子学说”，它的创立奠定了近代化学的基础。

(3)1869 年，俄国化学家________发现了________，并创制了________，使得化学的学习和研究变得有规律可循。

二、教学内容——物理变化和化学变化

(1)演示实验 1，实验 2，实验 3，实验 4。

(2)观察实验并填表。

实验序号	变化前的物质	变化时发生的现象	变化后的物质	有无新物质
1	液态的水			
2	蓝色块状的胆矾			
3	蓝色的硫酸铜溶液			
4	颗粒状大理石			

(3)思考。

实验 1、实验 2 的共同特征是________。实验 3、实验 4 的共同特征是________。

(4)归纳。

①物理变化是________。物理变化的特征是________新物质生成。

②化学变化是________，又叫做________。化学变化的特征是________新物质生成。

(5)小结。

	物理变化	化学变化
概念		
表现形式	表现为________或________改变	经常伴随________、________、________、________、________等现象，以及________的转化
本质区别		
联系	物质发生化学变化中一定同时发生物理变化，而发生物理变化时一定不发生化学变化	

(6)规律。

化学变化，颇有特征；新的物质，相伴而生；

发光放热，沉淀生成；放出气体，颜色变更；

奇异现象，五彩纷呈；物理变化，同时发生。

三、课堂练习

(1)下列变化中属于化学变化的是(　　)。

A. 干冰升华　　B. 水变成冰　　C. 菜刀生锈　　D. 汽油挥发

(2)下列过程中，只发生了物理变化的是(　　)。

A. 铜器生锈　　B. 粮食酿酒　　C. 冰雪融化　　D. 食醋除垢

(3)下列变化中，与其他三种有本质区别的一种是(　　)。

A. 汽油燃烧　　B. 食物霉变　　C. 煤气中毒　　D. 酒精挥发

(4)下列变化中，属于化学变化的是(　　)。
A. 云雾消散　B. 滴水成冰　C. 铁杵磨针　D. 蜡炬成灰
(5)下列变化中，属于物理变化的是(　　)。
A. 汽油挥发　B. 牛奶变酸　C. 铁锅生锈　D. 氢气燃烧
(6)下列过程中，没有发生化学变化的是(　　)。
A. 改良酸性土壤　B. 积雪渐渐融化　C. 粮食用来酿酒　D. 食醋除去水垢
(7)下列变化中，属于化学变化的是(　　)。
A. 矿石粉碎　B. 纸张燃烧　C. 酒精挥发　D. 冰雪融化
(8)下列工艺制作过程中包含了化学变化的是(　　)。
A. 红纸剪成窗花　B. 泥土烧成瓷器
C. 冰块制成冰雕　D. 木板制成模型飞机

四、知识巩固

(1)下列变化中，前者属于物理变化，后者属于化学变化的是(　　)。
A. 干冰升华　钢铁生锈　B. 牛奶变酸　矿石粉碎
C. 酒精挥发 石油蒸馏　D. 光合作用　蜡烛熔化
(2)下列语句涉及化学变化的是(　　)。
A. 滴水成石　B. 积沙成塔　C. 曾青得铁则为铜　D. 铁杵磨成针
(3)下列成语所描述的变化与对该变化的判断不符合的是(　　)。
A. 沙里淘金 物理变化　B. 滴水穿石 物理变化
C. 百炼成钢 化学变化　D. 火树银花 化学变化
(4)古诗词是古人留给我们的宝贵精神财富。下列诗词中不涉及化学变化的是(　　)。
A. 粉身碎骨浑不怕，要留清白在人间　B. 春蚕到死丝方尽，蜡炬成灰泪始干
C. 爆竹声中一岁除，春风送暖入屠苏　D. 忽如一夜春风来，千树万树梨花开
(5)厨房里发生的下列变化中，没有发生化学变化的是(　　)。
A. 液化气燃烧　B. 面粉发酵　C. 把土豆切成丝　D. 菜刀生锈
(6)化学的发展为人类提供了更多的生活、生产资料，下面的做法中，利用了化学变化的是(　　)。
A. 海员蒸馏海水获取淡水
B. 工匠融化玻璃吹制各种玻璃艺术品
C. 工业上分离液态空气得到氧气、氮气
D. 大棚蔬菜生产施用二氧化碳气体提高产量
(7)下列变化中属于化学变化的是(　　)。
A. 木柴劈成块　B. 西瓜榨成汁　C. 残雪化成水　D. 高粱酿成酒

五、能力提升

(1)诗词是中华民族灿烂文化中的瑰宝。下列著名诗句中隐含有化学变化的是(　　)。
①千里冰封，万里雪飘　②白玉为床，金作马　③野火烧不尽，春风吹又生　④粉骨碎身浑不怕，要留清白在人间　⑤只要工夫深，铁杵磨成针　⑥春蚕到死丝方尽，蜡炬成灰泪始干

A. ①②③　　B. ②④⑤　　C. ③④⑥　　D. ③⑤⑥

(2)下列关于物质化学变化的描述,最准确的是(　　)。

A. 一定会发光、发热　　B. 一定有气体生成或改变颜色

C. 一定会有新物质生成　　D. 一定会有沉淀生成

(3)节日里的下列景象伴随有化学变化的是(　　)。

A. 五光十色的烟火礼花　　B. 不断闪烁的霓虹灯

C. 变化无穷的音乐喷泉　　D. 满屋飘香的茅台酒

(4)下列过程不是通过化学变化获得能量的是(　　)。

A. 利用炸药爆炸开山炸石　　B. 利用煤燃烧进行火力发电

C. 利用汽油燃烧驱动汽车　　D. 利用水力发电

(5)下列说法你认为错误的是(　　)。

A. 化学变化和化学反应是同一个概念

B. 物质发生化学变化时一定同时发生物理变化

C. 化学变化的特征就是一定会有沉淀生成

D. 物质的性质决定了物质的变化,物质的变化反映了物质的性质

(6)下列变化属于化学变化的是(　　)。

A. 浓盐酸挥发形成白雾　　B. 干冰升华形成白雾

C. 镁条燃烧产生白烟　　D. 加热水到沸腾,产生水蒸气

学习反馈:____________________________________

六、教学反思

(1)对于九年级的学生来说,微观概念不是很明白,所以学化学必须从能“看得见、摸得着”的知识开始。这一课从学生生活中的变化入手,引导学生在做中学化学,在动手动脑中学化学,从而提高他们的学习热情。

(2)这节课涉及的实验都是由学生自己通过现象得出结论,学生做实验很投入,举例时也很踊跃。学得比较高兴,继续巩固了学习化学的兴趣。举出的例子绝大多数是正确的,这说明课题的设计思路是正确的,教学实践也是成功的。学生的表现欲望得到满足,才智得以发挥。

(3)这节课的优点在于,通过实验完全地把物理变化和化学变化区别开来,存在的问题是:很多学生认为电灯发光是化学变化,而其实质是能量的转化,是电能转化为光能的典型例子。

(4)通过本节课的教学,还要思考的问题是,在教学过程中如何让学生学得有兴趣有质量,如何提高课堂效率。

七、点评与分析

1. 教学目标

此设计充分体现了以学生发展为本的基本理念,让学生参与到教学的各个环节中,激发

了学生的学习兴趣。注重培养学生的能力，如实验观察能力、准确描述实验现象的能力、分析能力、总结归纳能力等。

2. 教学方法

本节教学设计注重学法指导，关注学生终身发展。从学生熟悉的事物出发，注重基于真实情景创设情境，激发学生的学习兴趣和热情，把学生带进课堂，然后通过不同的方法，如实验、观察、讨论、交流、小组合作、互助等，使学生自主生成知识，使他们尝到成功的喜悦，体现了学生是学习的主体。

3. 教学过程

本节设计有明、暗两条主线。明线是了解物理变化和化学变化的概念，暗线是学生要初步树立物质是变化的观点，即物质的变化观。这节课迈出变化观的第一步，是敲门砖，它的形成还得经过后续的学习逐渐充实完善，但也是很重要的。

4. 教学亮点

教师敢于把实验交给学生去做。由于学生并未学过实验仪器的使用和基本操作，教师让学生从倾倒液体开始，并且做之前教师提示了做法和实验注意事项，把安全教育纳入课堂，体现了对学生的关爱，也体现了课改的精神，并且也熟悉了将要讲的实验操作部分。

八、参考资料

教育部基础教育课程教材专家工作委员会. 2012. 义务教育化学课程标准（2011 年版）解读. 北京：高等教育出版社.

点评专家：李　彬　盘锦市教师进修学院教研员，中学高级教师
刘继和　沈阳师范大学教师专业发展学院教授，硕导

课题 2　对人体吸入的空气和呼出的气体的探究

一、基本信息

课题	对人体吸入的空气和呼出的气体的探究				
授课学校	盘锦市第二初级中学	授课年级	九年级	授课班级	九年二班
授课时间	2012.9.4	课　型	新授元素化合物课	课　时	1
姓名	陈刚	毕业学校及专业	辽宁师范大学化学专业		
年龄	40	最高学历	本科		
职称	中学高级	教龄	20 年		
最高荣誉	盘锦市化学学科带头人	最高奖励	优秀教师		

二、对本节课的基本认识与理解

本节课的性质、在教材中地位与作用	性质：对我们吸入的空气和呼出的气体有什么不同的探究，通过给出实验原理的信息和图示实验步骤等方法，着重培养学生对现象的观察和分析能力，并能明确地表述探究所得到的结论。 地位：①我们吸入的空气和呼出的气体有什么不同的探究活动趣味性较强，较易引起学生参与的兴趣。尤其新教材在提供信息中增加一方面，使学生能较顺利地进行该探究活动。②新教材第16页习题“整理本课题的探究活动记录，写出探究报告”很重要，这是培养学生严谨的科学态度和学习科学探究方法的重要一步。 作用：新教材中对这个探究活动的小结很重要，要引导学生亲自感受化学学习的以下特点：①关注物质的性质；②关注物质的变化；③关注物质变化过程及其现象。引导学生积累对物质的一些具体性质和变化的认识，为后续单元学习打好基础	
学情分析	有利因素：本课题易激发起学生科学探究的浓厚兴趣。 不利因素：学生已有的知识储备、生活经验不完善，对所学探究过程有不良影响，需教师及时点拨、指导	
教学目标	(1)认识实验是学习化学的重要途径，能完成简单的探究实验，并写出实验报告。 (2)学习对化学现象进行观察和分析的方法，培养发现生活中值得探究的问题和解决问题的能力。 (3)体验化学探究学习活动的乐趣和学习成功的喜悦	
教学重难点	重点	认识通过科学实验可以获得有价值的探究结果
	难点	收集呼出气体的操作
教学资源与教学手段	仪器、药品	集气瓶、水槽、玻璃片、饮料管、胶头滴管、小木条、澄清石灰水
	演示文稿	PPT
	其他资源	学案

三、教与学的过程设计

教学内容	教学环节与方法	教师活动	学生活动	设计宗旨与意图
了解吸入和呼出的气体	导课	现在请每位同学做两次深呼吸，同学们感觉如何？那么同学们是否想过，我们呼出的是什么？吸入的又是什么呢	学生做两次深呼吸后，猜测呼出的是什么？吸入的又是什么	从学生熟悉的事物入手，激发学生对探究实验的兴趣
实验探究的概念	阅读	指导阅读	阅读教材第14页。阅读有关资料	对所探究实验在知识点上有前期准备
实验探究的步骤	提出猜想	指导学生结合阅读教材知识点后对吸入的空气和呼出的气体的猜想提出问题：我们吸入的空气和呼出的气体有什么不同？ 提出猜想： (1)人呼出的气体中全部是二氧化碳。 (2)我们呼出的气体中，二氧化碳比空气中的多。 (3)我们呼出的气体中，水蒸气比空气中的多。 (4)我们呼出的气体中，氧气比空气中的少。 (5)我们吸入和呼出的气体中氮气含量不同	以小组为单位进行猜想	培养学生对新问题的探究意识

续表

<table>
<tr><th>教学内容</th><th>教学环节与方法</th><th colspan="4">教师活动</th><th>学生活动</th><th>设计宗旨与意图</th></tr>
<tr><td rowspan="3">探究实验</td><td>实验设计</td><td colspan="4">教师指导，结合教材提供的信息和设计实验的步骤(1)、步骤(2)，以小组为单位设计实验</td><td>学生活动时间为 5min</td><td>锻炼学生动脑思考能力</td></tr>
<tr><td>进行实验</td><td colspan="4">教师指导如何利用排水法收集呼出的气体
<table>
<tr><th>实验步骤</th><th>实验现象</th><th>分析或结论</th></tr>
<tr><td>(1)取四只容积相同的集气瓶，分别收集两瓶空气和两瓶呼出的气体</td><td>瓶内都是____色、____味的气体</td><td></td></tr>
<tr><td>(2)分别在空气和呼出气体中滴入澄清石灰水振荡</td><td>(1)空气瓶中现象：____
(2)呼出气体瓶中现象：____</td><td>猜想____成立</td></tr>
<tr><td>(3)分别在空气和呼出气体中插入燃着的木条</td><td>(1)空气瓶中现象：____
(2)呼出气体瓶中现象：____</td><td>猜想____成立</td></tr>
<tr><td>(4)将一块干燥玻璃片放置于空气中，对着另一块干燥玻璃片呼气</td><td>(1)一块：____
(2)另一块：____</td><td>猜想____成立</td></tr>
</table></td><td>利用所得的用品完成探究实验</td><td>锻炼学生动手实验的能力。
依据实验现象作出合理判断</td></tr>
<tr><td>教师点拨</td><td colspan="4">强调控制相同变量的思想，并形成猜想，所有学习小组均完成设计实验</td><td>倾听</td><td>培养学生团结协作能力</td></tr>
<tr><td>实验难点的解释</td><td>启示与探索新知</td><td colspan="4">教师应适时指导：
(1)向呼出气体中滴加澄清石灰水，若石灰水不变浑浊，是什么原因？
(2)氮气在吸入和呼出之后的量、体积分数是否变化</td><td>思考问题作答</td><td>激发探究实验的兴趣</td></tr>
<tr><td rowspan="3">结论</td><td rowspan="3">引导得出结论</td><td></td><td>氧气</td><td>二氧化碳</td><td>水蒸气</td><td colspan="2">氮气</td></tr>
<tr><td>吸入的空气</td><td>较多</td><td>较少</td><td>较少</td><td colspan="2" rowspan="2">体积量几乎不变</td></tr>
<tr><td>呼出的气体</td><td>较少</td><td>较多</td><td>较多</td></tr>
<tr><td>课堂练习</td><td colspan="7">见 PPT</td></tr>
<tr><td>课堂小结</td><td colspan="7">本课题通过探究吸入的空气和呼出的气体的比较，使学生亲身感受到生活中的感性经验怎样上升为理性知识、实验探究的一般思路和流程，为以后学习化学奠定基础。
学习方法：勤于观察，分组学习，当堂记分，达成共识</td></tr>
</table>

四、板书设计

对人体吸入的空气和呼出的气体的探究

一、对人体吸入的空气和呼出的气体的探究

阅读内容：新教材第 14 页信息(1)～(4)。

详见 PPT。

探究实验方法：对比。

1. 排水法收集气体。

2. 将燃着的木条分别插入空气样品和呼出气体的样品中。

(1)现象：　　　　　　　　(2)结论：

3. 向一瓶空气样品和一瓶呼出气体的样品中滴入相同滴数的澄清石灰水，振荡。

(1)现象：　　　　　　　　(2)结论：

4. 取两块干燥的玻璃片，对着其中的一块哈气，对比观察。

(1)现象：　　　　　　　　(2)结论：

五、学案

对人体吸入的空气和呼出的气体的探究学案

(1)阅读教材第 14 页，你能得到哪些关于二氧化碳、氧气和氮气的性质的信息。

①________________

②________________

③________________

④________________

(2)本堂课我们要用到哪些实验器材和其他物品？

(3)你知道什么叫排水法收集气体吗？用排水法收集气体的方法是怎样的？用排水法收集的气体应该具备什么物理性质？

(4)向 1 瓶空气和 1 瓶呼出的气体中各滴入数滴澄清的石灰水，振荡，观察现象并记录。

(5)将燃着的小木条分别插入空气和呼出的气体中，观察现象并记录。

(6)取两块干燥的玻璃片，对着其中一块呼气，观察玻璃片上水蒸气的情况，并与另一块放在空气中的玻璃片作对比。

(7)本堂课小结：______

(8)问题和建议：______

六、教学反思

(1)实验之前先让学生根据已有的知识了解人体吸入和呼出的气体中含有哪些气体，从而使学生明确本实验主要探究的是人体吸入和呼出气体中氧气、二氧化碳和水的含量的不同。

(2)学生第一次进行化学实验，可能不知道要干什么，一定要引导学生学会观察并做好实验记录。在学生收集“呼出的气体”时，教师要演示，让学生根据示范收集，不然学生收集的气体可能是刚吸进的空气而使实验失败。实验结束后要组织学生分析实验并总结实验，使学生在课堂中处于主体地位，进行自主探究和分析。

(3)从探究实验成功方面判断学生学有所得，能较好地对新教材合理的理解，把握知识的重、难点，较成功的学习化学知识点及探究实验的方法。这种教学方式更有利于激发学生的学习兴趣，也更能加深学生对化学实验的认识，使学生在后面的实验探究中的思路更清晰，目的更明确。

(4)本节课有以下特点：激发学生的探究实验兴趣；有效地培养学生学好化学的方法；培养学生的合作意识；在学习方法上，给予学生指导。

七、点评与分析

1. 教学目标

本节课教师注重从学生熟悉的呼吸入手创设学习情景，充分发挥以“学生为主体，以教师为主导”的教学思路，通过“提出问题—实验探究—得出结论”这一系列活动来研究、分析现象得出结论，激发学生积极主动地去探究、去学习，培养了学生科学的学习态度，使其真切地体验到探究学习的乐趣，从而收到良好的学习效果。

2. 教学方法

运用“感知—深化—运用”的循序渐进的学习模式，既有知识的剖析，又有深化和拓展，还有知识的迁移，这样既符合学习规律，又能有效地提高教与学的质量与效果。

3. 教学手段

根据学生的潜在水平和表现水平之间的最近发展区来设计问题，是推动学生心理发展的强大动力，“设疑诱导”必须把握适度原则，本节课所设置的问题均切实可行，符合学生实际，达到了预期的效果。

4. 教学过程

引课自然，且直奔主题。请学生们做两次深呼吸，进而引出呼出与吸入的气体有什么不同，使学生很快进入教师设置的学习情景中，易于学生接受。

八、参考资料

(1)教育部基础教育课程教材专家工作委员会. 2012. 义务教育化学课程标准(2011 年版)解读. 北京：高等教育出版社.

(2)化学课程教材研发中心. 2012. 义务教育教科书化学九年级上册教师教学用书. 北京：人民教育出版社.

点评专家：陈素荣　盘锦市盘山县教师进修学校教研员，中学高级教师
刘继和　沈阳师范大学教师专业发展学院教授，硕导

课题 3　走进化学实验室

一、基本信息

课题	走进化学实验室(第一课时)				
授课学校	盘锦市第一中学	授课年级	九年级	授课班级	九年二班
授课时间	2012.9.5	课　型	新授实验课	课　时	1
姓名	李琦	毕业学校及专业	沈阳师范大学化学专业		
年龄	43	最高学历	硕士研究生		
职称	中学高级	教龄	21 年		
最高荣誉	市优秀教师、学科带头人	最高奖励	辽宁省优质课一等奖、教学设计国家一等奖		

二、对本节课的基本认识与理解

本节课的性质、在教材中地位与作用	性质：技能实验课。 地位：认识化学仪器和掌握基本操作是化学实验学习的基础，贯穿整个化学实验的始终。 作用：走进化学实验室是学习化学的必由之路，学生只有在化学实验中才能感受到浓厚的化学氛围，通过化学实验室中的实践和练习才能规范学生的化学实验基本操作，实验的学习不仅能提高学生实验的基本技能，也是激发学生学习兴趣的途径
学情分析	有利因素：九年级的学生对化学有着强烈的学习欲望，每个学生都想亲自动手实验，这样提供了学习化学的前提条件——兴趣。本节课是学生进入实验室的第一节课，他们感觉既新鲜又激动，而且还很好奇。 不利因素：进入实验室后，总想先动一动桌面上的东西，如果本节课组织不好，会导致以后的实验课很难上。学生还没有掌握实验操作技能，有部分学生因为忽略细节、操作不准确，导致实验失败，而失去学习兴趣

续表

教学目标	知识与技能	(1)举例说明化学实验对探究的重要性及在科学研究中的重要地位。 (2)认识化学实验的目的和意义，列举实验的注意事项。 (3)说出常用仪器的名称、使用范围。 (4)能进行药品的取用等基本实验操作，概述操作要求
	过程和方法	(1)通过参观化学实验室，了解实验室规则、仪器名称。 (2)通过实验探究，学习并学会一些实验基本操作技能
	情感、态度与价值观	(1)形成遵守实验室规则的良好意识。 (2)通过对化学家们研究过程的了解产生探究的欲望。 (3)通过本节的动手实验、实践获得乐趣，真正体会严谨的科学态度、合理的实验步骤和正确的操作方法是实验成功的关键
教学重难点	重点	(1)仪器的识记。(2)固体、液体药品的取用
	难点	(1)量筒、滴管的使用。(2)遵守实验室规则及认识实验规范的重要性
教学资源与教学手段	仪器、药品	每个实验台上放置大理石、碳酸钠粉末、稀盐酸等药品。 教材附录Ⅰ中的常用仪器及药匙、镊子、试管架等仪器(纸槽由学生自制)
	演示文稿	PPT
	其他资源	教师：准备实验所用仪器、药品及 PPT。 学生：预习教材内容，课余时间分组参观实验室、仪器室、药品室，了解实验室实验规则、仪器的名称和用途、药品的贮存

三、教与学的过程设计

教学内容	教学环节与方法	教师活动	学生活动	设计宗旨与意图
认识常用的实验仪器，了解使用注意事项	情景导入：通过看动画、听朗诵的形式引出这节课内容	你能认出教材第 17 页这幅图中所有的仪器吗	(1)浏览教材第 17 页，观察第 151 页初中常用化学实验仪器。 (2)概括出我进实验室干什么。 (3)阅读《实验室规则》，了解有关内容。 (4)讨论、交流后汇报	激发学生了解化学、参与实验的热情。 明确化学实验的重要性
固体药品的取用	讲授新课：指导实验。 学生实验。 动画展示错误操作的后果	展示药品：稀盐酸、大理石、碳酸钠。 提出问题：回忆日常生活中，我们怎样将雪碧饮料从瓶子倒到杯子中而不外溅？ 演示实验：边实验边讲解操作要点，教师巡视，及时指出学生不规范的操作，并加以修正(归纳总结)。 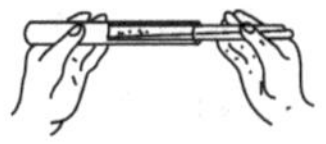 教师演示：向试管内倾倒约 1/3 的液体药品。 纠正、补充学生的答案	阅读课文有关内容，了解实验室药品取用规则。 观察药品，阅读教材第 18 页，交流、讨论，得出正确的操作方法。 实验 1：用镊子夹取一块大理石放入试管中，并将试管放在试管架上。 实验 2：用药匙取少量碳酸钠粉末放入。 表达与交流。 回顾操作要点，并反复练习，讨论得出液体取用的方法	培养学生的阅读能力

续表

教学内容	教学环节与方法	教师活动	学生活动	设计宗旨与意图
液体药品的取用	设置探究实验	如何将稀盐酸倒入试管内？瓶塞为什么要倒放在桌子上 	(1)拿细口瓶倾倒时,为什么细口瓶贴标签的一面要朝向手心？ (2)倾倒液体后,为什么要立即盖紧瓶塞,并把瓶子放回原处？ (3)倾倒液体时,瓶口为什么要紧挨着试管口	培养学生实验操作的规范性,让学生互教互学,鼓励学生大胆动手实验,学会分析实验成与败的原因
量筒的使用	动画演示仰视和附视读数的影响。分组讨论	提出问题： (1)如何使用量筒量取液体的体积？ (2)用量筒量取液体时,为什么要使视线与量筒内液体凹液面的最低处保持水平	实验探究： (1)用 10mL 的量筒量取 2mL 的稀盐酸。 (2)用量筒量取液体时,仰视或俯视,对读数产生影响。 (3)将量好的稀盐酸倒入放有大理石的试管中,观察并记录发生的现象(学生阅读教材第 20 页并体会)	引导学生养成良好的实验习惯
滴管的使用	实验 3：滴管的使用	同学们思考： (1)取少量的液体应使用什么仪器？ (2)使用胶头滴管应注意什么事项？注意指导学生实验规范	练习向试管、烧杯中滴加少量液体。 回顾操作要点,并反复练习	培养学生实验操作的能力。 培养学生的自学能力
课堂练习	见学案,投影给出答案			
课堂小结	让学生谈这节课的感想,通过学习,你的收获、体会或想法			
课后作业	(1)阅读课文,回顾所学操作的要点以及注意事项。 (2)预习物质的加热、洗涤仪器等基本的化学实验操作			

四、板书设计

走进化学实验室

一、实验室的常用仪器及注意事项

二、学生实验的基本要求

三、如何取用实验药品

(1)固体药品取用的仪器及注意事项。

镊子——取块状固体、金属颗粒(一横二放三慢竖),

药匙、纸槽——取粉末、小颗粒固体(一斜二送三直立),

药品用量没有说明的,当取少量——盖满试管底部。

(2)液体药品。药品用量没有说明的,当取少量——1～2mL。

液体药品的取用：①液体的倾倒;②量筒的使用;③胶头滴管的使用。

五、学案

走进化学实验室学案

一、学习过程

1. 课前准备

(1)学生:预习教材内容,课余时间分组参观实验室、仪器室、药品室,了解实验室实验规则、仪器的名称和用途、药品的贮存。

(2)教师:准备实验所用仪器、药品及 PPT。实验仪器及药品:试管、镊子、药匙、量筒、滴管、烧杯、大理石、碳酸钠、稀盐酸、试管架等。

2. 实验探索

(1)介绍实验室规则、认识常用危险化学品标志(见教材第 18 页)的图标,熟悉常用危险化学品的标志。

①教师介绍实验以及安全实验的重要性,让学生了解实验室的实验规则。

②学生阅读教材第 18 页,并对实验室的实验规则进行交流与讨论。

(2)认识常见仪器的使用:学生对照图片,观看介绍,分组学习常见仪器的使用。

3. 药品的取用

①药品的取用规则:学生阅读教材第 18 页药品的取用规则,了解如何取用药品。

②固体药品的取用:教师展示药品(大理石、碳酸钠粉末),让学生观察药品。

问题:要将大理石放入试管内而不打破试管底,应如何操作?应用什么仪器取用?

如何将碳酸钠粉末放入试管内而不沾在试管壁上?应使用什么仪器?

③液体药品的使用:教师展示药品(稀盐酸),让学生观察药品。

问题:如何将稀盐酸倒入试管内?

学生交流与讨论,结合教材第 19 页中图 1-26 液体的倾倒,回答第 19 页中四个问题,得出液体取用的方法:a. ________ b. ________ c. ________

④量筒的使用:阅读教材第 19 页,探究如何使用量筒量取液体的体积。

讨论:用量筒量取液体时,如果视线没有与量筒内凹液面的最低处保持水平,采用仰视或俯视,读数是偏大还是偏小?

⑤滴管的使用:取少量的液体应使用什么仪器?使用胶头滴管应注意什么事项?

二、学习评价

(1)固体药品通常存放在________中，粉末颗粒状的一般用________取用，块状的用________取用，如果没有说明用量，应取最少量，固体只须________。液体药品通常存放在________中，取用时试剂瓶盖________放在桌子上，标签朝向________，试剂瓶口紧贴容器口________倾倒。如果没有说明用量，取最少量________ mL。

(2)量取一定体积的液体应用________，选择的量筒规格与所量液体体积越接近越好。倾倒的液体接近刻度时，应用________滴加。量液时，量筒必须________，视线要与量筒内液体________保持水平再读出读数。仰视时会造成读数偏低，取液偏多；俯视时会造成读数偏大，取液偏少。

(3)胶头滴管的使用方法：取液后的滴管，应保持________在上，不要平放或倒置，防止液体倒流，沾污________或腐蚀________；滴加时把滴管放在容器口上方滴加。用过的滴管要立刻用________干净(滴瓶上的滴管不要用水冲洗)，再放入洁净的小试管中。

三、课堂检测

(1)关于药品的取用，不正确的操作是(　　)。

A. 取用粉末状固体药品应用药匙

B. 取用较大块或颗粒状固体药品用镊子

C. 实验室没说明用量，液体一般取 1～2mL，固体只要盖满试管底部

D. 从试剂瓶取出的溶液如果超出了需用量，应将超量的部分倒回原瓶内

(2)下列实验操作正确的是(　　)。

A. 将实验室用剩的药品放回原瓶　　B. 把鼻孔凑近瓶口闻药品的气味

C. 将洗净的试管倒放在试管架上　　D. 玻璃仪器外壁有水，加热前应擦干

(3)下列仪器不能作为反应容器的是(　　)。

A. 试管　　B. 广口瓶　　C. 量筒　　D. 烧杯

(4)取 5mL 液体，应当选用(　　)。

A. 托盘天平　　B. 带刻度试管　　C. 10mL 量筒　　D. 100mL 量筒

(5)用胶头滴管向试管里滴加液体的正确操作是(　　)。

A. 滴管伸入试管竖直滴加　　B. 滴管位于试管口上方垂直滴加

C. 滴管口斜靠在试管壁滴加　　D. 滴管水平向试管中滴加

(6)给试管中的液体加热时，液体的量不超过试管容积的(　　)。

A. 1/2　　B. 1/3　　C. 1/4　　D. 2/3

(7)取用块状固体可以用(　　)，往试管里装入固体粉末可以用(　　)。

A. 手抓　　B. 药匙　　C. 镊子　　D. 纸槽

(8)学生用量筒量取液体的体积，量筒放平稳且面对刻度线，初次仰视凹液面的最低点读数为 19mL，倾出部分液体后，俯视液体凹液面的最低处读数为 10mL，则实际该学生倾出液体的体积是(　　)mL。

A. 9　　B. 大于 9　　C. 小于 9　　D. 无法判断

四、学习链接

(1)瓶的瓶塞为什么要倒放在桌子上？

(2)倾倒液体时，瓶口为什么要紧挨着试管口？应该快速倒还是慢慢倒？

(3)使用细口瓶倒液时为什么细口瓶贴标签的一面要朝向手心处？

(4)液体取完后，为什么要立即盖紧瓶塞，并把瓶子放回原处？

(5)实验室中使用量筒要注意什么？使用滴管要注意什么？

(6)学生用量筒量取液体，量筒放平稳，而且面对刻度线，初次仰视液面读数为 19mL，倒出部分液体后，俯视液面读数为 11mL，则该学生倒出的液体的体积是(　　)。

A. 8mL　　B. 大于 8mL　　C. 小于 8mL　　D. 无法确定

(7)怎样把粉末状的药品装入试管中？怎样把密度大的块状或颗粒状药品装入玻璃容器中？怎样把液体药品倒入试管中？

五、学习反馈

学生回答以下问题：

(1)谈谈你对这节课有哪些感受？

(2)在实验探究过程中，你最喜欢哪些方式？

(3)在课堂上，你的发言情况如何？

(4)在课堂上，你是否在一直积极思考？

(5)实验过程中，你动手情况如何？

(6)实验过程中，遇到意外的现象，是否激起你的探究欲望？

(7)实验过程中，你是否只顾实验忘了记录实验现象？

(8)在分组讨论中,你是否积极参与并发表意见?

(9)在这节课你希望老师起到哪些作用?

六、教学反思

(1)这节课学生学习热情高涨,全班学生合作探究实验操作要点,在不断出错中反复实验,大部分学生掌握了操作要点,极少数学生由于没有认真预习,课堂效果不理想。

(2)在教学过程中,我通过:“提出问题—作出假设—制订计划—实施计划—得出结论—表达和交流”的自主与探究实验课课堂教学模式,让学生寻找问题的答案,进一步激发其探索新知识的兴趣。

(3)本课题是学生第一次走进化学实验室,首先明确了实验规则,其次学了一些简单的、基本的实验操作方法及注意事项。这些应在以后的教学中继续介绍。大多数学生对实验操作不太规范,因此,要注意演示,并对学生规范的实验操作和熟练程度严格要求,同时在课堂上尽量为学生提供练习的机会。

七、点评与分析

1. 教学方法

本课题是初中化学科学探究和化学实验的启蒙,在参观实验室、讨论、活动与探究中必须给学生时间和空间。从已有的经验出发,指导学生按“走进实验室—观察仪器及环境—识别仪器、说出名称—了解用途—动手操作—亲历与体悟”的策略学习。

2. 教学手段

教材首先利用实验室的实物照片和简短的文字阐述了走进化学实验室的重要要求,通过多媒体展示初中化学学习中的有关仪器。指导学生进行药品取用、加热和洗涤仪器等基本操作训练。

3. 教学过程

先用教材引导学生对整个实验室进行宏观了解,对常见仪器有一个粗略的认识,为以后的操作或今后的实验完成铺垫。而在“药品的取用”这个重点中,以学生阅读、观察、操作为主,教师只起规范性作用,在每一个知识点后都有“引出”,让学生的思维具有环环相扣的逻辑性,体现新教材的特点。

八、参考资料

教育部基础教育课程教材专家工作委员会. 2012. 义务教育化学课程标准(2011 年版)解读. 北京:高等教育出版社.

点评专家:李广彬　盘锦市教师进修学院化学教研员,中学高级教师
刘继和　沈阳师范大学教师专业发展学院教授,硕导

第二单元　我们周围的空气

课题1　空　　气

一、基本信息

课题	空气				
授课学校	鞍山市第12中学	授课年级	九年级	授课班级	九年四班
授课时间	2012.9.27	课　型	新授元素化合物课	课　时	1
姓名	姬晓明	毕业学校及专业	丹东师范学院化学专业		
年龄	32	最高学历	本科		
职称	中学二级	教龄	11年		
最高荣誉	省优秀化学教师	最高奖励	省优质课一等奖		

二、对本节课的基本认识与理解

本节课的性质、在教材中地位与作用	性质：本单元选择空气和氧气作为初中化学中接触具体物质知识的开端，不仅因为小学自然课中对空气和氧气的知识已有过介绍，更重要的是因为它们在自然界分布极广，是自然界维持生态平衡的重要条件，是化工生产的廉价资源。 地位：空气与人类的生活关系最为密切，是人类离不开的天然物质，我们都知道氧气的发现在化学史和科学史上具有极其重要的地位，不仅因为它推翻了错误的燃素学说，给整个化学领域造成了翻天覆地的变化，还因为研究过程中实验方法的多样性和科学性。 作用："空气"的重要意义在于能够提供一种化学情境，使学生开始了解化学的历史以及化学作为一个学科的意义，了解科学探索的过程，同时受到一些最基本的化学思维方式、实验方法、探究方法的熏陶，并逐步学习这些比知识更鲜活的经验。通过对它们的认识和了解，可以比较顺利地引导学生进入化学世界来探索物质的奥秘	
学情分析	有利因素：空气对于九年级学生来说并不陌生，在探究呼出气体和吸入空气的不同时已经对空气有所了解，因此在学习空气的组成时，知识的获得会简单容易了很多。 不利因素：对空气成分测定中，涉及压强的概念，而此时物理课中还没学习到这个概念，这给学生理解空气成分测定原理增添了难度，因此在讲解中也要避免涉及这个问题	
教学目标	知识与技能	能说出空气的主要成分。初步认识纯净物、混合物的概念，能区分一些常见的纯净物和混合物
	过程与方法	通过对空气、氧气等物质的比较，初步认识纯净物、混合物的概念，能区分一些常见的纯净物和混合物
	情感态度与价值观	通过观察"测定空气里氧气含量"的演示实验，初步学习尊重实验事实、分析实验现象、得出实验结论的态度与方法
教学重难点	重点	(1)"测定空气里氧气含量"实验的分析。(2)区分一些常见的纯净物和混合物
	难点	(1)"测定空气里氧气含量"实验的误差分析。(2)区分一些常见的纯净物和混合物

续表

教学资源与教学手段	仪器、药品	钟罩、水槽、燃烧匙、单孔橡皮塞、集气瓶、烧杯、乳胶管、导管、弹簧夹、酒精灯、红磷、水
	演示文稿	PPT
	其他资源	学案

三、教与学的过程设计

教学内容	教学环节与方法	教师活动	学生活动	设计宗旨与意图
导课	创设情境，导入新课。 播放幻灯片	引言：请同学们开动脑筋来猜个谜语。 解落三秋叶，能开二月花。过江千尺浪，入竹万竿斜。 追问：空气是无色、无味的气体，不易察觉，怎么试着设计一个简单的实验或列举生活实例来说明空气确实存在	思考，回答： 风，流动的空气。 小组讨论后回答问题	通过师生对话，创造平等、民主、自由的学习环境，让学生在这种环境下，进入学习气氛
空气的组成	展示课件，播放拉瓦锡发现空气的实验	听故事，思考学案上提出的问题	以小组为单位，讨论解决问题	通过分组讨论问题，学会与其他同学合作发现问题和分析问题
	实验导学，得出新知。 分析讨论。 归纳总结，形成概念	要求学生按照教材中连接仪器，并完成实验，适时指导学生观察实验现象，记录实验结果。 引导学生从两个方面分析实验：①实验成功，描述现象；②实验失败，寻找原因。 在实验的基础上归纳出空气的成分	分组完成实验，观察实验现象，记录实验结果。写在学案上。 (1)描述实验现象。 (2)小结并交流成功的经验。 (3)寻找并分析失败的原因。 归纳空气的组成成分	知道实验是学习化学的基础，通过学生自主的实验探究过程，体验实验过程中的成功和失败。 让学生在观察和讨论中发现问题、提出问题、解决问题，树立实事求是、严谨务实的科学态度。 引导学生对获得的事实与证据进行归纳，得出结论。培养学生的规范表达能力
混合物和纯净物	阅读教材	引导学生阅读教材，找出纯净物和混合物的区别，并举出生活中常见的混合物或纯净物	阅读教材，找出纯净物和混合物的区别，并能举出生活中的实例	通过学生的自学，培养学生自我学习、自我分析、自我归纳的能力
课堂练习	见学案，大屏幕出现答案			
课堂小结	提出进一步探究的问题：(1)空气中的各成分是怎样被发现的？(2)地球上没有空气会怎样			
课后作业	见学案			

四、板书设计

空　　气

一、空气是由什么组成的

1.测定空气中氧气含量的实验

药品:红磷。

现象:集气瓶内红磷燃烧冒出大量白烟,放出大量热。冷却后打开止水夹,烧杯中的水沿导管进入集气瓶,约占集气瓶容积的1/5。

文字表达式:红磷+氧气$\xrightarrow{点燃}$五氧化二磷。

结论:氧气约占空气总体积的1/5。

2.空气的成分

按体积计算,大约是氮气78%、氧气21%、稀有气体0.94%、二氧化碳0.03%、其他气体和杂质0.03%。

3.纯净物和混合物

纯净物:由一种物质组成。例如,氧气,二氧化碳。

混合物:由两种或两种以上物质组成。例如,空气,海水。

五、学案

空气学案

一、学习过程

知识点一:空气的组成

(1) 以小组为单位讨论下列问题,并在班级交流。

问题1:空气是无色、无味的气体,不易察觉,试着设计一个简单的实验或列举生活实例来说明空气确实存在。(教师出示扇子、塑料袋、注射器等实物)

问题2:以上事实说明空气确实存在,根据你的生活经验或者一些事实,相信你能说明空气中某些气体成分的存在。

(2)自主学习。

阅读教材第26页的内容,细看图2-2,思考完成以下问题:①为什么容器中空气的体积会减少?②拉瓦锡是根据什么现象知道气体体积减少1/5的?

(3)分组实验,以小组为单位填写下列表格,然后全班交流。

仪器药品	
实验步骤	先在集气瓶中放一些水 ________________________
实验现象	红磷(P)燃烧时________,装置冷却后,打开止水夹________
结论	
反应的文字表达式	

注意:烟——大量固体小颗粒分散在空气中;雾——大量小液滴分散在空气中。

讨论下列问题,并将讨论的结果简记在学案上。

①红磷在集气瓶中燃烧,消耗了什么气体?为什么红磷要过量?

②为什么要等装置冷却到室温后,再打开弹簧夹?

③如果把红磷改成蜡烛,对实验结果会有何影响?

(4)学习结论:空气的成分按体积计算,大约是氮气(N_2)____、氧气(O_2)____、稀有气体____、二氧化碳(CO_2)____、其他气体和杂质____。

知识点二:纯净物和混合物

(1)自主学习:阅读教材第 27 页的内容,找出混合物和纯净物的概念,完成下表。

混合物:____________________________纯净物:____________________________

	混合物	纯净物
组成是否固定		
性质是否固定		
有无专用的化学符号		

(2)分小组列举纯净物和混合物,看哪个小组列举得多。可以参考“课堂练习”。

注意:纯净物是相对的,没有绝对的纯净物。研究任何物质性质,都必须取纯净物,因为杂质会掩盖物质本身的一些性质。

(3)抢答:判断下列物质属于混合物还是纯净物,并说明依据。

空气　海水　氧气　冰水混合物　冰　红磷　五氧化二磷(P_2O_5)石灰水　二氧化碳　稀有气体

二、总结反馈

将题号填在括号中，可以多选。

(1)你独立完成“课堂练习”时，你认为题目难度大的是(　　)，耗时较多的是(　　)。

(2)利用课间和同学交流，“课堂练习”中(　　)和同学答案不一样，讨论后仍不明白的是(　　)。

(3)记录你完成“课堂练习”所用的时间(　　　)。

三、课堂练习

抢答(1)～(7)题，以小组为单位竞赛。

(1)在人类历史上最早应用实验证明空气是由氮气和氧气组成的科学家是(　　)。

A. 门捷列夫　　B. 道尔顿　　C. 拉瓦锡　　D. 汤姆生

(2)下列气体中约占空气总体积 1/5 的是(　　)。

A. 氮气　　B. 氧气　　C. 二氧化碳　　D. 稀有气体

(3)空气中氧气与氮气的体积比约为(　　)。

A. 4∶1　　B. 1∶4　　C. 1∶5　　D. 4∶5

(4)下列厨房中常见的物质属于纯净物的是(　　)。

A. 酱油　　B. 蔗糖　　C. 加碘盐　　D. 食醋

(5)“黑火药”是我国古代四大发明之一，它由硝酸钾、硫黄、木炭组成。“黑火药”属于(　　)。

A. 纯净物　　B. 化合物　　C. 单质　　D. 混合物

(6)哪些事实说明空气中含有下列成分？

①________，说明空气中含有氧气。②________，说明空气中含有水蒸气。

③________，说明空气中含有二氧化碳。

(7)下列物质中属于纯净物的是________，属于混合物的是________。(填序号)

①净化后的空气；②洁净的食盐水；③自来水；④可乐；⑤矿泉水；⑥铜片；⑦生锈的铁钉；⑧液态氧；⑨蒸馏水；⑩稀有气体。

(8)按右图组装仪器，关闭止水夹，通电使红磷燃烧。请回答下列问题：

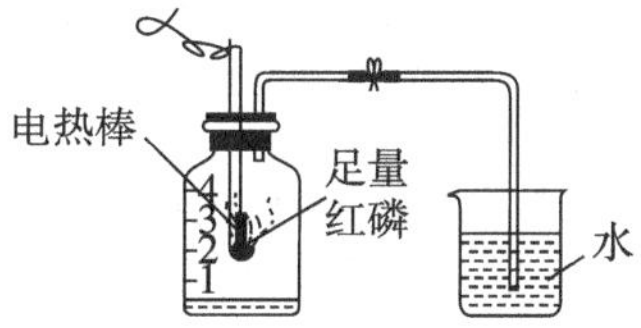

①燃烧的现象是________________。

②红磷燃烧一段时间后，自动熄灭了，你认为原因是________________。

③冷却后，松开止水夹，你观察到的现象为________________。

④此装置与教材上所使用的装置相比有什么优点？________________。

四、调查或课间讨论

(1)你还能在本节实验的基础上改进设计出哪些实验装置来测定氧气的含量呢？

(2)本地区主要的空气污染物有哪些？

(3)酸雨有哪些危害？形成酸雨的主要原因有哪些？

六、教学反思

(1)本课题以学生实验为中心，首先以谜语入手，创设情境，再让学生从多方面感知空气的存在，并且意识到空气中含有多种物质(主要是氧气)，那么，怎么能知道氧气占了空气中多少？这就成为学生们求知的动力，学生通过大胆假设、仔细分析，终于弄明白可以通过燃烧消耗氧气后，用水的体积变化来感知氧气的含量。再引导他们动手实验，使他们对于空气中氧气含量有了明确认识，也使课堂气氛达到了高潮，再提出可否用蜡烛代替红磷完成实验这个有难度的问题，让学生在成功喜悦的鼓励下，兴趣盎然地完成了后续的学习任务，充分发挥了学生的主动性。

(2)在学案中发现，学生对于纯净物和混合物概念区分不清晰，个别学生对于蒸馏水没有认知，以后教学中应该对纯净物和混合物再加强梳理。特别是对于化合物和混合物的辨别，学案中课堂练习第(8)题第③问，由于对学生的引导的不充分，导致很多学生没有发现装置的改变，也没有发现改变的目的，在以后的教学中一定要注意。

七、点评与分析

1. 教学目标

教师结合课程内容特点和学生现有的知识程度、能力水平进行设计，以一则谜语引入新课，大大调动了学生学习化学的兴趣，很自然地将学生的思维带进了化学课堂。符合从学生已有的经验出发让他们在熟悉的生活情景和社会实践中感受化学的重要性。

2. 教学模式

教师采用了“创设情境—探究实验—合作讨论—感知—延伸”的新授课的教学模式。

3. 教学方法

由于学生刚刚接触化学，还不具备独立设计实验和完成实验的能力。教师通过介绍拉瓦锡实验的原理及结论，使学生初步懂得科学探究的基本思路。然后指导学生以小组讨论、阅读教材的方式模拟拉瓦锡的实验原理设计出实验方案。之后指导学生完成实验的验证并记录实验现象，再通过分析现象得出结论！整个探究过程教师更注重的是让学生体会科学探究的过程，体会如何通过分析实验现象及实验所得的数据得出正确的结论。

八、参考资料

教育部基础教育课程教材专家工作委员会. 2012. 义务教育化学课程标准(2011 年版)解读. 北京：高等教育出版社.

点评专家：李春燕　鞍山教师进修学院教研员，中学高级教师
刘继和　沈阳师范大学教师专业发展学院教授，硕导

课题2　氧　　气

一、基本信息

课题	氧气(第一课时)				
授课学校	鞍山华育外国语实验学校	授课年级	九年级	授课班级	九年四班
授课时间	2012.9.20	课　　型	新授元素化合物课	课　　时	1
姓名	张宁	毕业学校及专业	沈阳师范大学化学专业		
年龄	39	最高学历	本科		
职称	中学一级	教龄	16年		
最高荣誉	区优秀教师	最高奖励	全国信息技术优质课		

二、对本节课的基本理解与认识

本节课的性质、在教材中地位与作用	性质：本节课以氧气的化学性质为核心，通过氧气所能发生的一些具体化学反应，分析化学反应的一些特点。使学生了解研究气体性质的一般方法，为以后学习二氧化碳性质做铺垫。 地位：氧气是学生认识具体物质及变化规律的开始。由简单到复杂，逐步学会一个认识物质的基本模式。 作用：本节课主要介绍氧气的性质，使学生初步了解物质间的转变从而为学习化合反应、氧化反应等知识打下基础，也激发了学生对学习氧气的制法的迫切愿望，因此本节课起到承前启后的作用	
学情分析	有利因素：学生在小学自然课就认识了氧气，知道氧气的存在、氧气能供给呼吸。通过课题1空气的学习，学生对氧气从心理上和知识背景上都具备学习本课的条件。 不利因素：(1)本课题是学生第一次系统地学习物质，所以，教师要引导学生逐步学会认识物质的一般方法。(2)学生对实验现象的观察刚刚开始，还处于盲目阶段，对观察程序、实验的观察和描述做到系统、准确，是需要教师引导的	
教学目标	知识与技能	(1)知道氧气能与许多物质发生化学反应，氧气的化学性质较活泼。 (2)认识化学反应中的能量变化及一些化学反应现象
	过程与方法	(1)学会观察实验现象，会分析实验信息并从中归纳得出结论。 (2)培养学生对实验现象描述及表达能力。 (3)学习从具体到抽象、从个别到一般的归纳方法
	情感态度与价值观	树立“性质决定用途”“用途体现性质”的辩证观点
教学重难点	重点	氧气的化学性质
	难点	培养学生由浅到深、由简单到复杂逐步认识物质的能力
教学资源与教学手段	仪器、药品	集气瓶、燃烧匙、坩埚钳、酒精灯、硫粉、木炭、铁丝
	演示文稿	PPT、视频(硫粉、木炭、铁丝在氧气中燃烧)
	其他资源	学案

三、教与学的过程设计

教学内容	教学环节与方法	教师活动	学生活动	设计宗旨与意图
引入新课	导课:PPT	提问:如果你去攀登喜马拉雅山,你将准备哪些必用品? 讲述:地球上的一切生命体都离不开氧气,人类的生产活动也需要氧气,所以人们曾把它叫做“养气”。氧气有哪些重要的性质呢	学生回答,学生补充。其中氧气瓶是必不可少的。人不吃饭能维持生命6～7天,然而人如果处在无氧气的环境中,只能维持6～7分钟	引导学生从熟悉的生活走进课堂,激发学生的学习兴趣
观察并描述氧气的物理性质	出示一瓶制好的氧气。 PPT:氧气三态图及氧气瓶。 视频:液氧	提问:(1)物理性质包括哪些方面呢?(2)请先来描述氧气的色、态、味。(3)氧气溶于水吗?鱼在水中靠什么呼吸?由此可推知氧气的溶解性如何	回忆并回答:色、态、味、密度、熔点、沸点和溶水性。 描述:无色、无味的气体。 学生各抒己见	引导学生研究物质从物理性质入手,让学生逐步形成认识物质的方法;培养学生树立科学研究的严谨态度
氧气的化学性质	演示实验1	提问:(1)如何检验氧气? 教师演示实验1。 (2)带火星的木条在空气中会有相同的现象发生吗? (3)通过这个实验你能得到什么样的结论	学生回答,并得出结论	回顾旧知识,通过自身感受,激起对氧气性质进一步探究的欲望
	演示实验:PPT	以木炭燃烧实验为例介绍观察程序:反应物质的色、态、味,反应条件和操作,反应生成的物质的色、态、味及伴随出现的现象,特殊生成物质的检验。 讲述:前面学习了表达磷在空气中燃烧生成五氧化二磷的反应的文字表达式,用同样的方式可写出碳燃烧的文字表达式	比较在空气和纯氧中的燃烧现象。 填写学案	让学生初步掌握观察实验的程序。 启发,并有次序地教给学生实验操作的技巧、注意事项、燃烧现象的语言描述及文字表达式
	演示实验	教师演示实验2。 讲述:硫燃烧生成的气体叫二氧化硫(化学式为SO_2),是污染空气的主要气体之一。化工厂排放的气体中常含有二氧化硫,若空气中二氧化硫过多会形成酸雨	填写学案	培养观察能力,并独力思考
		提问:你见过铁丝在空气中燃烧吗? 演示:在空气中点燃铁丝。 铁丝在氧气中能燃烧吗? 教师演示实验3。 讲述:铁丝燃烧生成的黑色物质叫四氧化三铁(化学式为Fe_3O_4)	思考,回答。 用铁制炉具做饭,在空气中不能被点燃	说明某些物质在空气中不能燃烧,在氧气中能燃烧

续表

教学内容	教学环节与方法	教师活动	学生活动	设计宗旨与意图
氧气的化学性质	演示实验	提问:(1)在硫燃烧和铁丝燃烧的集气瓶中要预先放一些水,作用是否相同?能否用其他物质来代替? (2)铁丝下端系一根火柴,作用是什么? (3)做铁丝在氧气中燃烧时,要将铁丝绕成螺旋状,其原因是什么? (4)为什么要等火柴燃烧临近燃灭时,再将铁丝插入集气瓶? (5)如果实验中没有观察到铁丝燃烧的现象,其原因可能是什么	以小组为单位,讨论下列问题,并在全班交流	提升实验探究的能力,不仅要使学生掌握氧气的化学性质,更重要的是培养学生科学的实验方法和严谨的科学态度
	小结	提问:通过木炭、硫、铁在氧气中的反应,我们可总结出氧气有哪些化学性质呢? 提问:请同学们说说你所知道的氧气支持燃烧的例子。 过渡:氧气的性质决定用途,用途体现氧气的性质,再次播放有关氧气用途的影片	学生间相互讨论,并得出可能的结果。 总结:(1)可燃物在氧气中比在空气中燃烧要剧烈。 (2)某些在空气中不能燃烧的物质,在氧气中能燃烧。说明氧气的化学性质较活泼。 讨论,回答:航天航空、气焊气割等	学会总结
课堂练习	见学案呈现,大屏幕出示答案			
课后作业	教材第 36 页 1、2、3 题			

四、板书设计

氧　　气

一、氧气的性质

1. 物理性质:通常情况下是无色、无味气体,密度略大于空气,不易溶于水,有三态变化。

氧气(无色)→液氧(淡蓝色)→固态氧(淡蓝色)

2. 化学性质:氧气能使带火星的木条复燃。

结论:①氧气可使带火星木条复燃;②木条燃烧越旺,说明氧气越多。

木炭在氧气中燃烧:碳+氧气$\xrightarrow{点燃}$二氧化碳

硫在氧气中燃烧:硫+氧气$\xrightarrow{点燃}$二氧化硫

铁在氧气中燃烧:铁+氧气$\xrightarrow{点燃}$四氧化三铁

五、学案

氧气学案

一、用恰当的词语填写实验报告

反应物的名称	燃烧前反应物的色、态	燃烧时			燃烧后生成物的色、味、态	反应的文字表达式
		反应条件	反应现象(光、焰、热)			
			空气中	氧气中		
木炭						
硫粉						
铁丝						

二、课堂练习

(1)用一根带火星的木条插入一瓶无色气体中,木条复燃并剧烈燃烧,该气体是(　　)。

A. 空气　　B. 氧气　　C. 二氧化碳　　D. 氮气

(2)下列关于氧气性质的叙述错误的是(　　)。

A. 通常状况下不易溶于水　　B. 通常状况下密度略大于空气

C. 通常状况下是无色无味气体　　D. 与其他物质反应中表现可燃性

(3)下列物质在空气或氧气中燃烧时,现象描述正确的是(　　)。

A. 红磷在氧气中剧烈燃烧,冒出浓烈的黑烟,放出热量,生成黑色粉末

B. 铁丝在氧气中剧烈燃烧,火星四射,放出热量,生成红色粉末

C. 木炭在氧气中燃烧,发出白光,放出热量,产生能使石灰水变浑浊的气体

D. 硫在氧气中燃烧,发出微弱淡蓝色火焰,放出热量,产生没有气味的气体

(4)下列现象,最能说明铁丝在氧气中燃烧是化学变化的是(　　)。

A. 火星四射　　B. 发光　　C. 放热　　D. 生成黑色固体

(5)下列做氧气性质实验的操作,不正确的是(　　)。

A. 将盛有木炭的燃烧匙由上而下快速伸入集气瓶底

B. 做细铁丝燃烧实验时,集气瓶底留少量水或细沙

C. 将盛有燃着的硫粉的燃烧匙由上而下缓慢伸入集气瓶底

D. 实验前细铁丝要打磨光亮

(6)化学反应的程度与反应物浓度之间有一定的规律可循。某实验小组取等质量木炭和等质量硫分别在容积相同的集气瓶中燃烧,通过A、B两组对比实验现象,可得出的规律是________________。

实验	步骤	实验现象		反应的文字表达式
A	(1)木炭在空气中燃烧	(1)木炭红热	产生的气体都能使澄清石灰水变浑浊	
	(2)木炭在氧气中燃烧	(2)		
B	(3)硫在空气中燃烧	(3)微弱淡蓝色火焰	产生的气体都有刺激性气味	
	(4)硫在氧气中燃烧	(4)		

(7)为除去密闭容器中空气的氧气，可燃物最好选用(　　)。

A. 木炭　　B. 硫粉　　C. 铁丝　　D. 红磷

(8)对下列实验指定容器中的水，其解释没有体现水的主要作用的是(　　)。

	A	B	C	D
实验装置	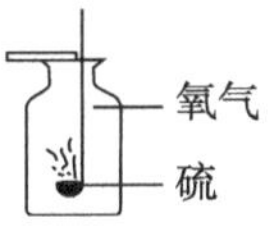 硫在氧气中燃烧	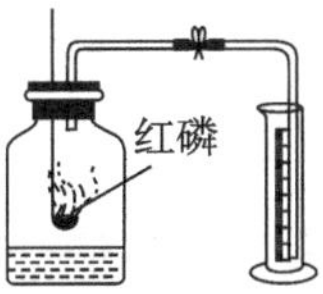 测定空气中氧气含量	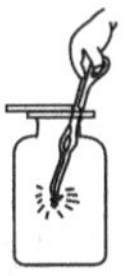 铁丝在氧气中燃烧	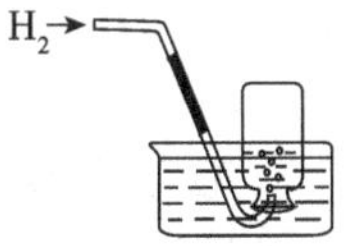 排水法收集氢气
解释	氧气瓶中的水：吸收放出的热量	量筒中的水：通过水体积的变化得出 O_2 体积	集气瓶中的水：冷却溅落融熔物，防止集气瓶炸裂	集气瓶中的水：水先将集气瓶内的空气排净，后便于观察 H_2 何时收集满

三、总结反馈

请你记录独立完成课后作业时的相关情况。

(1)你独立完成课后作业时，认为题目难度大的是(　　)，课后作业中(　　)和同学答案不一样，讨论后仍不明白的是(　　)，将题号填在括号中，可以多选。

(2)记录你完成课后作业所用的时间(　　　　)。

六、教学反思

(1)本节重点是氧气的化学性质，学生观察实验现象时既要细致，又要有重点。利用学案设计的表格让学生了解要填写的内容，再观察实验，可避免观察的盲目性。逐个写出氧气反应的文字表达式和各物质的化学式，可以为氧化反应概念的引出和化学方程式的学习打下基础。

(2)硫燃烧实验产物有害，教师要亲自完成，其他实验都让学生来演示，其他学生有时提示、有时纠错，效果都很好，学生们更高兴。

(3)一些学生对实验的观察有流于形式的倾向，只注意重点现象，而忽略了整个操作过程关键细节的探讨，很少思考“为什么”。还有一部分学生观察完实验，就认为掌握了，没有继续对教师指出的规范语言加深理解，以至于课后作业笔答时，仍较不准。

(4)教学过程中对课堂的掌控能力还有待提高。在现象交流的环节需要让更多的学生发表自己的观点，根据学生出现的不同现象，让学生分析可能的原因，找到做这个实验该有的规范。

七、点评与分析

1. 教学目标

教学目标明确，教学目的清晰。教师语言清晰，表达准确，实验操作熟练，体现了素质教育面向全体学生的要求。在教学活动中，既注重落实知识学习，又给学生们提供了探究气体的一个基本模式。

2. 教学方法

氧气是学生接触研究的第一种气体，学生对气体性质的研究还比较陌生，教师通过让大家感官感触（看、闻、摸）和实验的探究，建立一种探究气体的基本模式。通过实验演示，学生观察到的现象清晰、印象深刻，教师给予学生充分的时间进行推测、观察、实验、讨论、比较、分析归纳，既提高了语言表达能力和动手操作能力，同时又提高了学生分析问题、解决问题的能力，培养了团结协作的精神，充分发挥了学生的主体作用，为今后学习二氧化碳、氢气等气体及性质打下了良好的基础。

3. 教学建议

在学生进行小组合作学习与教学评价时，只关注对整个小组的评价，忽略学生在活动中的个性反映，有时不能给予积极有效的肯定和激励。要使每一个学生都有动口动手的机会，成为小组学习的合作者。

八、参考资料

郝晓红.2012.氧气化学性质实验的改进.中学化学教学参考，(08)：49－50.

李明娟.2004.氧气的性质和制取实验的几点思考.中学化学教学参考，(02)：81.

点评专家：周怀鹏　鞍山市教师进修学院教研员，中学一级教师
刘继和　沈阳师范大学教师专业发展学院教授，硕导

课题3　制取氧气

一、基本信息

课题	制取氧气				
授课学校	鞍山市汤岗子学校	授课年级	九年级	授课班级	九年二班
授课时间	2012.9.25	课　型	新授概念原理课	课　时	2
姓名	王玉霞	毕业学校及专业	东北师范大学化学专业		
年龄	43	最高学历	本科		
职称	中学一级	教龄	16年		
最高荣誉	—	最高奖励	国家论文二等奖		

二、对本节课的基本理解和认识

本节课的性质、在教材中地位与作用	性质：本课题是典型的关于物质制取的课题，也是学生初次通过化学反应来获取新物质，初次体验科学探究过程的实验课。所以氧气的制法及实验操作是本课题的重点，如何引导学生亲自动手做好实验便成了重中之重。而催化剂的概念和催化作用则是本节教学的难点。 地位：第二单元属于“身边的化学物质”这个一级主题，是初中化学内容的重要组成部分。在教材的知识体系中，本节课与前面的仪器操作、氧气的性质等知识相连接，也为以后系统地学习二氧化碳的制取奠定了理论和实践基础。因此，本节课是初中化学必须处理好的重点内容之一。 作用：这节课的学习巩固了氧气的性质，为以后学习制取二氧化碳奠定了一定的理论和实践基础

续表

学情分析	有利因素：氧气是学生比较熟悉的物质，通过前面的学习，学生已经具备了观察实验和进行简单实验操作的技能，在《课题 2　氧气》中，了解了氧气的性质。这就为我们学习制取氧气作了充分的准备，因此学生可以在此基础上，经历和体验制取氧气的科学探究活动，会更加提高学生的动手能力和小组合作能力，激发学习积极性。 不利因素：九年级学生刚刚接触化学，虽然对于化学实验有浓厚的兴趣，学生的化学知识、实验技能、探究能力都处在初级的阶段，对如何分析和处理实际实验中遇到的问题仍感到束手无策。同时，学生对物质制备的认识仅限于从小学自然课、生活经验等途径获得的零星的、感性的体验，还不能形成系统的、理性的思考	
教学目标	知识与技能	(1)了解实验室制取氧气的方法和原理，初步了解通过实验方法制取新物质的方法。 (2)练习连接仪器的基本方法，初步掌握用高锰酸钾制取氧气的实验操作。 (3)认识分解反应。 (4)认识催化剂和催化反应
	过程与方法	(1)学习反应物的状态、反应条件、反应原理决定实验装置，气体的性质决定气体的收集方法和验满方法。 (2)感悟通过实验进行科学探究的方法
	情感态度与价值观	(1)通过实验探究激发学生学习的积极性和主动性。 (2)逐步认知用实验验证化学原理，从而进一步体会到化学是一门以实验为基础的科学
教学重难点	重点	氧气的制法和实验操作
	难点	催化剂的概念和催化作用
教学资源与教学手段	仪器、药品	大试管，铁架台(带铁夹)，酒精灯，单孔橡皮塞，导气管，集气瓶，毛玻璃片，水槽，高锰酸钾，5%过氧化氢溶液，二氧化锰，木条，棉花，火柴等
	演示文稿	幻灯片
	其他资源	学案

三、教与学的过程设计

教学内容	教学环节与方法	教师活动	学生活动	设计宗旨与意图
导入新课	导课 PPT	(1)课件出示抢答题： ①选择实验室制取气体发生装置的依据是什么？ ②选择实验室制取气体收集装置的依据是什么？ ③加热高锰酸钾制取氧气发生装置包括哪些仪器？ ④收集氧气的方法及原因有哪些？ ⑤加热高锰酸钾制取氧气的实验步骤对应七字口诀是什么？ ⑥说出加热高锰酸钾制取氧气实验中的两点注意事项及原因。 (2)实验室还可以用分解过氧化氢溶液的方法制取氧气，通常要加入二氧化锰，它在这里起什么作用呢？下面我们对它做一下实验探究	(1)参与答题。 (2)各组派一名代表展示并讲解“分解过氧化氢制氧气的反应中二氧化锰的作用”的探究实验活动计划	既为了复习上一节课的内容，也为下面的导入新课打下伏笔。 直接引导学生思考二氧化锰的作用
	观察总结	展示过氧化氢和二氧化锰	观察药品的物理性质并做记录	培养学生观察能力

续表

<table>
<tr><th>教学内容</th><th>教学环节与方法</th><th>教师活动</th><th>学生活动</th><th>设计宗旨与意图</th></tr>
<tr><td rowspan="3">探究实验“分解过氧化氢制氧气的反应中二氧化锰的作用”</td><td>引导讨论</td><td>提出猜想与假设：
(1)二氧化锰能放出氧气，加入它可以制取更多的氧气。
(2)二氧化锰在此有某种特殊作用，使过氧化氢的分解加快。
(3)二氧化锰与过氧化氢反应放出氧气</td><td>由学生讨论，提出假设</td><td>把时间留给学生思考，培养学生解决问题的能力</td></tr>
<tr><td>探究实验</td><td>(课件展示)<table><tr><th>实验编号</th><th>现象</th><th>分析</th></tr><tr><td>①过氧化氢溶液</td><td></td><td></td></tr><tr><td>②单独加热二氧化锰</td><td></td><td></td></tr><tr><td>③过氧化氢溶液中加入少量的二氧化锰</td><td></td><td></td></tr></table></td><td>分组实验验证假设，按表格内容做好实验并观察、记录、分析</td><td>培养学生实验操作能力和合作意识</td></tr>
<tr><td>讨论交流</td><td>课件出示讨论题：(1)教材上出现“！注意仔细观察反应前后的二氧化锰”，分析与讨论并提问：“在实验③的重复实验中，反应后二氧化锰有无变化？”这些文字描述想告诉我们什么？
(2)实验①和实验②对比，即可得出二氧化锰在过氧化氢制氧气反应中的作用，为什么要设计实验③？
(3)根据本实验能否确定二氧化锰是本实验的催化剂？说出你的理由。根据你对催化剂的理解，还应该补充哪些实验？
(4)仅凭目测，无法确定二氧化锰的质量是否发生改变，结合所学的关于物质质量的称量以及生活中不溶于水的固体物质和水分离的方法，设计实验验证。
(5)是不是所有的催化剂都一定会加快对应化学反应的速率呢？
讲述：像钢铁的生锈、橡胶的老化、食物的变质，我们希望发生得越慢越好。如在橡胶制品中常加入一些催化剂以减缓橡胶的老化速度，在食用油脂里加入一些催化剂防止酸败。所以催化剂的概念中是“改变”其他物质的化学反应速率，而不是片面的加快。由前面实验可知，催化剂不是反应物，在反应前后的质量和化学性质都不改变，是反应的条件，用文字表达式时应写在箭头上方。大屏幕显示文字表达式。
(6)什么是催化剂，催化剂的特点是什么？
课件展示催化剂在化工生产中的作用</td><td>讨论交流，得出结论：
(1)重点观察对象是二氧化锰。
(2)二氧化锰起催化作用，验证二氧化锰的化学性质没变。
(3)不能，还不确定二氧化锰的质量是否改变了。
(4)经过过滤，洗涤，干燥，再称量。(须教师引导)
(5)不是一定加快化学反应速率而是改变化学反应速率。
(6)催化剂是在化学反应里能改变其他物质的化学反应速率，而本身的质量和化学性质在反应前后都没有发生变化的物质。催化剂在化学反应中所起的作用叫做催化作用</td><td>参与讨论，培养学生合作精神，激发学习兴趣</td></tr>
<tr><td>氯酸钾制氧气</td><td>自主学习</td><td>阅读教材和资料，书写氯酸钾制氧气反应的文字表达式，分析讨论教材及资料内容，对于催化剂，你有什么新的认识？
资料：氯酸钾，白色晶体，熔点为368℃，加热至400℃时分解产生氧气，与二氧化锰混合，受热很快分解产生氧气，实验证明，将氯酸钾与氧化铁或氧化铬混合加热，也会很快产生氧气。对于催化剂，你有什么新的认识</td><td>书写文字表达式，新认识是：二氧化锰也是氯酸钾分解的催化剂，但是不只是二氧化锰可以作催化剂，其他物质也可以作催化剂</td><td>养成自主学习的习惯，提高自主学习的能力</td></tr>
</table>

续表

教学内容	教学环节与方法	教师活动	学生活动	设计宗旨与意图
氯酸钾制氧气	深入探究	硫酸铜溶液是否也能做过氧化氢溶液的催化剂呢？请同学们自己去验证它	猜想并动手实验探究，得出结论	激发学生探究的欲望
分解反应	通过观察、对比，阅读教材完成以下各题	(1)分析三个制取氧气的反应，它们有什么共同特征？与化合反应有什么不同？ (2)填写化合反应和分解反应的对比记录表(见学案)，归纳分解反应的定义。 讲述：分解反应和化合反应一样，都是化学反应中的常见类型，我们以后还会经常遇到，要注意把学过的化学反应进行归类，采用分类的方法来学习化学，可以起到事半功倍的效果	得出结论：分解反应的特点是“一变多”，化合反应的特点是“多变一”。 定义：由一种反应物生成两种或两种以上其他物质的反应，叫做分解反应	培养学生分析、比较、解决新问题的能力。体会用对比、分类的方法认识新概念
课堂练习	见学案，大屏幕出示答案			
课堂小结	实验室制取氧气还可以用分解过氧化氢溶液和加热氯酸钾的方法，二氧化锰是过氧化氢、氯酸钾的催化剂，了解了催化剂的概念和特点。通过对比化合反应又认识了分解反应，同时初步感悟了用分类、对比的方法学习化学			
课后作业	见学案			

四、板书设计

制取氧气

一、分解过氧化氢溶液制取氧气

1. 文字表达式：过氧化氢 $\xrightarrow{\text{二氧化锰}}$ 水＋氧气。

2. 催化剂：在化学反应里能改变其他物质的化学反应速率，而本身的质量和化学性质在反应前后都没有发生变化的物质。

3. 特点：一变二不变。

二、加热氯酸钾和二氧化锰制取氧气

文字表达式：氯酸钾 $\xrightarrow[\text{加热}]{\text{二氧化锰}}$ 氯化钾 ＋ 氧气

三、分解反应：由一种反应物生成两种或两种以上其他物质的反应。

特点：一变多。　　　　表示：$AB \rightarrow A+B$。

五、学案

制取氧气学案

一、学习过程

1. 探究实验“分解过氧化氢制氧气的反应中二氧化锰的作用”

(1)仔细观察教师所展示的过氧化氢和二氧化锰，将其物理性质记录在下面：

过氧化氢(H_2O_2)：颜色____，气味____，状态____；二氧化锰(MnO_2)：颜色____，气味____，状态____；该反应的文字表达式________________。

(2)小组讨论探究实验活动计划,分组实验探究,填写实验记录表,完成思考题,班级交流。

实验编号	现象	分析
①		
②		
③		
结论		

催化剂概念:________________。　特点:________________。

2. 氯酸钾制氧气的文字表达式________________。

3. 分解反应

(1)分析三个制取氧气的反应,它们有什么共同特征?与化合反应有什么不同?

(2)填写化合反应和分解反应的对比记录表,归纳分解反应的定义。

	反应物种类	生成物种类	反应特点
化合反应			
分解反应			

分解反应定义:______________________________。

二、自我检测

(1)在实验室制取氧气的三个化学反应中,都出现了二氧化锰,关于二氧化锰在三个化学反应中的作用,下列说法错误的是(　　)。

A. 加热高锰酸钾制取氧气时,二氧化锰是该反应的生成物

B. 分解过氧化氢制取氧气时,二氧化锰是该反应的催化剂

C. 加热氯酸钾制取氧气时,二氧化锰是该反应的催化剂

D. 二氧化锰在三个反应中,都起到催化作用

(2)下列关于催化剂的叙述中,正确的是(　　)。

A. 在化学反应中使用催化剂,反应速度一定加快

B. 不使用催化剂,反应不能进行

C. 催化剂可以改变对应反应的化学反应速率

D. 催化剂在化学反应前后,一切性质都不会改变

(3)下列说法中,正确的是(　　)。

A. 加热含氧化合物都能制得氧气

B. 氯酸钾里如不加入二氧化锰,加热后不会产生氧气

C. 氯酸钾里如不加入二氧化锰,加热后产生的氧气减少

D. 单独加热氯酸钾至较高温度也能制得氧气

(4)下列反应,不属于分解反应的是(　　)。

A. 加热高锰酸钾制取氧气　　B. 分解过氧化氢制取氧气

C. 加热氯酸钾和二氧化锰的混合物制取氧气　　D. 铁丝在纯氧气中燃烧

(5)根据下列装置图回答有关问题。(资料:浓硫酸具有强烈的吸水性,浓硫酸不与氧气反应)

①写出装置中标号仪器的名称:a. ＿＿＿＿＿＿;b. ＿＿＿＿＿＿＿。

②实验室用高锰酸钾制取氧气,可选用的发生装置是＿＿＿＿(填字母)。

③写出实验室用过氧化氢溶液和二氧化锰制取氧气的文字表达式＿＿＿＿＿＿。并据此选择下图中＿＿＿＿＿＿(填字母)组装一套制取干燥氧气的装置,收集氧气时,检验氧气收集满的方法是＿＿＿＿＿＿＿。(提示:浓硫酸有吸水性)

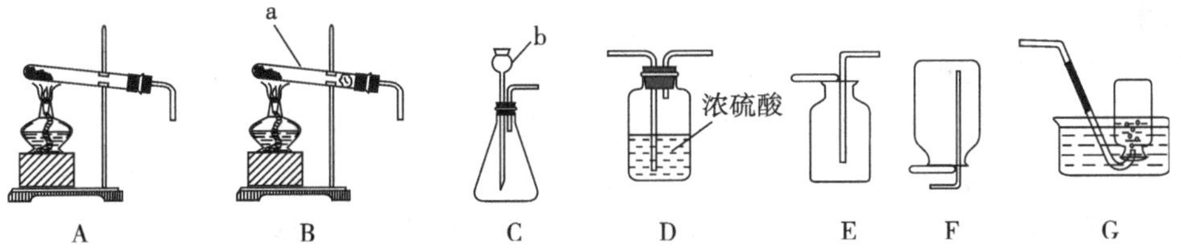

④氨气是一种无色有刺激性气味的气体,密度比空气小,极易溶于水,在实验室通常采用加热氯化铵和熟石灰固体的方法制取氨气,选择的发生装置是＿＿＿＿。

三、总结反馈

请你记录独立完成课后作业时的相关情况。

(1)你独立完成课后作业时,你认为题目难度大的是(　　),课后作业中(　　)和同学答案不一样,讨论后仍不明白的是(　　),将题号填在括号中,可以多选。

(2)记录你完成课后作业所用的时间(　　　　)。

四、社会实践

调查或课间讨论:本节课中了解了氧气的实验室制法,知道在实验室如何操作可以制得实验所需的少量氧气,那么,在工农业生产和日常生活中,需要大量纯氧气或"富氧空气"时,如何制取?

六、教学反思

(1)本节课在教学中以学生自主学习和合作探究实验为主线,将探究理念渗透到教学中。通过观看演示实验变化和学生自己探究实验,学生兴趣很大,积极主动参与,让学生在体验探究获取知识的过程中基本完成学习目标。

(2)针对催化剂概念的核心内容"一变两不变"设置一系列的思考和讨论题,使学生在由浅入深讨论中深刻理解催化剂的涵义。并通过一个探究"硫酸铜溶液是否也能做过氧化氢溶液的催化剂"的活动设计,使学生由实验解疑,获取新知识,从而得知化学离不开实验。通过"探究—讨论—阅读—实验"的过程使学生对催化剂的概念得到了充分的认识,从而突破了难点。

(3)不足：师生共同探讨的过程，自己有时放手放得还不够，今后要多加努力。鼓励学生对问题发表不同的见解，对他们提出的见解应给予激励性评价，本节课在对学生评价上还做得不够好。在今后的教学中要多发现学生的闪光点并适时给予激励性评价，进而调动学生的学习积极性。

七、点评与分析

1. 教学目标

本节课教学目标明确，体现了“知识与技能”“过程与方法”“情感态度与价值观”三个维度的和谐、统一。教师教学思路清晰，符合教学内容。

2. 教学方法

主要采用实验探究的教学方法，将教师演示实验改成学生演示实验，大大激发了学生的积极性。同时结合讨论、讲解、总结归纳等方法，充分发挥了学生的主体作用和教师的主导作用。各种方法运用有序，设计的问题有层次性，符合学生的认知规律和心理发展特点，体现出学生自主学习、合作学习、探究学习的过程，让学生亲身感受和理解知识产生和发展的过程。“社会实践”的设置给学生留一个发挥的空间，调动学生积极性，通过查阅课内阅读、课外资料、网络资源等，获取新知，扩大知识面。

3. 教学建议

留给学生思考的时间不足，教师的讲解过多，有些结论由学生自己分析、总结出来效果会更好。

八、参考资料

教育部基础教育课程教材专家工作委员会. 2012. 义务教育化学课程标准(2011年版)解读. 北京：高等教育出版社.

点评专家：徐傲丽　鞍山市千山区教师进修学校教研员，中学高级教师
刘继和　沈阳师范大学教师专业发展学院教授，硕导

第三单元　物质构成的奥秘

课题1　分子和原子

一、基本信息

课题	分子和原子				
授课学校	抚顺市第15中学	授课年级	九年级	授课班级	九年一班
授课时间	2012.10.8	课　型	新授概念原理课	课　时	1
姓名	苑文华	毕业学校及专业	辽宁师范大学化学专业		
年龄	36	最高学历	硕士研究生		
职称	中学一级	教龄	14年		
最高荣誉	—	最高奖励	东三省优秀课		

二、对本节课的基本理解与认识

本节课的性质、在教材中地位与作用	性质：本课题属于概念原理课。从本课题开始，学生将对微观世界有所了解。通过本课题学习，要帮助学生形成化学科学概念、知识和方法，通过讨论把对微观世界的探索引向深入，引导学生用分子和原子的观点分析、比较以前学习过的一些变化（物理变化、化学变化）和化学反应，进一步从化学变化中认识分子、原子的特性，形成概念。 地位：本课题内容是学习化学的理论基础，起着承上启下的作用，所以尤为重要。本课题是学生在物理课上已经了解了一些关于分子和原子的知识基础上，来学习从微观视角解释观察到的物质宏观现象，为认同物质是可分的、微粒也是可分的辩证观点奠定一定的基础。而且本课题是带领学生进入微观世界的入门课，从这个课题开始，就要处处试着用微观的视角去解释宏观的现象，本节课学得好坏，直接影响原子构成、离子形成、元素等抽象概念及后续其他物质的性质的学习兴趣和效果，是“双基”的重要组成部分。 作用：带领学生进入微观世界，帮助学生初步形成微观想象能力
学情分析	有利因素：在物理课的学习中，学生已经初步了解了一些关于分子和原子的知识，知道分子和原子体积非常小，肉眼无法直接观察到，但其确实客观存在；而且，学生能熟练掌握物理课上常提到的一些变化，如蒸发、扩散、物质三态变化及热胀冷缩。因此，本课题的引入并不困难。 不利因素：对学生而言，由于本单元涉及的微观概念比较抽象，学生不容易理解和掌握。这些内容远离学生的生活经验，而且学生已有的微观知识不多，只是在物理课中有所接触。虽有基础但是不是很理解粒子的可分性。学生对分子、原子、物质之间的关系难以理清，这给教学带来了一定的困难，学生缺乏感性认识
教学目标	(1)通过趣味实验、观察图片，学生感知物质是由分子、原子等微观粒子构成的，使学生学会看图，培养抽象思维能力、想象力和分析、推理能力。 (2)通过实验，结合生活经验，从宏观现象了解分子的基本性质，再用微观粒子解释宏观现象，学生学会运用比较、归纳等方法对实验中观察到的现象进行分析。 (3)通过对过氧化氢分解等化学变化和水蒸发等物理变化的分析及动画模拟等手段，学生知道分子是保持物质化学性质的最小粒子，原子是化学变化中的最小粒子。对学生进行物质可分性的辩证唯物主义观点教育，从而激发学生对微观世界继续探究的欲望和学习化学的兴趣

续表

教学重难点	重点	(1)认识分子、原子是客观存在的,是构成物质的两种粒子。 (2)认识分子、原子的特征,形成对分子行为的微观想象
	难点	初步建立微观粒子想象,体会它与宏观物体运动的不同,从微观角度认识物质的变化
教学资源与教学手段	仪器、药品	烧杯、试管、胶头滴管、注射器、品红、氨水、蒸馏水
	演示文稿	PPT、动画(水蒸发、氧化汞分解微观模拟)
	其他资源	学案

三、教与学的过程设计

教学内容	教学环节与方法	教师活动	学生活动	设计宗旨与意图
导入新课	导课 趣味实验	设疑激思。 发现问题。 播放“铁树开花”实验	观察现象。 发现问题	用有趣实验将化学与现实生活联系起来,从生活入手,激发学生兴趣与求知欲,使其带着好奇走进微观世界,激起其寻求变化本质和内在原因的欲望
物质是由微粒构成的	实验1。 观察教材图3-2、图3-3	设疑激思	边做分组实验边观察分析,观察教材图3-2、图3-3,得出结论:微观粒子真实存在;物质是由微粒构成的	通过实验和图片感知分子和原子的真实存在,引发学生思考、讨论,激发新思维;通过宏观现象与微观本质的联系,促成形象思维向抽象思维的转变,培养微观想象能力
分子的性质	学生自主学习	指导阅读并提问:水是由水分子构成的,为什么水分子看不见,水却能看见	阅读教材第48页最后一段:一滴水中的水分子。 得出结论:分子很小	培养学生独立阅读的能力,并将抽象的知识具体化
	实验2。 分组实验:酚酞与氨水反应,热水中的品红	指导实验,并设疑:呼应“铁树开花”是什么原因? 提问生活中与此有关的现象	分组实验、观察、分析,得出结论:分子在不断运动,且温度越高分子运动速率越快	采用实验,使深奥的知识变得浅显而易于理解,使抽象的分子运动的知识化为生动形象的画面。并使学生能解释微观粒子宏观现象的本质,学以致用
	实验3。 演示实验:酒精与水混合。 分组实验:注射器分别吸水和空气压缩	演示实验。 设疑激思:生活中哪些现象与此相关,如物质的三态变化	实验并观察现象,分析得出结论:分子之间有间隔	
	PPT:展示学生得出的结论	组织学生以小组为单位全班交流观察到的信息	全班交流	此环节培养学生归纳整理能力及语言表达能力

续表

教学内容	教学环节与方法	教师活动	学生活动	设计宗旨与意图
课堂小测 1	见学案呈现，大屏幕出示答案			
分子定义	观看模拟动画：水加热蒸发成水蒸气、氧化汞分解	设问：这两种变化有什么区别？一种分子是如何变成新分子的	反复观看 PPT 演示，听讲解，理解和领悟：体会分子的“分与合”	通过动画辅助，使复杂的知识直观化，并通过联系新旧知识，提出问题，从分子本身是否变化来认识、区别物理变化和化学变化
原子的定义	分子由原子构成：观察教材图 3-5	设问：通过图片，你获得了哪些信息？看谁的多	以小组为单位交流讨论，得出原子的定义；并得出有些分子由同种原子构成、有些分子由不同种原子构成等结论	培养学生观察能力、分析能力、信息获取能力。教给学生使用教材中的图表
	分子可以分为原子	播放动画：模拟氧化汞受热分解。 设问：这个变化中什么变了？什么没变？化学变化的实质是什么	再次观看模拟动画：氧化汞受热分解的变化过程，理解发生变化的实质。结合教材图片归纳得出原子的定义	动画辅助，使复杂的知识直观化，使学生更好地理解和掌握分子、原子这两种微观粒子在化学变化中的角色
分子、原子的关系	列表比较： 见学案和大屏幕	组织学生讨论、归纳，大屏幕展示答案	讨论、归纳， 完成学案	通过对比，强化对分子、原子的认识，并培养学生对比、归纳整理的学习方法
课堂小测 2	见学案呈现，大屏幕出示答案			
课堂小结	学完本课的收获、感想和困惑。 总结反馈： 请你记录独立完成课后作业时的相关情况： (1)你独立完成课后作业时，认为题目难度大的是(　　)，课后作业中(　　)和同学答案不一样，讨论后仍不明白的是(　　)，将题号填在括号中，可以多选。 (2)记录你完成课后作业所用的时间(　　)			
课后作业	以《我是原子》写一篇 200 字左右的原子自述短文，把自己想象成水分子中的原子			

四、板书设计

分子和原子

一、物质由微粒构成

二、分子的性质
- 1. 分子的质量和体积都很小
- 2. 分子不断运动，且温度越高，分子运动速率越快
- 3. 分子之间有间隔

三、分子定义:由分子构成的物质,分子是保持物质化学性质的最小粒子。

四、原子定义

1. 分子是由原子构成的。

2. 分子可以分为原子。

3. 原子是化学变化中的最小粒子。

五、分子和原子的关系(大屏幕)

五、学案

分子和原子学案

一、课堂小测 1——基础强化

(1)榴莲被誉为"果中之王"。切开榴莲时可闻到特殊的香味,这说明(　　)。

A. 分子质量很小　　B. 分子体积很小

C. 分子在不断运动　　D. 分子间有间隔

(2)小明学习后,对抽烟的爸爸说"吸烟有害健康,我和妈妈都在被动吸烟"。小明这样说的科学依据是(　　)。

A. 分子很小　　B. 分子是可分的

C. 分子在不断运动　　D. 分子间有间隔

(3)"分子间存在间隔"的事实是(　　)。

A. 走进花园闻到花香

B. 空气被压缩后体积缩小

C. 1L 芝麻和 1L 绿豆混合均匀后体积小于 2L

D. 2L H_2 和 O_2 的混合气体点燃后体积小于 2L

(4)乒乓球被踩瘪后,放到热水中又会重新鼓起来,其原因是(　　)。

A. 球内气体中微粒体积增大　　B. 球内气体中微粒间的间隔增大

C. 球内气体中微粒质量增大　　D. 球内气体中微粒分解成更多微粒

(5)生活中的下列现象,可用分子的知识加以解释,其中正确的是(　　)。

序号	现象	解释
A	一壶水烧开后,壶盖被顶开	水分子变大了
B	墙内开花墙外香	分子在不断的运动
C	蔗糖溶解在水里	蔗糖分子比水分子小
D	汽油挥发	气体分子数目增多

讨论:下列有关分子的说法是否正确? 为什么?

流动的液体中分子是运动的,静止的液体中分子是静止的。

二、课堂小测 2

(1)下列物质由分子构成的是(　　)。

A. 铁　　B. 氢气　　C. 氯化钠　　D. 铜

(2)下列变化中分子本身发生了变化的是(　　)。

A. 冰融化成水　　B. 二氧化碳变成了干冰

C. 氧化汞受热分解生成了汞和氧气　　D. 碘加热变成了碘的蒸气

(3)分子和原子的主要区别是(　　)。

A. 分子可以分成原子,所以分子一定比原子大

B. 是否能构成物质

C. 在化学变化中本身是否发生了变化

D. 是否在不断地运动

(4)由分子构成的物质在不同条件下的三态变化主要是由于(　　)。

A. 分子的质量发生了变化　　B. 分子之间的间隔发生了变化

C. 分子的大小和体积发生了变化　　D. 分子是处于静止状态还是运动状态

(5)下列说法中正确的是(　　)。

A. 空气是由空气分子组成的

B. 空气里氮气、氧气等分子均匀地混合在一起

C. 空气中的氮气、氧气经混合,它们的化学性质都已改变

D. 经过液化、蒸发从空气中得到氮气和氧气的过程,属于化学变化

(6)根据教材图 3-6 回答下列问题。

氧化汞是由氧化汞____构成的,每个氧化汞分子是由 1 个____原子和 1 个____原子构成的。氧化汞加热分解时,氧化汞分子分裂成____ 和____,每 2 个氧原子结合成一个____,许多汞____直接构成金属汞。

六、教学反思

(1)本节课是微观粒子的入门课,分子和原子都是看不见、摸不着的微观粒子,缺乏直观性,不好理解和掌握,"铁树开花"的实验能直接冲击学生视线,结合洒香水、闻到花香等生活经验,激发学生兴趣,激起学生的求知欲和思考,每个知识点都能利用实验、多媒体动画等多种教学辅助手段,将抽象概念直观化,培养学生持续性学习化学的兴趣和方法。

(2)通过引导学生对模拟图的观察,培养学生认真读图,仔细观察、分析,透过现象看本质的良好思维习惯,学到学习方法。通过对分子很小内容的自学,培养学生阅读能力和自学能力。不拘泥于教材,对教材进行了拓展、加工,收到了好的教学效果。

(3)时间把握不是很好,学生介绍所观察到的现象用时较多,导致后面扣题解释时,个别问题没有解释到位,以后要注意有问要有答。分组实验时要求应更加明确,节省时间,提高课堂效率。

七、点评与分析

1. 教学方法

该节课引导学生用微粒的观点学习化学，通过观察、想象、类比、模拟等多种方法，使学生初步理解化学现象的本质，从宏观世界步入微观世界，再反过来用微观世界的知识去解释宏观世界中的诸多现象和问题，从而激发学生学习化学的兴趣，设计构思化繁为简、巧妙合理。

2. 教学手段

本节课图文并茂，结合动画模拟设计，使抽象的知识具体化，复杂的知识明了化，学生便能体验到化学变化实质过程，为深刻理解物理变化、化学变化、分子、原子等概念做了形象的铺垫，为学生理顺了如何用分子和原子的观点解释化学变化，使学生能轻松愉快地接受这些较为抽象的知识。

3. 教学建议

时间把握不够好，导致学生发散思维占用了大量时间，使整堂课稍显前松后紧，有些问题没来得及在课上反馈，今后还需把握好学生发散的度，要能发能收，使课上问题课上反馈，效果会更佳。

八、参考资料

教育部基础教育课程教材专家工作委员会. 2012. 义务教育化学课程标准(2011 年版)解读. 北京：高等教育出版社.

化学课程教材研发中心. 2012. 义务教育教科书化学九年级下册教师教学用书. 北京：人民教育出版社.

点评专家：刘继和　沈阳师范大学教师专业发展学院教授，硕导

课题 2　原子的结构(1)

一、基本信息

课题	原子的结构(1)				
授课学校	抚顺市第 23 中学	授课年级	九年级	授课班级	九年五班
授课时间	2012.10.9	课　　型	新授概念原理课	课　　时	1
姓名	孙晓薇	毕业学校及专业	辽宁师范大学化学专业		
年龄	38	最高学历	本科		
职称	中学一级	教龄	15 年		
最高荣誉	抚顺市优秀教师	最高奖励	国家级优秀课		

二、对本节课的基本理解和认识

本节课的性质、在教材中地位与作用	性质:本课要帮助学生形成化学科学概念、知识和方法,以观察物质的独特视角引领学生走进微观世界。本课是在前面已经学过分子和原子是构成物质的基本微粒的基础上展开的,继续探索构成原子的更小微粒以及原子质量的表示方法,是前面相关内容的深化和扩展,因而难度也会相应加大。 地位:本单元教材教学对于学生十分重要,它既是今后学习的理论基础,又是必不可少的工具。其中原子的结构是本单元的课题 2。此前学生已经学习了分子、原子的概念,初步探索了物质构成的奥秘,但是他们并不满足,还想知道原子是否可以再分,原子的质量有多大等,本课题学习的原子就是解决这些问题的。 作用:本课的原子的学习可以强化学生对课题 1 分子和原子知识的理解,同时又为学好离子、元素的相关知识打下良好的基础。相对原子质量的学习又是今后学习化学计算的基础和前提,所以本课题在教材中起到了承上启下的作用
学情分析	有利因素:在八年级物理课上已经接触过分子和原子,化学课中已经学过分子和原子是构成物质的基本微粒。 不利因素:本课题内容是学习化学的理论基础。对学生而言,由于本单元的内容比较抽象,远离学生的生活经验,而且学生已有的微观知识不多,只是在物理课中有所接触。虽有基础但是不是很理解粒子的可分性。对于一些抽象的概念,如核电荷数、相对原子质量就更难理解了。学生难于理解,这给教学带来了一定的困难。因为学生缺乏微观粒子想象力,且在学习分子、原子的知识时看到的模型图容易使学生从感性上会认为原子是一个实心球体
教学目标	(1)利用图、表、多媒体动画、科学史料来创设情景,使学生初步学会运用类比、想象、归纳、概括等方法对获取的信息进行加工从而认识原子的结构,掌握构成原子的微粒间的关系。 (2)通过类比初步了解相对原子质量的概念,并会查相对原子质量表。 (3)通过原子结构发现史了解科学研究的历程、科学态度和科学精神,体验科学研究的艰辛与喜悦;激发学生对微观世界的探究欲和学习化学的兴趣。 (4)结合张青莲教授的卓越贡献资料,对学生进行爱国主义教育。对学生进行世界的物质性、物质的可分性的辩证唯物主义观点的教育

教学重难点	重点	原子的内部结构
	难点	对相对原子质量概念的理解
教学资源与教学手段	演示文稿	PPT、动画(原子的发现过程)
	其他资源	学案

三、教与学的过程设计

教学内容	教学环节与方法	教师活动	学生活动	设计宗旨与意图
微观世界的探究	导课:提出问题、创设情境	说出分子与原子的本质区别。抛开化学变化原子可不可以再分?若可分能分成什么? 带着这些问题从今天开始我们将一起走进神秘的微观世界里共同揭开物质构成的奥秘。本节课我们主要探究课题 2 原子的结构。 板书:课题	学生思考。 抢答	引导学生从熟悉的宏观世界步入充满神秘色彩的微观世界。并引起思维上的冲突

续表

教学内容	教学环节与方法	教师活动	学生活动	设计宗旨与意图
充分想象原子内部结构。初识结构	过渡：播放动画演示科学家对原子的认识过程。 过渡	同学们你们见过原子吗？你想象中的原子是什么样的？（可以试着画一下） 我们来看看科学家心目中的原子是什么样的？ 经过了一个多世纪的努力，科学家们不但打开了原子的大门，而且发现小小的原子内部结构复杂。我们一起沿着科学家的足迹来看看原子具有一个什么样的结构呢	思考，回答。 生甲：我觉得原子像桃子。 生乙：我觉得像西瓜。 生丙：像乒乓球。 生丁：像铅球。 …… 观看多媒体。 边欣赏边与刚才自己的想象进行对比	以动画激发学生带着新奇、兴趣走进原子结构，调取学生原有的原子结构认识。 通过对比学生与科学家对原子的认识，激发兴趣。通过这些资料，可以让学生了解原子结构的演变历史；还可以通过修正各种观点使刚学过的知识得以应用和巩固升华，让学生在轻松愉快的环境中学习；并且还可以通过各位科学家的成就，了解科学的发展是在不断修正和补充中进行的，我们是站在前人的肩膀上起步的，对学生进行人生观和价值观的教育
原子的结构	PPT展示。 根据教材中图3-9及表3-1，展示学生观察到的信息	设置问题：我们一起走进原子结构，你能观察到什么信息	学生自己观看大屏幕	学生独立看大屏幕，将直观的简单的信息观察出来，培养学生独立读图的能力，并将抽象的原子构成直观化
		导语：分小组继续观察，看哪个小组能观察到更多的信息，将观察到的信息记录下来。 组织学生以小组为单位全班交流观察到的信息，同时板书	以小组为单位看大屏幕并交流讨论。 每组派代表在全班交流，在此基础上，各组成员也可以补充	在独立看到基础上，将没有发现的信息通过小组集体进一步仔细观察分析、比较读出更多信息。 这一环节培养学生观察能力、分析能力、信息获取及与他人合作的能力。教给学生如何使用教材中的图表
	深化问题	引导学生： (1)原子核所带的正电荷来自于哪种粒子呢？它们在数值上有什么关系？ (2)原子中含有带电的粒子，那么由它们构成的原子是否带电呢？为什么	自助：可以自己思考，也可以小组交流。 采取抢答的方式。 原子核所带的正电荷数目＝核内质子数。 （原子核所带的电荷数简称核电荷数）	此环节培养学生归纳整理能力及语言表达能力
	学生观察的信息展示如下(PPT)： (1)原子是由原子核和核外电子构成的。原子核是由质子和中子构成的。 (2)质子带正电，核外电子带负电，中子不带电。 (3)原子核居于原子中心，原子核外有很大空间，电子在核外绕着原子核做高速运动。 (4)原子很小，原子核要比原子小得多。 (5)一个质子带一个单位正电荷，一个电子带一个单位负电荷。 (6)原子核带正电——核电荷数。 (7)原子不显电性。 (8)质子数＝核外电子数＝核电荷数			

续表

<table>
<tr><th>教学内容</th><th>教学环节与方法</th><th>教师活动</th><th>学生活动</th><th>设计宗旨与意图</th></tr>
<tr><td>课堂练习 1</td><td colspan="4">见学案，大屏幕出示答案</td></tr>
<tr><td rowspan="3">相对原子质量</td><td rowspan="3">PPT 展示教材中的表格 3-1。
总结过渡。
PPT 展示教材中的表格 3-2。
PPT 展示教材中的图 3-14。
类比讲解。</td><td>是不是所有的原子里质子数都等于核外电子数呢？我们来看一看，通过这个表格你还能获得什么信息？</td><td>思考，并以小组为单位抢答。
生 1：并不是所有原子里都有中子。
生 2：质子数不一定等于中子数。
生 3：不同种类的原子，核内质子数不同。</td><td>从图表、动画中分析、归纳获取信息，并对获取的信息进行加工处理，培养学生主动与他人交流讨论、清楚表达自己观点的良好学习方法。</td></tr>
<tr><td>展示一个氢、氧、碳原子的实际质量。
<table><tr><th>原子种类</th><th>原子质量</th></tr><tr><td>氢</td><td>1.67×10^{-27} kg</td></tr><tr><td>氧</td><td>2.657×10^{-26} kg</td></tr><tr><td>碳</td><td>1.993×10^{-26} kg</td></tr><tr><td>铁</td><td>9.288×10^{-26} kg</td></tr></table></td><td>生甲：质子和中子的质量都很小。
生乙：质子和中子的质量近似相等。
生丙：电子的质量要比质子和中子小得多，可以忽略不计。
生丁：原子的质量主要集中在原子核上。</td><td>再次运用前面的方法锻炼学生的观察能力、分析能力、信息获取能力，使学生熟练掌握。</td></tr>
<tr><td>构成原子的各粒子数目存在着这样的关系，质量上又存在着怎样的关系呢？你能获得怎样的信息？
构成原子的各粒子质量这么小，那一个原子的质量有多大？</td><td>大家七嘴八舌。
数太小了，书写、记忆使用都不方便。

思考。</td><td>“让事实说话”通过列举数字，让学生真切体会到原子质量书写、使用时的不便，从而认识引入原子质量的表示方法——相对原子质量的意义。持续调动学生学习的积极性和学习的趣味性。</td></tr>
<tr><td></td><td>PPT 展示：
1. 相对原子质量的定义

相对原子质量的发展史

2. PPT 展示：
以氧原子和氢原子为例展示如何计算相对原子质量</td><td>通过现代科学仪器精确测出原子的实际质量。
关于一个氢、氧、碳原子的实际质量，让学生记忆，并谈谈有哪些认识。

有什么方法可以解决这一问题呢？
这正像我们用吨为单位来表示一粒大米的质量有多大一样极不方便，类似的，为了便于研究问题，国际上采用原子的相对质量——相对原子质量来表示原子质量的大小。那什么是相对原子质量呢？

简单介绍为什么相对原子质量以碳原子的质量为标准。

哪位同学能用一个简洁的式子表示原子的实际质量与相对原子质量的关系？
边展示边讲解</td><td>生甲：可以把这样小的数放大。
生乙：那也不能随便放大吧，得需要一个标准吧……

看大屏幕集体朗读。
通过观察归纳相对原子质量的计算公式，感受和理解利用概念与数据计算氧、氢原子的相对原子质量的方法。

思考的同时产生了疑问：为什么那么多的原子唯独选择碳-12 原子呢？
感受。
思考；回答。

观察；体会</td><td>

通过阅读理解相对原子质量的定义。
学以致用，加深对概念的理解。
再次让学生了解科学发展的过程，通过各位科学家的成就，了解科学的发展是在不断修正和补充中进行的，我们是站在前人的肩膀上起步的，对学生进行人生观和价值观的教育，也解决了学生此时自然而然产生的疑问。
根据课标的意图此部分已降低要求，所以由教师演示计算的方法以加深学生理解相对原子质量的定义</td></tr>
</table>

续表

教学内容	教学环节与方法	教师活动	学生活动	设计宗旨与意图
拓展延伸	PPT 展示教材附录第 153 页中的相对原子质量表和第 62 页表 3-4	所有原子的相对原子质量已经不需要我们计算了，都由科学家测定出来，今后学习中，我们可直接查阅第 62 页表 3-4 或书后附录第 153 页中的相对原子质量表。 我们也应该记住那些为相对原子质量的测定作出卓越贡献的科学家，如我国的张青莲教授。	查阅、填表、抢答。 运用表查阅下列原子的相对原子质量，填入表中：氢、碳、氧、钠、铁。 感受。	让学生练习查阅相对原子质量表。 激发学生爱国、爱科学的情感，体会相对原子质量测定的学科价值。
		你们有没有发现：各原子相对原子质量的近似值与该原子的质子数、中子数有何关系？	观察：各原子相对原子质量的近似值与该原子的质子数、中子数的关系。 相对原子质量≈质子数＋中子数。	通过对数据的综合观察与分析，找出规律，拓展思维，便于运用。
	拓展延伸	原子很小，它还能不能再分了呢？ 实验证明，质子和中子是由更小的粒子“夸克”构成的，有关夸克的结构和性质仍在探索和研究中……	思考后回答	时间在延续，科学在发展，体会随着科学研究的不断发展，人们的认识必将不断完善。进一步认识物质的无限可分性
课堂练习	见学案呈现，大屏幕出示答案			
课堂小结	学完本节课你有了哪些新的收获？还有哪些疑惑			
课后作业	见学案			
板书设计	课题 2 原子的结构			

四、板书设计

原子的结构(1)

一、原子的结构

原子(电中性)
- 原子核(＋)
  - 质子：每个质子带一个单位正电荷(＋)
  - 中子：不显电性
- 核外电子(－)：每个电子带一个单位负电荷
- 核电荷数＝质子数＝核外电子数

二、相对原子质量

1. 定义：以一种碳原子质量的 1/12 为标准，其他原子的质量跟它相比较所得到的比

2. 公式：

$$相对原子质量(A_r)=\frac{一个原子的实际质量(kg)}{一个碳原子的实际质量\times 1/12(kg)}$$

3. 相对原子质量≈质子数＋中子数

五、学案

原子的结构(1)学案

一、知识点

知识点一：原子的结构

(1)你想象中的原子是什么样的？(也可以在纸上画一画)(抢答)然后观看教师播放多媒体动画：科学家心目中的原子是什么样的？

(2)观看 PPT，显示的是根据教材图 3-9 制成的动画版原子构成示意图。

要求：以小组为单位讨论：

①简记你观察到的原子结构的信息。

②记录小组观察、讨论的原子结构的信息。

③每组派一名代表在全班交流观察到的原子结构的信息(大屏幕呈现)。

相信你会归纳：______________________________

(3)观看 PPT 展示，然后以小组为单位抢答下列问题(要求：组内同学可以补充，意见不同时其他组可补充)。

①原子核所带的正电荷来自于哪种粒子呢？它们在数值上有什么关系？为什么原子不显电性？

②从书上表格 3-1 你还能获得哪些信息？

知识点二：相对原子质量

观看 PPT，展示书上表格 3-2，抢答(要求：组内同学可以补充，意见不同时其他组可以补充)。

(1)构成原子的各粒子数目存在着上述的关系，质量上又存在着怎样的关系呢？你能获得怎样的信息？

(2)记忆、书写大屏幕上显示的原子质量(小游戏比一比、赛一赛)。

(3)由于原子的质量数值太小，书写、使用都不方便，故采用相对原子质量。那什么叫相对原子质量呢？

相信你会归纳：定义______________________________

(4)抢答:你能用一个简洁的式子表示原子的实际质量与相对原子质量的关系吗?

(5)PPT 展示下面表格(抢答:比一比、赛一赛看谁查得快、找得准)

①根据书上第 62 页表 3-4 查出下列原子的相对原子质量并填入表格中。

原子种类	质子数	中子数	相对原子质量
氢	1	0	
碳	6	6	
氧	8	8	
钠	11	12	
铁	26	30	

②通过填写表格你看出了什么?

我能归纳:________________

二、课堂练习

(1)完成下表。

原子种类	质子数	中子数	核外电子数	核电核数
氢				
碳-14				
氧				
钠				
氯				

(2)原子中一定含有(　　)。

A. 质子　　B. 质子、电子　　C. 质子、中子　　D. 质子、中子、电子

(3)某原子中共有 40 个粒子,其中 14 个粒子不带电,则它的相对原子质量是(　　)。

A. 13　　B. 14　　C. 40　　D. 27

(4)某种钠原子原子核中质子数是 11,相对原子质量为 23,则该原子中,中子数为________,核外电子数为________,核电荷数为________。

(5)原子由居于原子中心、带________的原子核和核外带________的电子构成,原子核由________和________构成。原子核与核外电子所带的电荷____________,电性________,所以整个原子________(填显或不显)电性。(括号内或横线处为答案)

(6)有两种不同的原子,一种原子核内有 6 个中子和 6 个质子,另一种原子核内有 7 个中子和 6 个质子,则它们相等的是(　　)。

A. 核电荷数　　B. 核外电子数　　C. 原子的质量　　D. 相对原子质量

(7)以氧原子为例回答问题:构成原子的粒子有哪几种?它们是怎样构成原子的?为什么整个原子不显电性?

(8)现有质量相同的钠、镁、铝三块金属,哪一种金属含的原子最多?哪一种金属含的原子最少?为什么?(相对原子质量:Na 为 23,Mg 为 24,Al 为 27)

三、总结反馈

请你记录独立完成课后作业时的相关情况。

(1)你独立完成课后作业时,你认为题目难度大的是(　　),课后作业中(　　)和同学答案不一样,讨论后仍不明白的是(　　),将题号填在括号中,可以多选。

(2)记录你完成课后作业所用的时间(　　　)。

六、教学反思

1. 本课成功之处

首先通过学生已有知识——化学变化中分子可分、原子不可分为切入点进行追问,引发学生认知上的冲突,激发学生进一步学习的欲望。先让学生画出想象中的原子构成,引出原子结构发展史,充分体现了假说与模型的科学研究方法。让学生沿着前人的探究之路进行一次短暂的探究之旅,让学生体会科学是需要不断完善发展的。同时在课堂上尽可能地运用视频、动画、图片等创设情景,通过形象的描绘、科学的推理,加强教学的直观性,将原子的结构直观而形象地展示出来,激发学生的学习兴趣,培养学生的抽象思维能力,达到较好的教学效果。最后,通过小游戏让学生亲自体验原子质量太小带来的不便,采用类比的方法引出相对原子质量,从而突破难点。

2. 本节不足之处

在教学中对于习题部分的处理采用抢答的方式只关注了部分学生,不能给另外一部分学生充分思考的时间。这节课虽然十分注重学生的评价,但是评价学生时的语言还不够多样,以后还要继续学习。

七、点评与分析

1. 教学目标

教师引进了原子结构的发现过程,对学生进行科学史教育,知识情感在教育中自然融合。这充分说明教师是教材的建设者,只有不拘泥于教材,敢于对教材拓展、加工,才能收到好的教学效果。

2. 教学方法

教师从学生已有的知识出发导入,通过巧妙的问题设计,在此基础上进一步实现对原子结构的意义建构,学生在对原子没有认识的情况下,引发想象、猜想。学生有了猜想,才会集中精力倾听下面的教学,以便验证自己猜想的准确性。教师先让学生画出想象中的原子结构,再与科学家心中的原子结构作对比,让学生体验科学探究的历程,从中获得成功的喜悦。

3. 教学手段

这节课,教师的教学设计充分考虑到九年级学生的认知特点,利用多媒体原子结构模拟图展示出来,使抽象概念直观化,激发了学生的兴趣,拉近了知识与学生的距离,降低了学习难点。此外,利用书中的图表、图片引导学生观察这些素材中所隐含的信息,通过总结,完成了本节课的重点教学内容。

八、参考资料

教育部基础教育课程教材专家工作委员会.2012.义务教育化学课程标准(2011年版)解读.北京:高等教育出版社.

化学课程教材研发中心.2012.义务教育教科书化学九年级下册教师教学用书.北京:人民教育出版社.

点评专家:李　晶　抚顺顺城区教师进修学校教研员,中学高级教师
刘继和　沈阳师范大学教师专业发展学院教授,硕导

课题3　原子的结构(2)

一、基本信息

课题	原子的结构(第一课时)				
授课学校	北票市第七中学(实习学校)	授课年级	九年级	授课班级	九年八班
授课时间	2011.10.10	课　型	新授概念原理课	课　时	1
姓名	宋　卓	毕业学校及专业	沈阳师范大学化学专业		
年龄	25	最高学历	硕士研究生		
职称	—	教龄	1年		
最高荣誉	—	最高奖励	—		

二、对本节课的基本认识与理解

本节课的性质、在教材中地位与作用	性质:新授概念原理课。 地位:本节课的特点是内容较抽象,远离学生的生活经验,再加上前面学生学到的元素化合物知识不多(主要是空气、氧气和水),感性知识不充分。接下来学生学习的元素等内容是基于本节课内容基础之上学习的。因此,本节课在教材中承前启后。 作用:本课题内容是学习化学的理论基础。初中化学基础知识和基本技能是构成学生科学素养的基本要素,是为学生的终身学习和将来适应现代社会生活打好基础所必需的。它既是今后学习的理论基础,又是必不可少的工具	
学情分析	有利因素:在八年级物理中,学生们初步认识了原子的结构,学习了分子、原子的概念,初步探索了物质构成的奥秘。但对于原子构成的粒子的种类、带电量和电性主要靠记忆,容易出现张冠李戴的情况。 不利因素:学生缺乏粒子的观点,在学习水的组成时,借助水电解的微观解释图片或者动画,从感性上可能认为原子是一种实心球体	
教学目标	知识与技能	(1)了解原子是由质子、中子和电子构成的(氢原子没有中子是特例)。 (2)初步知道原子质量的表示方法——相对原子质量

续表

教学目标	过程与方法	(1)初步学会用类比、想象、归纳、概括等方法获取信息并进行加工，增强信息收集、处理能力。 (2)了解假说法。通过讨论与交流，启发学生的思维，使其逐步养成良好的学习习惯和学习方法
	情感态度与价值观	(1)利用有关原子结构的科学史实，体会科学发展的曲折性；激发学生对微观世界的探索欲和学习化学的兴趣。 (2)进行世界的物质性、物质的可分性的辩证唯物主义观点教育
教学重难点	重点	原子的结构及构成原子的粒子之间的关系
	难点	相对原子质量的理解
教学资源与教学手段	演示文稿	PPT
	其他资源	学案

三、教与学的过程设计

教学内容	教学环节与方法	教师活动	学生活动	设计宗旨与意图
复习水分子的组成	测评导课	PPT：投影展示习题(习题见学案)。在水电解的反应里，水分子分成氢原子和氧原子，每2个氢原子结合成1个氢分子，每2个氧原子结合成1个氧分子	学生抢答习题	检测学生学习情况，为本课教学奠定基础。 让学生充分发挥自己的想象空间，为后面的理论提升奠定基础
原子结构内容的引入	新课引入	反问：在化学变化中原子不可分，如果离开化学变化用其他的方法原子还可以再分吗？ 创设情境：接下来请同学们欣赏原子弹爆炸视频	作答：分子破裂成原子，原子又重新组合成新的分子。 观看视频：观看原子弹爆炸的视频，聆听教师对视频的讲解	真实、生动，具有震撼力，使学生在感受原子能对人类社会的影响的同时，产生强烈的了解原子结构的动机。激发学生对原子的已有认知，为后继学习产生认知冲突奠定基础
原子的结构	探索新知	模型展示：用PPT展示原子结构的发现史资料，根据以上介绍请同学们依据自己的理解和想象，描绘出自己认为的原子结构是什么样子的。	观看并绘图：观看图片，从道尔顿的实心球型原子、汤姆生的枣糕型原子，再到卢瑟福发现电子，通过α粒子轰击金属箔试验，介绍卢瑟福认为的原子结构，并听教师讲解原子的发现史，然后根据自己的理解绘制自己心目中的原子。	增长化学史知识，让学生体会假说与模型构建研究微观结构的方法。

续表

教学内容	教学环节与方法	教师活动	学生活动	设计宗旨与意图
原子的结构	探索新知	动画添彩:播放动画(几个小粒子绕着一个大粒子作高速运动):根据动画,你能说出原子的结构吗?以小组为单位讨论一分钟。 讲授新知:原子弹爆炸正是利用原子核裂变时产生的巨大能量,这说明原子核还能再分。 追问设疑:组织学生认真观察教材表4-1构成原子的粒子的电性和电量。(见学案)	观看并思考:观看原子构成的动画,小组交流后汇报。原子原来不是一个实心球,而是一个空心球,几个小粒子围绕着一个大粒子运动。 汇报交流: (1)质子的质量与中子的质量近似相等。 (2)电子的质量非常小。 (3)质子与中子所带的电性相反	用眼去观察,用脑去思考。变抽象为形象,让学生感知原子可以再分。 运用创设情节资料,满足了学生想了解原子结构的强烈愿望。 在此环节更加注重学生的主导地位。帮助学生深入认识质子与中子、中子与电子、质子与电子之间的区别和联系
相对原子质量	探索新知	提问:组织学生采用对比分析表格分组观察教材表4-2几种原子的结构。收集汇总教材表4-2中发现的各组信息,写在学案上,并一一汇报、交流。(见学案) 过渡:由分子的性质引导学生得出原子的性质。如质量、体积如何?是否运动?原子间有无间隔? 类比想象:为了让学生体会原子很小这一观点,将教材图4-2展示在PPT上。 设问激疑:用PPT展示一个氢原子、碳原子、氧原子、铁原子的质量。 类比方法:日常的计算中应该怎么办呢?介绍一下钻石单位克拉的由来。科学研究发现原子的实际质量可以用相对原子质量来衡量。介绍相对原子质量概念,并计算学案上的相对原子质量	观察思考:观察PPT,体会原子真的很小,并进行类比。 观察思考:看着烦琐的数据,无从下手。 倾听并思考:倾听感兴趣的克拉传说的同时,想一个办法来衡量实际原子质量 计算并思考:思考相对原子质量的概念,计算出相对原子质量	看图片,加深学生原子很小的印象。用此类比的方法帮助学生建立微粒的观点,激发学生对后继内容的学习。 学生感知得出:原子的质量数值太小,书写、记忆、使用都不方便。 类比方法,帮助学生更直观地理解什么是相对原子质量
课堂练习	见学案,大屏幕出示答案			
课堂小结	学生小结本课收获			
课后作业	见学案			

四、板书设计

原子的结构

一、原子的结构

原子(电中性) { 原子核(+) { 质子:每个质子带一个单位正电荷(+); 中子:不显电性 }; 核外电子(—):每个电子带一个单位负电荷 }

核电荷数=质子数=核外电子数

二、相对原子质量

(1)定义：以一种碳原子质量的 1/12 为标准，其他原子的质量跟它相比较所得到的比

(2)公式：$相对原子质量=\frac{一个原子的实际质量(kg)}{一个碳原子的实际质量\times 1/12(kg)}$

(3)单位：是“1”

五、学案

原子的结构学案

一、课前展示

抢答：(1)构成物质的基本粒子有________、________、________。

(2)水是由什么组成的？

(3)水分子是由什么构成的？

因此，我们书写水的化学式为________

二、教学过程

知识点一：原子的结构

(1)通过观察教材表 4-1 构成原子的粒子的电性和质量，你获得了哪些知识？

粒子种类	电　性	质　量
质子	1 个单位正电荷	$1.672\ 6\times 10^{-27}$kg
中子	不带电	$1.674\ 9\times 10^{-27}$kg
电子	1 个单位负电荷	质子质量的 1/1836

①质子的质量与________的质量近似相等；

②电子的________非常小；

③质子与中子所带的电性________。

(2)教材表 4-2 几种原子的结构。

原子种类	质子数	中子数	核外电子数
氢	1	0	1
碳	6	6	6
氧	8	8	8
钠	11	12	11
硫	16	16	16
氯	17	18	17
钾	19	20	19

通过此表，你能够总结出哪些规律？

①________　②________

③________　④________

知识点二：相对原子质量

一个氢原子的质量约为 1.67×10^{-27} kg，

即 0.000 000 000 000 000 000 000 000 00167 kg。

一个氧原子的质量约为 2.657×10^{-26} kg，

即 0.000 000 000 000 000 000 000 000 02657 kg。

一个铁原子的质量约为 9.288×10^{-26} kg，即 0.000 000 000 000 000 000 000 000 09288 kg。

利用相对原子质量公式求出上述物质的相对原子质量。

三、自我检测（组内独立完成，组长统一答案）

（1）下列粒子中不能直接构成物质的是（　　）。

A. 原子　　B. 分子　　C. 离子　　D. 电子

（2）绝大多数原子的原子核中含有（　　）。

A. 质子、中子、电子　　B. 质子、电子

C. 中子、电子　　D. 质子、中子

（3）下列关于原子的叙述正确的是（　　）。

A. 原子是最小的粒子

B. 一切物质都是由原子直接构成的

C. 原子一定由质子、中子、电子三种微粒构成

D. 原子的核内质子数必等于核外电子数

（4）月球上有丰富的核聚变燃料“He-3”。“He-3”是原子核内含有 2 个质子和 1 个中子的一种氦原子。则氦原子的核外电子数为（　　）。

A. 1　　B. 2　　C. 3　　D. 4

（5）已知某原子的核电荷数为 25，不能确定它的（　　）。

A. 质子数　　B. 中子数　　C. 电子数

（6）先把下表中所缺数据补充完整：

原子种类	质子数	中子数	核外电子数
氢	1	0	
碳		6	6
钠	11	12	
镁	12	12	12
铁		30	26

通过此表，你能够总结出哪些规律？

①________________　②________________

③________________　④________________

四、总结反馈

请你记录独立完成“自我检测”时的相关情况。

（1）你独立完成“自我检测”时，你认为题目难度大的是（　　），耗时较多的是（　　），将题号填在括号中，可以多选。

（2）利用课间和同学交流，“自我检测”中（　　）和同学答案不一样，讨论后仍不明白的是（　　），将题号填在括号中，可以多选。

（3）你完成“自我检测”所用的时间（　　）。

五、拓展作业

(1)航天员专用的小分子团水具有饮用量少、在人体内储留时间长、排放量少等特点。航天员一次饮用125mL小分子团水，可维持人体6h正常需水量。下列关于小分子团水的说法中正确的是(　　)。

A. 水分子的化学性质被改变了

B. 小分子团水中水分子间没有间隙

C. 小分子团水中水分子停止了运动

D. 小分子团水的部分物理性质与普通水有所不同

(2)下列物质属于氧化物的是(　　)。

A. O_2　　B. CO　　C. $KClO_3$　　D. CH_3COOH

(3)氢是新型清洁能源，但难储运。研究发现，镧和镍的一种合金是储氢材料。已知镧(La)原子的核电荷数是57，下列有关镧(La)的说法不正确的是(　　)。

A. 该元素原子的质子数为57　　B. 该元素原子的中子数不一定为57

C. 该元素原子的核外电子数为57　　D. 该元素为非金属元素

六、教学反思

(1)在这节课的教学过程设计时，充分发掘教材素材，合理利用教材表4-1、表4-2及图4-2，有助于难点的突破。通过化学史、视频等资料培养学生对化学这一学科的兴趣，为今后更好的学习化学做铺垫。

(2)在课堂上，学生始终保持高昂的学习兴趣，这得益于他们感兴趣的资料一直贯穿整节课而且最主要的是设计的问题线索和学生活动的设计符合学生的认知发展规律。

(3)教师的整体素质不只体现在教课的水平上，也体现在把握课堂的能力上。将课堂交还给学生，使学生成为课堂的主体。整堂课的教学气氛活跃，学生学习状态好，教学目标顺利完成。

(4)为了体现学生是课堂的主人这一观点，充分发挥学生主动性，创设有效的学生讨论猜想活动。如对原子结构的猜想，以及对表格中信息的发掘和运用。

七、点评与分析

1. 教学方法

本课充分体现了新课改的理念。课堂上教师注重调动学生的积极性，采取分组讨论、合作学习，引导学生自主学习。尽量让所有学生参与进来，扩展学生的学习空间。比如，让学生画出心中的原子结构，不同学生画出的不一样，这时教师恰当给学生指引，让学生独立解决问题。让学生自主通过对比的方式学习，不但能提高学生分析问题、解决问题的能力，还能通过交流提高学生的表达能力。

2. 教学过程

整节课围绕原子的结构和相对原子质量展开教学活动，活动形式多样，整个课堂教学有序、丰富多彩，使学生从始至终保持很好的注意力和兴奋度，学习效果好。通过本次课堂教学，知道了在新教材中应充分考虑学生已有基础，设置有效活动，充分结合理论分析，使学生在已有基础上发现问题，从而不断解决新问题，达到目标要求，从而使学生获得最大收益。

3. 教学建议

对于相对原子质量的概念学生只能懂个大概，应多运用实际的计算加深理解，课堂教学时间是有限的，应该指导学生课下多动笔去练习，从而进一步领会。

八、参考资料

教育部基础教育课程教材专家工作委员会. 2012. 义务教育化学课程标准(2011年版)解读. 北京：高等教育出版社.

化学课程教材研发中心. 2012. 义务教育教科书化学九年级下册教师教学用书. 北京：人民教育出版社.

点评专家：刘继和　沈阳师范大学教师专业发展学院教授，硕导

课题4　元　　素

一、基本信息

课题	元　素（第二课时）				
授课学校	抚顺市第23中学	授课年级	九年级	授课班级	九年三班
授课时间	2012.9.28	课　型	新授课	课　时	1
姓名	杨文明	毕业学校及专业	抚顺师范专科学校化学专业		
年龄	47	最高学历	本科		
职称	中学高级	教龄	24年		
最高荣誉	市优秀教师	最高奖励	东三省优秀课一等奖		

二、对本节课的基本认识与理解

本节课的性质、在教材中地位与作用	性质：本课是课程标准中五个一级主题之一——“物质构成的奥秘”中的重要组成部分，属于概念课教学，是“双基”的重要组成部分。 地位：元素符号是国际通用的化学用语，是学习化学的重要工具，是学习化学式、化学方程式的重要保证。“元素周期表简介”，目的在于让学生比较早地学习和使用元素周期表这个工具，为今后的学习提供方便。 作用：通过元素符号的学习，使学生能够实现符号到汉字之间的“穿越”，更能够体验分类的方法对元素进行研究的意义和必要性，并在元素周期表中查找元素的过程中体验到探究的乐趣
学情分析	有利因素：通过前面的不断渗透，学生对于常见的元素符号已经能够识别，而且通过前面的元素、原子的概念的学习，也为学生理解元素符号的意义做了很好的铺垫。 不利因素：对于元素符号虽然会书写，但是对于书写的规律及意义理解不深，且学生在学习本单元之前，元素知识不多，对元素周期律难以理解

续表

教学目标		(1)通过联想记忆、抢答等趣味活动，逐步记住并能正确书写一些常见元素的符号和名称，学会元素符号的正确写法，在互帮互助中发展善于合作、勤于思考的科学精神。 (2)通过观察书中的图片并练习巩固，加深对元素符号意义的理解，增进对物质的宏观组成与微观结构的认识。 (3)通过超市商品的有序排列，体会元素周期律，并通过学生的自主探究，能根据原子序数在元素周期表中找到指定元素和有关该元素的一些其他信息。发展善于发现、归纳、勇于实践的科学精神
教学重难点	重点	元素符号所表示的意义，学会元素符号的正确写法
	难点	元素符号的正确写法，逐步记住一些常见的元素符号
教学资源与教学手段	演示文稿	PPT、动画
	其他资源	见学案

三、教与学的过程设计

教学内容	教学环节与方法	教师活动	学生活动	设计宗旨与意图
元素符号	创设情境，导入新课	播放动画：外国人不认识中国商品。 [PPT]请你辨认 (1)ABCDEFG……英文字母。 (2) 那么元素用什么符号表示？ 设问：如何正确书写元素符号？ 提示：阅读	体验：为了书写和学术交流的方便，国际上必须采取统一的符号来表示各种元素	设疑引思
	合作交流，解读探究 自主学习	归纳：书写规则："二大一小"。 点拨： (1)由一个字母标示的元素符号要大写。 (2)由两个字母表示的元素符号，第一个字母大写，第二个字母小写。	阅读教材第61页资料。	改变教学方式，提高学生学习的主动性，在自我展示中体会成功的乐趣，增强学习的信心。
	联想对比	启发： 同学们能否寻找一些记忆的方法(如联想、对比等)，尽快认识这些元素符号呢？ 谁来介绍一下你们的"妙方"？	同桌讨论、交流；全班介绍	在趣味活动中，进一步激发学生记忆的热情
	巧记符号	游戏1：百度搜索元素符号连连看 http://www.4399.cc/youxi－7622.shtml 游戏2：百度搜索元素连连看 http://www.dzjyj. cn/sites/site6/MsgView. jsp? MsgID＝4359		

续表

教学内容	教学环节与方法	教师活动	学生活动	设计宗旨与意图
元素符号	合作讨论	[PPT](学生抢答) (1)请同学们根据屏幕中出示的元素名称,说出元素符号,比一比,谁说得快? (2)下列两组符号能组成几种元素的符号? Ⅰ:A B C M N Ⅱ:a u e l g 设问:元素符号有何意义? 举例说明:如“H”“N”。 归纳:宏观表示一种元素,微观表示一个原子。 讨论:怎样表示 2 个氢原子?怎样表示 n 个氢原子	学生抢答(得分)。 以具体符号“H”“N”为例,了解元素符号所表示的意义	得分计入各组,增强集体荣誉感和团队意识
	介绍意义,巩固拓展	小结:表示多个原子,可在元素符号前面加上对应的数字。 点拨:元素符号前面的数字表示原子的个数,只有微观意义	识记	让学生充分认识到了解元素符号的重要性。 加强对元素、原子概念的理解
元素周期表简介	了解史实	化学先驱——门捷列夫百度视频 http://www.tudou.com/programs/view/I0_8OMEwthE/	观看、聆听	增进对科学史的了解,体会严谨的科学探究精神
迁移应用	自主学习	指导阅读:教材中相关内容。 提问:如下图,你从中获得哪些信息 	阅读教材,初步认识元素周期表: (1)共有 7 个周期,16 个族。 (2)元素按原子序数(与元素原子核电荷数数值相等)递增排列。 (3)对金属、非金属元素用不同颜色做了区分。 (4)表明了元素的相对原子质量。 学生回答	培养阅读能力 培养分析能力和对知识迁移应用能力
课堂练习	见学案,大屏幕出示答案			
课堂小结	通过本节课的学习,你们有哪些收获?跟大家说一说(对学生的归纳进行评价,适时纠正、补充、表扬与鼓励)			
课后作业	见学案			

四、板书设计

元　素

元素
- 定义：具有相同核电荷数（即核内质子数）的一类原子的总称。
- 表示：元素符号
  - 写法：第一字母大写，第二字母小写
  - 含义：①表示一种元素；②该元素的一个原子
- 分类：①金属元素；②非金属元素；③稀有气体元素
- 元素周期表：有规律地将元素排列（横行为一周期，纵行为一族）

五、学案

元素学案

一、回答问题

(1)通过自主学习、联想对比、巧记符号知道为什么要使用元素符号？国际上对元素符号是怎样规定的？识记教材第 62 页常见的元素名称和符号。

(2)经教师介绍意义，你知道书写元素符号时应注意什么吗？一个元素符号能表示几个涵义？

(3)观看大屏幕了解史实，再自主学习了解元素周期表。

二、课堂练习

(1)在下列横线上填上适当的拉丁文字母使其组成元素符号，并注明元素名称：

A __，名称铝；__g，名称银；A __，名称金；B __，名称溴；__a，名称钡；C __，名称钙；__u，名称铜；C __，名称氯

(2)下列方框中，符号 2H 意义的示意图是（　　）。

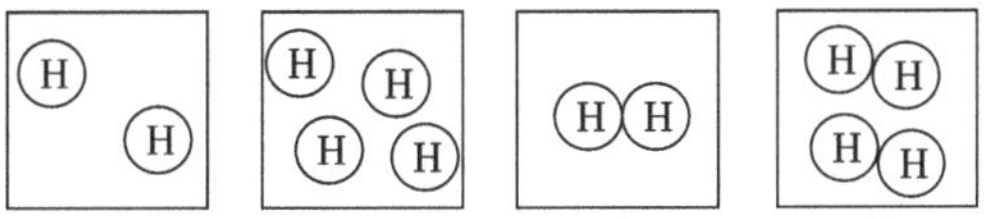

A　B　C　D

三、拓展延伸

(1)下图是表示物质分子的示意图。图中“●”和“○”分别表示两种含有不同质子数的原子，则图中表示单质的是（　　）。

A　B　C　D

(2)用大写字母 A、B 和小写字母 a、g、r 可以写成的元素有（　　）。

A. 2 种　　B. 3 种　　C. 4 种　　D. 5 种

(3)如右图所示，你从中获得了哪些信息？

①____________　②____________

③____________　④____________

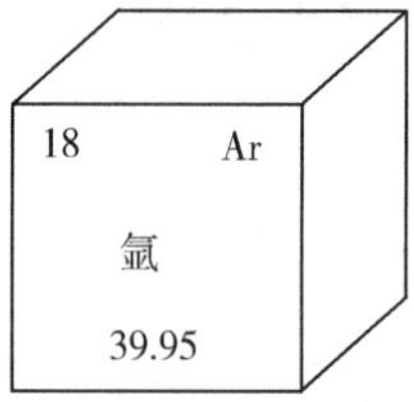

四、课后作业

教材第 65 页习题。

六、教学反思

(1)本课题充分利用现代信息资源，通过百度搜索，准备了许多教学材料(如图片、视频、动画等)，一方面使学生能更直观、形象地学习元素相关知识，另一方面多了些趣味性，激发了学生学习的兴趣。在备课过程中，从视频导入，激发学生学习元素的欲望，自然而然的引出元素的概念，使得较为抽象的概念变得较为浅显易懂。课堂的逻辑性较好，重点、难点突出，课堂气氛较为活跃。

(2)在课堂上，创设问题的真实情景，采用问题驱动、练习等形式引导学生正确理解概念，并能从正反两方面辩证地正确看待问题；在教学过程中，教师成为了学生学习的组织者、合作者、引导者。

(3)初中化学的特点之一是理解与记忆并重，本课题通过百度搜索到元素符号记忆游戏，让学生在快乐中去记忆 24 种常见的元素符号，同时在教学中注意对学生进行元素符号书写的规范化训练。另外，课后作业要求学生制作元素卡片，进一步让学生自己动手加强对元素符号的记忆，培养学生动手操作能力，进行思维训练，增强学生学习过程的体验，从而提高学生的学习效率，为今后学好化学打下坚实基础。

(4)在元素周期表学习中，通过视频介绍门捷列夫如何发现元素周期表，进一步激发学生学科学、爱科学、探科学、用科学的热情。

(5)本节课由于采取了自学阅读、互相交流、巧记符号、抢答等学习方法，学生的学习热情从始至终都很高涨，积极参与，思维活跃，在我的引导下思维有一定的深度和广度。通过课堂练习反馈，90%以上的学生掌握了本节课的学习内容。自主学习、合作交流，使学生成为学习的主人。

七、点评与分析

1. 教学目标

本节课三维目标明确，符合新课标的要求和学生的实际，体现了以学生为主体的教育、教学理念，操作性强。教学难点、重点确立准确。

2. 教学方式

教师的教法活，学生的学法活。学生的学法活表现在学生自学阅读、互相交流、巧记符号、抢答等。学生的学习积极性高、兴趣浓、思维活跃、参与意识强。本节课教师显示了较强的教学基本功和驾驭课堂、教材的能力，以及深厚的知识底蕴。

师生关系和谐融洽，教师语言幽默、亲切自然，无疑为学生营造了轻松愉快、宽松祥和的气氛，为师生的双边活动打下了良好基础。

3. 教学手段

教师的教法活集中表现在充分利用现代化教学手段，包括动画、视频、PPT 等创设情境。

4. 教学过程

教学思路清晰。先难点：元素符号的书写方法与记忆。后重点：元素符号所表示的意义。有阅读，有抢答，有交流，活动面广、次数多、练得到位，在训练中突破了难点。

教学环节紧密相连，过渡自然，严谨有序。教学效果好，活动密度大，课堂无死角，人人参与活动，真正体现了面向全体学生的教育思想，推进了素质教育。

5. 教学建议

由于这部分知识比较抽象，难以理解，建议以后的教学中在“深入浅出”“抽象知识形象化讲解”上再下些工夫。

八、参考资料

教育部基础教育课程教材专家工作委员会. 2012. 义务教育化学课程标准(2011 年版)解读. 北京：高等教育出版社.

化学课程教材研发中心. 2012. 义务教育教科书化学九年级下册教师教学用书. 北京：人民教育出版社.

点评专家：李　晶　抚顺顺城区教师进修学校，教研员

刘继和　沈阳师范大学教师专业发展学院教授，硕导

第四单元　自然界的水

课题1　爱护水资源

一、基本信息

课题	爱护水资源				
授课学校	沈阳市第二十二中学	授课年级	九年级	授课班级	九年一班
授课时间	2012.9.23	课　型	新授课	课　时	1
姓名	黄薇	毕业学校及专业	沈阳教育学院化学专业		
年龄	34	最高学历	硕士研究生		
职称	中学一级	教龄	11年		
最高荣誉	—	最高奖励	—		

二、对本节课的基本认识与理解

本节课的性质、在教材中地位与作用	性质:新授元素化合物课。 地位与作用:《爱护水资源》是《义务教育课程标准实验教科书 化学》九年级上册(人教版)第三单元的教学内容。 教材主要介绍了水资源概况和水资源保护两部分内容。本节内容是常识性的知识,较为零乱、单一,许多教师在教学中都觉得不重要,一带而过,认为没什么好讲的。但是现在工业生产迅速发展,我国大部分城市的用水紧张,而且许多地区的水资源浪费、污染非常严重,任意排放污水,这样就严重地影响了我们的日常用水和生活环境。所以我认为可以通过本节课加强对学生情感态度和价值观的教育,培养学生辩证思维的能力,学习用发展的眼光看问题;强化学生的爱水、节水意识;增强学生团结、协作的合作意识,以及关心社会、为社会做贡献的社会责任感;使学生逐步树立为社会进步而努力学习化学的志向。本节课在教材中只给出了关于节约用水和水污染问题的最基本、最主要的概念和思想,具体的内容让学生在课内外的一些活动中自己去寻求、获得。本课题后的调查与研究和习题就是在引导学生进行这类活动。这样既体现了本课题最基本的教育目的,又给教师的发挥和学生的探索留下了较大的发展空间
学情分析	有利因素:水,是我们身边最常见的物质,也是与我们生活关系最密切的物质,学生对其的研究很感兴趣,而且九年级的学生也具备了一定的探究能力以及分析问题的方法和思路。 不利因素:我们的学生都生活在大城市,所以对水资源的缺乏和水的污染缺少感性认识,当看见被污染的河水或海水时,有的学生会说:“这么大的江河湖海还怕这点污水?况且还有自来水厂在,不必太在意了。”另外,学生接触的外界信息很少,偶尔看到一点戈壁滩的画面,不是觉得很美,就是觉得那太遥远了。因此非常有必要通过一些方式,使之从科学的角度逐渐认识到水缺乏和水污染的严重性,从而在思想和行动上更加重视对水资源的关注。学生爱好电脑,也喜欢上网,但只会在网上游戏而不知道如何利用网络来学习

续表

教学目标	知识与技能	(1)了解世界和我国的水资源状况，水体污染的主要来源和危害。学习用辩证的方法看待水资源的丰富和有限。 (2)培养学生关心社会，为社会做贡献的社会责任感
	过程与方法	通过调查研究、编写环境时报、演讲等活动，培养学生收集、处理信息的能力和与他人交往、表达的能力
	情感态度与价值观	(1)培养学生辩证思维的能力，学习用发展的眼光看问题。 (2)强化学生的爱水、节水意识。 (3)增强学生团结、协作的合作意识，以及培养学生关心社会、为社会作贡献的社会责任感。 (4)使学生逐步树立为社会进步而努力学习化学的志向
教学重难点	重点	人与水的关系，以及人在其中的能动作用
	难点	(1)水资源和水污染相关资料的收集。 (2)充分调动学生的学习积极性。 (3)让学生初步尝试运用科学方法解决实际问题，在已有知识的基础上，提出保护水的简单方法
教学资源与教学手段	教学用具	投影仪、计算机、水资源状况和水污染状况的挂图。 世界和我国水资源的资料、水污染的有关资料、家庭用水情况调查项目打分表
	演示文稿	PPT
	其他资源	学案

三、教与学的过程设计

教学内容	教学环节与方法	教师活动	学生活动	设计宗旨与意图
关于水的工艺广告	创设情境	PPT 播放有关水资源图片。 提出课题，公益广告词：请珍惜、爱护每一滴水，否则世界上最后一滴水，将是人类忏悔的眼泪	学生观看大屏幕	激发学生了解水资源的欲望
人类拥有的水资源	探索新知	指导阅读教材。 投影资料：地球上的水。 投影：展示我国渤、黄、东、南海海水所含主要化学元素的表格。 由以上资料可知，海洋真是一个巨大的“宝库”，蕴藏着如此丰富的化学资源，如能把这些化学资源加以利用，那将是我们一笔巨大的财富。 总结：可见，地球上尽管储水量很多，但淡水资源极度短缺。从资料上查到，淡水总量只占总水量的 2.59%，而其中可利用的淡水还不足总水量的 1%，现状真是不容乐观	阅读教材并思考：(1)世界和我国总水量；(2)淡水总量及可利用淡水量；(3)比较我国与世界人均水量；(4)我省人均水量及存在的问题。 总结：(1)地球表面约 71% 被水覆盖着。 (2)淡水资源极度短缺	促使学生自主学习，学会分析图表，用辩证的方法看待水资源的丰富和有限

续表

教学内容	教学环节与方法	教师活动	学生活动	设计宗旨与意图
爱护水资源	反馈练习：PPT 展示自我检测	过渡：种种的表格、数字、资料都向我们诉说着淡水资源的短缺。21 世纪，水资源将成为全世界关注的首要问题。目前的现状也无时无刻不提醒人们：要爱护水资源	小组交流调查情况	培养学生阅读能力，交流、合作能力，并产生探究欲望
		课前布置家庭作业：调查自己家的用水情况（根据教材第 62 页调查项目进行调查），并根据教材第 62 页调查项目打分标准进行打分	投影：展示生活用水浪费与节约方式比较表格	树立节约用水、爱护环境的责任感
		检查课前作业： (1)水体污染有哪些？ (2)节约水的基本思路和方法是什么？ (3)水污染有哪些危害？ (4)预防和防治水的污染有哪些途径	以小组为单位进行节水教育演讲	培养学生语言表达能力。
		小结：保护水源，防止水污染，已是刻不容缓，我们必须采取各种措施，预防和治理水污染，保护和改善水质。如工业上，通过应用新技术、新工艺减少污染物的产生，同时对污染的水体作处理使之符合排放标准；农业上提倡使用农家肥，合理使用化肥和农药；生活污水也应逐步实现集中处理和排放。 拓展探究：通过本节课关于爱护水资源的学习，你想到了什么？假如你是一位政府官员，结合本地水污染情况，提出治理、合理开发、利用的方案。 教师指导	发表感想：我们每一个人都应该从身边做起，从小事做起，节约用水，保护水资源，走可持续发展之路，让我们蔚蓝色的星球更加美丽、更加和平。但愿到那时，我们每一个人都能喝到真正纯净不受污染的水，我们不再经受水污染的困扰，但愿这一日的到来不再是一个遥远的梦。 学生自由发言	提高学习实践能力，以及整理、归纳信息的能力，树立珍惜水、爱护环境的观念。 自主学习，独立思考，培养学生自主学习和举一反三的能力。
课堂练习	见学案，大屏幕出示答案			
课堂小结	学生小结本课收获			
课后作业	见学案			

四、板书设计

爱护水资源

一、人类拥有的水资源	二、爱护水资源
1. 丰富的水资源	1. 节约用水
2. 淡水资源短缺	2. 防治水污染

五、学案

爱护水资源学案

一、课前展示

(1)每位同学用图画纸和蓝色笔画出直径为 2.5 cm 的节水徽记 2 枚，贴在家里和学校水龙头上方的墙上。

(2)从不同角度设计爱护水、保护水的标记。

(3)①水约占地球表面积的______________________。

②水的三大污染源分别是________，________，________。

(4)工业上的“三废”是指________、________、________。

(5)茶水、蒸馏水、水蒸气、汽水、海水、河水、冰水、糖水、矿泉水，其中属于纯净物的有________，属于混合物的有________。

(6)地球上储水量最大的是(　　)。

A. 海洋　　B. 冰川　　C. 地下水　　D. 江河湖泊

二、自我检测(组内独立完成)

(1)水在自然界中的存在形式是(　　)。

A. 气态　　B. 液态　　C. 固态　　D. 三态均有

(2)下列物质中含水量最多的是(　　)。

A. 鲤鱼　　B. 黄瓜　　C. 人体　　D. 玉米

(3)下列说法正确的是(　　)。

A. 地球是个大水球，谈不上水资源的短缺问题

B. 工业三废要经过处理后再排放

C. 人体含水约占人体体重的 1/3

D. 人要维持生命，工农业生产都离不开水

(4)下列说法中，错误的是(　　)。

A. 淡水在自然界中分布很广，约占地球表面积的 3/4

B. 动植物体内都含有大量的水

C. 凡是无色透明的水都能喝

D. 水在人的日常生活中和工农业生产上都有重要的作用

(5)减少海洋污染是每个公民的责任。下列情况中，不会造成海洋污染的是(　　)。

A. 垃圾填海　　B. 油轮泄漏

C. 海水晒盐　　D. 生活废水排入海洋

三、总结反馈

请你记录独立完成“自我检测”时的相关情况。

(1)你独立完成“自我检测”时，你认为题目难度大的是(　　)，耗时较多的是(　　)，将题号填在括号中，可以多选。

(2)利用课间和同学交流，“自我检测”中(　　)和同学答案不一样，讨论后仍不明白的是(　　)，将题号填在括号中，可以多选。

(3)你完成“自我检测”所用的时间(　　)。

四、知识巩固

(1)据“世界环境日”的现场报道：甘甜清澈的长江源头水流至海口时，水下能见度不足 10 cm。其主要原因是沿途大量流入(　　)。

①生活污水　②工业废水　③泥沙　④普通雨水

A. ①②③④　　B. ①③　　C. ①②③　　D. ①②

(2)北京是极度缺水的城市，人人都应节约用水。下列节水措施中，不恰当的是(　　)。

A. 推广使用节水龙头　　B. 少喝水，不洗澡

C. 用洗过菜的水冲洗马桶　　D. 工厂废水处理后循环使用

(3)洪涝地区的灾民用下列几个步骤将河水转化为饮用水，以下处理过程合理的是(　　)。

①化学沉降　②消毒杀菌　③自然沉降　④加热煮沸

A. ③②①④　　B. ③①②④　　C. ③①④②　　D. ①③④②

(4)水是人类生存的基本条件，是人民生活和工农业生产不可取代的物质基础。水的开发利用状况，直接关系到国民经济的发展，因而，珍惜每一滴水，是任何一位公民不可推卸的义务和责任。右图是我国新公布的节水徽记，试说出它所表示的意义____________________。

(5)据报道，20 世纪是“石油的世纪”，21 世纪则是“水的世纪”。水危机已成为最严重的全球性危机之一。我们知道，地球上水很多，但世界上还有许多国家和地区面临缺水危机，主要原因是____。

(6)下图是水体污染的示意图，你能从中分析出水体污染的主要来源吗？

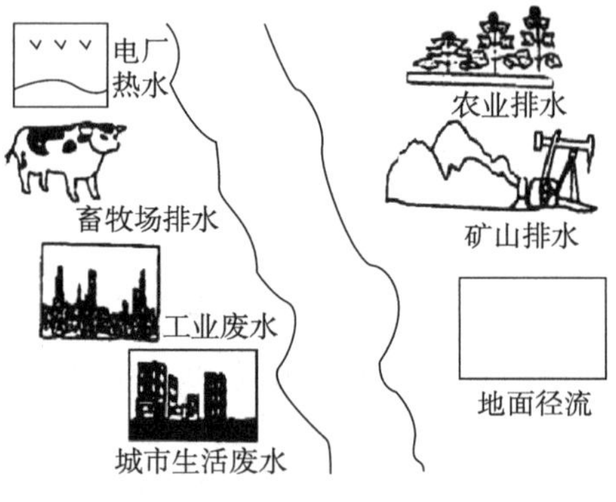

(7)近几年我国渤海及东海近海海域发生了大面积赤潮，仅渤海就有 40%海域发生赤潮，导致海洋生态环境遭到严重破坏，严重影响海洋生物的生长。赤潮是海水(或湖水)受到一类含磷元素的物质污染形成的，又称“水的富营养化污染”。这些污染物主要来自工农业生产和生活中排放的污水。你认为可以采取哪些措施防止或减少“水的富营养化污染”？

(8)面对湖水被严重污染，有人建议：①建立拦污闸，对入湖污水预先进行治理；②将长江水引入冲洗，使死水变活；③恢复湖水荷花、菱、水葫芦的种植，用植物的净水作用，并将植物叶茎回收，经沼气池发酵产生沼气。从长远的观点看，你同意（填序号）________方案；不同意有关方案的理由是________________。

(9)如何使水资源得到保护和进行有偿使用呢？

六、教学反思

(1)本堂课与过去明显的不同在于：把单纯的教师传授式改为学生自学与讨论相结合，再加上艺术欣赏与表演，学生感到很新奇。课堂上所探讨的问题就在身边，更重要的是，不论课前、课中，都是学生唱主角，比给教师当听众要有趣得多，整堂课上，师生之间、同学之间配合得很好，课堂气氛十分活跃、和谐、轻松。

(2)需要完善之处是，还可以多让学生走出课堂，如参观水厂了解水厂收费情况，了解学生每个月的用水情况，了解中山市水的污染问题和岐江河改造工程以及一些矿泉水的水源等，使学生们更关心水、爱惜水、保护水。

七、点评与分析

1. 教学目标

本课以学生为主体，采用小组探究学习的方式。本课充分体现了新课改的理念，教师注重调动学生的积极性，采取分组讨论，合作学习，引导学生自主学习，学生活动面大。

2. 教学过程

整节课围绕水资源开展教学活动，条理清楚、层次分明，教学活动形式多样，整个课堂教学有序、丰富多彩，使学生从始至终保持很好的注意力和兴奋度，学习效果好。

3. 教学方法

教师引导学生阅读教材，带着问题分组学习，然后请小组代表上台演示，这样的机会是难能可贵的，在我们平时教学中有些教师往往为了节省时间就忽略了这一环节，殊不知这样的同伴教育比我们教师教学更来得直接明显。教师抓住了这样一个让学生暴露问题和纠正错误的机会，来更好地引导和激发学生学习的兴趣。

八、参考资料

教育部基础教育课程教材专家工作委员会. 2012. 义务教育化学课程标准（2011 年版）解读. 北京：高等教育出版社.

化学课程教材研发中心. 2012. 义务教育教科书化学九年级下册教师教学用书. 北京：人民教育出版社.

点评专家：刘继和　沈阳师范大学教师发展专业学院教授，硕导

课题2　水的净化

一、基本信息

课题	水的净化				
授课学校	朝阳县二十家子实验中学	授课年级	九年级	授课班级	九年四班
授课时间	2012.10.21	课　型	新授实验课	课　时	1
姓名	国淑丽	毕业学校及专业	沈阳师范大学化学专业		
年龄	39	最高学历	本科		
职称	中学高级	教龄	13年		
最高荣誉	—	最高奖励	—		

二、对本节课的基本认识与理解

本节课的性质、在教材中地位与作用	《水的净化》选自人教版九年级化学第四单元自然界的水课题2。水是学习了空气、氧气之后，学习的另一种生活中离不开的物质。本课题以水为载体围绕水的净化问题，将吸附、沉淀、过滤和蒸馏等净化水的方法有序地串起来，前半部分介绍含不溶性杂质水的净化方法，后半部分以硬水软化为例介绍可溶解性杂质水的净化方法。其中过滤和蒸馏是初中化学中重要的实验操作技能，也是本课题重点学习的内容。过滤操作又为第十一单元的粗盐提纯打下了基础，因此教材起到了承上启下的作用	
学情分析	本课内容与生活密切相关，学生的学习热情很高，尽管讲解难度不大，但学生要真正理解和掌握本课题内容，动手实验便起决定性的作用，所以引导学生积极正确地进行实验操作与探究，便成了本课题教学的重点	
教学目标	知识与技能	(1)了解纯水与自然水、硬水和软水的区别。 (2)学习并练习沉淀、过滤、吸附和蒸馏等净水的方法
	过程与方法	(1)通过小组内各成员的分工合作，运用观察、实验、讨论等方法了解水净化的几种方法。 (2)学习运用比较、归纳、总结等方法对所获取信息进行加工
	情感态度与价值观	感受化学对改善个人生活的积极作用，发展善于合作、勤于思考、敢于实践的精神，增加饮水卫生和珍惜水资源的意识。激发学生学习化学的兴趣
教学重难点	重点	纯水与自然水、硬水和软水的区别；沉淀、过滤、吸附和蒸馏等净水的方法
	难点	过滤的操作方法，学生动手实验能力的培养
教学资源与教学手段	仪器、药品	铁架台、烧杯、漏斗、玻璃棒、滤纸、剪刀、酒精灯、火柴、石棉网、导气管、试管、锥形瓶、胶塞、明矾、河水、水等
	其他资源	学案
	创设问题情景→实验探究→得出结论→联系实际→提出问题→实验探究→解决问题→发挥想象→提高兴趣	

三、教与学的过程设计

教学环节	教师活动	学生活动	设计宗旨与意图
创设情景，引出课题	今天很高兴能与大家一起来研究生活中的一些科学问题。 有关《鲁滨孙漂流记》的故事相信大家都已经很熟悉，俗话说："人可一日无餐，不可一日无水。"有没有想过他流落荒岛，只能从池塘中取得一些泥水？这些泥水可以饮用吗？他能否从中提取洁净的饮用水？这节课我们就来学习课题2水的净化	听教师讲解，思考	创设热烈的学习氛围，激发学生学习化学的热情，同时引入本课主题——水的净化
检查学生完成情况	问题： 前几天布置同学们对"居民生活用水是怎样得到的"进行调查。下面请同学们说说调查结果	汇报调查结果：居民生活用水是经过下列过程得到的：河水→明矾凝聚静置→过滤沉降物→活性炭吸附→漂白、消毒→生活用水	培养学生的社会活动能力和使其养成关注生活中化学现象的习惯
河水净化进入本课重点	讲述：其他城市的生活用水也是经对天然水净化处理得到的。 下面我们通过对河水的净化探究沉淀、过滤、吸附、蒸馏这几种净化方法	学生听、思考	进入本课的重点
加絮凝剂使杂质沉降	设疑：想把河水净化，需经过哪些处理？净化前先加絮凝剂，为什么	阅读教材、进行实验：向两个盛有河水的烧杯中加入明矾，和另一杯河水对比，观察现象，讨论加明矾的作用	培养学生用实验解决问题的学习方式，培养学生表达能力
重点进行过滤的操作	问题： (1)怎样把水中的沉降物除去？ (2)过滤时要注意什么问题？ 教师讲解演示后由学生动手完成。 巡堂指导	设计过滤装置，分工合作进行过滤操作。 根据实验成败，讨论、总结过滤实验需要注意的事项。（一贴、二低、三靠）	培养学生动手实验的能力，培养学生分析问题、解决问题的能力
	可以利用什么物品代替实验室中的滤纸和漏斗来过滤液体	思考、讨论、回答	使化学和生活紧密联系
	设疑： (1)比较未经处理的天然水和经过不同程度处理的水，有什么不同？ (2)沉淀、过滤这两种方法主要除去什么样的杂质	讨论、小结	培养学生比较分析能力和概括能力。 培养学生发散思维的能力
转入活性炭吸附性的教学	多媒体展示：活性炭净水器；介绍活性炭的吸附作用。 设疑：用活性炭进行过滤有什么优点	学生观看后会明白：吸附（除杂质、除异味、除色）	培养学生运用比较、归纳总结方法对所得信息加工的能力
净化水的消毒过程是不可少的	设问：现在我们得到的是自来水吗？缺少什么操作？ 设疑：常用于水的消毒方法有哪些？ 下面让我们看一下自来水厂净水过程的示意图！ 多媒体展示：自来水厂的净水过程	用简易水过滤器得到的天然水，没有消毒。 讨论回答。观看并思考	为学生提供认识和探索周围事物的素材和线索；使学生感受身边的化学

续表

教学环节	教师活动	学生活动	设计宗旨与意图
转入净化硬水和软水的教学（煮沸、蒸馏）	投影：阅读教材完成下列问题。 家中的水壶长时间烧水后，内壁有什么现象？ 什么样的水叫软水？ 什么样的水叫硬水？如何检验硬水和软水？使用硬水会给生活和生产带来哪些麻烦？怎样使硬水软化？ 水壶盖上的蒸馏水是经历了哪些过程得到的？ 实验：介绍实验室制取蒸馏水的装置原理及注意事项	学生带着问题阅读教材后小组抢答。 观察蒸馏水的制取实验	引出硬水和软水的概念。 培养学生阅读归纳的能力，教会学生利用简单的方法检验硬水和软水，激发学生的求知欲望
小结	指导学生对本节课进行小结和评价	小组对比讨论各自的失败和成功之处，做自我评价和小组互评。 交流总结本节课所学知识，提出尚存疑问，相互解答	促使学生取长补短，学会反思和自我评价。 渗透保护水资源和节约用水的意识，回顾本节课的内容，进行保护水资源和节约用水的教育
习题巩固	投影习题	学生完成	巩固新知，当堂消化
课后作业	收集一些资料，从卫生、健康角度对如何正确选择饮用水（自来水、矿泉水、纯净水、蒸馏水……）提出自己的看法	查阅资料，概括总结	把学习延伸到下节课

四、板书设计

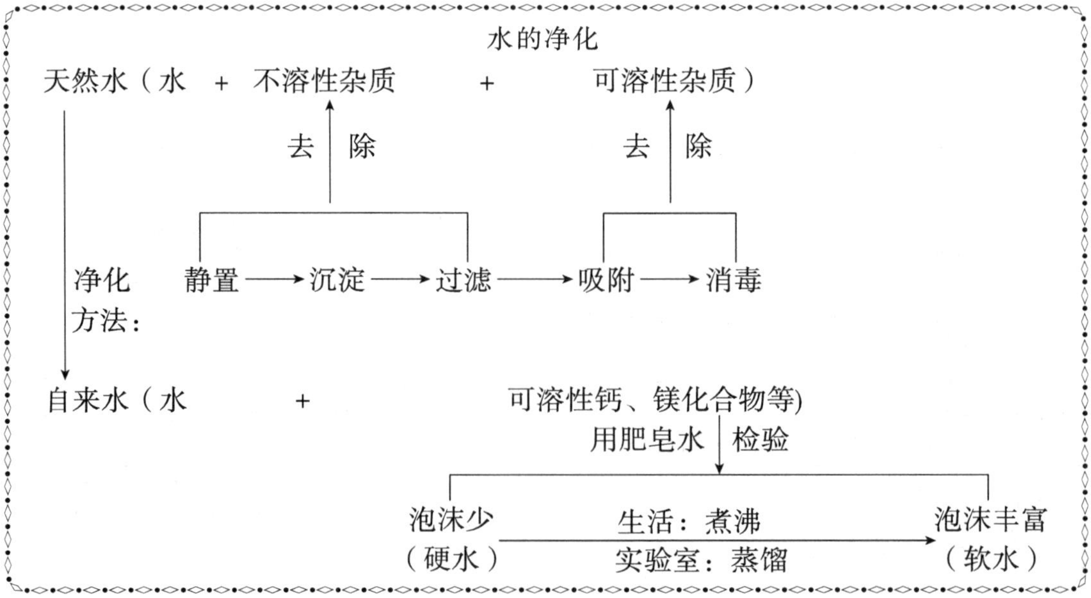

五、学案

水的净化学案

一、自主学习

根据课前预习以及教材内容，解决下列问题。(你能行!)

(1)纯水：无色、无味，清澈透明，属于________。

(2)天然水：含有许多________杂质和________杂质，常呈浑浊状，属于________。

(3)自来水厂净水过程：

天然水→加________→沉淀→________→________吸附→________→自来水。

(4)吸附。

①絮凝剂吸附：利用明矾溶于水生成的________将较小的悬浮颗粒吸附成较大的悬浮颗粒而沉降。

②活性炭吸附：能吸附水中________杂质和少量________杂质，除去________。

(5)①硬水：含有____________较多的水。

②软水：不含或含较少____________的水。

实验探究：

水的种类	实验现象
硬水	
软水	

(6)硬水的危害有哪些?

①和肥皂反应，降低洗涤效果。

②锅炉烧水时，易形成__________，妨碍热传导，严重时可能引起____________。

③饮用硬水，会影响人体健康。

(7)硬水软化的方法：①生活中，采用__________法。②实验室，采用____________法。

(8)①蒸馏原理：通过加热的方法使水变成水蒸气，然后冷凝成水。

②蒸馏实验(实验装置如下图所示)时应注意：

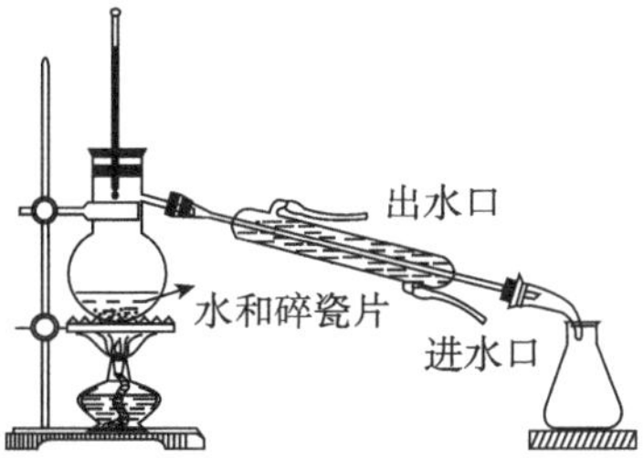

a. 烧瓶需垫____________。

b. 烧瓶中水的体积约为其容积的____________。

c. 烧瓶中加沸石的目的是________________。

d. 不能使液体剧烈沸腾以防______________。

e. 弃去开始馏出的部分液体。

二、合作学习

过滤，可用于分离__________与__________。

过滤的注意事项：

“一贴”①____。

“二低”②__________________________　③__________________________。

“三靠”④______________________　⑤________________　⑥______________过滤后滤纸上所得的物质是________，漏斗下端烧杯中的液体是________________。

问题讨论：

①为何有些同学得到的滤液不澄清？有哪些原因造成？

②要使滤液变澄清，怎么做？

三、拓展学习

根据下面水的净化方法、原理及作用，解释家中水从井中到可以饮用所经历各过程的作用。

	原理	作用
沉淀	静置，使不溶性杂质与水分层	除去不溶性杂质
过滤	把液体与不溶于液体的固体分离	除去不溶性杂质
吸附	利用活性炭的吸附作用把天然水中一些可溶性杂质和臭味物质吸附在表面	除去可溶性杂质和不溶性杂质
蒸馏	通过加热使硬水中的钙、镁化合物分解生成沉淀	硬水软化

四、我的收获

五、达标检测

(1)下列净化的操作,净化程度最高的是(　　)。

A. 静置　　B. 吸附　　C. 过滤　　D. 蒸馏

(2)下列方法中能够用来区别硬水和软水的是(　　)。

A. 观察颜色　　B. 加入明矾,搅拌　　C. 溶解食盐　　D. 加肥皂水搅拌

(3)下列物质适合用过滤方法分离的是(　　)。

A. 食盐和蔗糖的混合物　　B. 将粗盐(含泥沙)提纯

C. 酒精和水的混合物　　D. 植物油和水的混合物

(4)指出右图中的错误:

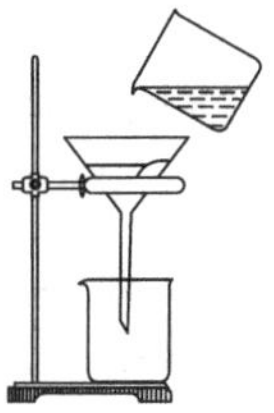

①______________________________;

②______________________________。

(5)实验探究:如何鉴别蒸馏水、食盐水?

①此过程中要用到哪些仪器?

②设计实验方案并完成下表。

	实验步骤	现象
蒸馏水		
食盐水		

六、教学反思

(1)从总体上看,本节课基本上达到了新课程标准要求的预期目标,即充分利用各种社会资源,挖掘教材,发展教材,根据本地、本校的实际情况,创造性地使用新教材,在人类文化背景下构建知识体系,使单调的化学实验基本操作教学富有启发性、探究性和人文精神意境,体现出其应有的实际应用价值,达到科学教育与人文教育相映生辉的效果,在实践中促进学生发展,课堂活而有序、活而有效。

(2)此外,在处理因课前无法预计学生的知识点的迁移方式和思维深度而暴露的问题时,能时刻关注并追随学生的思维活动,不断调整自己的思维活动,及时有目的地组织学生相互交流和讨论,巧妙诱导。点拨的方式也有一定的技巧性,既有利于培养学生交流与合作的能力,也有利于发展学生的评价能力,达到了师生互动、主动建构的目的。

(3)不足之处在于,课时延长了 3 分钟,原因是在探究时间控制上把握欠佳,讨论问题过细,花费时间较长。这说明什么时候探究、什么时候讨论、要探究多长时间、讨论什么问

题、讨论多长时间等，仍是需要调整、思考的问题。

七、点评与分析

1. 教学目标

贴近生活、联系社会实际、增加动手实践能力是学生的强烈希望和要求，也是学生适应现代生活和未来发展、提高科学素养和人文素养的需要。因此，教学时要充分发挥化学课程对培养学生人文精神的积极作用，注意从学生熟悉的身边现象入手，寻找新的视角和切入点，引导他们感受身边的化学物质和化学变化，增强学习的兴趣，发现问题、展开探究以获得新的知识和经验，加深对化学知识在生活实际中应用的认识，关注人类面临的与化学相关的社会问题，有意识地引导学生从多个角度对有关问题作出价值判断，培养学生的社会责任感、参与意识与决策能力。

2. 教学设计

把握已有经验是激发学生创新潜能、提高实践能力的重要前提。从教学过程与调查所见，科学探究能力的形成与发展是一个逐步提高、不断进步的过程。教学时立足于学生的学习基础、能力发展水平以及兴趣爱好和潜能，根据其形象思维、感性思维和经验型的逻辑思维为主的特点，设计必要的教学环节，让学生自我发现其原有认识中的不科学和片面的成分，主动构建抽象的概念和结论，理解化学、技术和社会的相互作用，提高学生的实践能力。

点评专家：刘继和　沈阳师范大学教师专业发展学院教授，硕导

课题3　水的组成

一、基本信息

课题	水的组成				
授课学校	辽宁省实验学校鲅鱼圈分校	授课年级	九年级	授课班级	九年一班
授课时间	2012.10.26	课　型	新授课	课　时	1
姓名	郭亮	毕业学校及专业	辽宁师范大学化学专业		
年龄	32	最高学历	本科		
职称	中学一级	教龄	10年		
最高荣誉	—	最高奖励	国家级论文一等奖		

二、对本节课的基本认识与理解

本节课的性质、在教材中地位与作用	第四单元《自然界的水》是课标规定的课程内容“身边的化学物质”的重要组成部分。课题3《水的组成》是在课题2《水的净化》的基础上，为培养学生的观察能力的教材。通过电解水实验的事实，得出水是由氢元素和氧元素组成的，通过实验和推导要给学生一个启示，物质的化学式的得出首先是实验事实，其次是通过严格的计算，不是凭空捏造的，从而深刻理解课文含义，使学生的各种能力得到发展。本节内容为正确书写化学式、化学方程式奠定了良好的基础	
学情分析	有利因素： (1)由于课前布置了学生查找“水”的奥秘资料，学生对于“水的组成”有了一定的了解。 (2)由于本课的内容——水，紧密联系学生日常生活，“水是由什么组成的”这一问题情境的引人会使他们的情绪和心理都处于兴奋、好奇状态，提高了学生学习探究的兴趣。 不利因素： (1)本节课的关键是做好实验，为了使学生对实验事实有正确的表象，一定要保证实验成功，否则必须重做。 (2)探讨化学变化的微观实质是本节教学乃至整个初中化学教学的难点	
教学目标	(1)了解水的物理性质，通过电解水的实验了解水是由氢、氧两种元素组成的，它的化学式为 H_2O。 (2)知道氢气的性质，了解单质和化合物的概念及区别。 (3)培养学生观察、讨论、分析、总结和运用知识等能力，提高学生对生活中化学现象的好奇心和探究欲	
教学重难点	重点	通过电解水的实验确定水的组成
	难点	对单质、化合物、氧化物概念的理解及判断
教学资源与教学手段	仪器、药品	直流电源、水电解器、电解用水、火柴、木条、酒精灯、小试管、投影仪、烧杯等。(学生30人，15组)
	演示文稿	PPT
	其他资源	学案、人教社教材配套光盘

三、教与学的过程设计

教学内容	教学环节与方法	教师活动	学生活动	设计宗旨与意图
引入：绚丽多彩水世界	创设情境导入新课	课题引入：歌曲欣赏 腾格尔的“天堂”：蓝蓝的天空，清清的湖水，绿绿的草原…… 过渡：我们都向往蓝蓝的天空，清清的湖水……你对水了解多少？ 追问：那么水是由什么组成的呢？这节课我们就来探究水的组成	学生欣赏歌曲，搜集信息，列举所掌握的有关水的知识，看谁答得快、答得多、答得对。 学生展示：(1)水的物理性质。无色无味液体，凝固点0℃，沸点100℃，4℃时密度 $1g/cm^3$。(2)水的用途。(3)人体内水约占体重的70%……	引起学生的注意，激发他们的求知欲

续表

教学内容	教学环节与方法	教师活动	学生活动	设计宗旨与意图
氢气的性质	观看视频	播放视频：火星车在火星上拍摄画面，及证明火星曾经有水的证据的报道。 提问：同学们看到这些资料和报道后对火星的第一印象是什么？	学生口答：不同学生的印象肯定不同，让他们自由想象，火星没有地球有生机……	
	讨论交流	追问：科学家为什么在火星上搜寻曾经有水的证据呢？ 过渡：不但现在的科学家研究水，而且早在古代，人们就对水产生了浓厚的兴趣，在很长一段时期内，水曾经被看做一种“元素”。下面同学们看屏幕，了解一下科学家们是如何研究水的组成的。（出示PPT）	学生口答：有水就有可能有生命存在过。 学生阅读：法国拉瓦锡让水蒸气通过一根烧红的枪管，得到“易燃空气”。得出结论：水不是一种元素，“易燃空气”正式命名为“生成水的元素”即氢。	
		教师讲解：由科学家的实验，我们可以看出，研究氢气的燃烧实验是认识水的组成的开始。日常生活中，同学们听说过或见过氢气吗？你知道氢气有哪些性质？下面同学们看教材，口答下列问题。 （1）氢气的物理性质是什么？ （2）氢气能燃烧吗？ （3）如何检验氢气的纯度？	学生口答：氢气的物理性质：没有颜色和气味且难溶于水的气体，密度比空气小。 氢气的化学性质：能燃烧，产生淡蓝色火焰。 氢气的验纯：用向下排空气法收集一试管氢气，用拇指堵住试管口，管口朝下，靠近酒精灯火焰，移开拇指点火，若发出尖锐爆鸣声则表明氢气不纯，若听到的声音很小，则氢气较纯。	
		教师点拨：同学讨论交流得非常好，对于氢气的性质及验纯讲解得非常全面，下面同学们看氢气的燃烧与验纯。 教师演示实验：（演示氢气燃烧并验纯的实验）然后讨论教材讨论题。	学生展示。 第1题：有新物质生成，发生了化学变化。 板书文字表达式： 氢气＋氧气 $\xrightarrow{点燃}$ 水 第2题：有水生成	教师演示实验，让学生了解氢气具有可燃性，并且学会从实验现象得出它是一种不同于水也不同于氧气的新的物质，意识到这可能发生了化学变化。
		讨论： （1）上述实验中有无新物质生成？发生了什么变化？写出反应的文字表达式。 （2）上述实验中是否有水滴生成		通过现象分析得出结论
水的组成	设计实验	过渡：通过刚才的实验我们验证了化学家们的结论。氢气在空气或氧气中燃烧生成了水。而拉瓦锡在前人探索的基础上通过一个相反实验，让水蒸气通过一根烧红的枪管，得到了“易燃空气”，从而得出了水是由氢元素和氧元素组成的结论。今天我们能否仿照科学家们的思路，重新探究揭秘水的组成呢？下面各小组讨论设计实验方案，然后展示	展示。 一组：根据科学家们的思想，想办法让水分解，产生的气体用带有刻度的仪器测量，根据分解后生成物的组成成分推出水的组成成分。 二组：展示时说出了教材中的实验设计思路。将水电解，通过检验生成物是氧气和氢气来推断水的组成	使学生体验讨论的过程，分享合作交流的快乐

续表

教学内容	教学环节与方法	教师活动	学生活动	设计宗旨与意图
水的组成	演示实验	过渡：同学们课前预习得很好，对教材中探究水的组成的实验有了初步了解，并且进行了深入的探讨。下面老师用水电解器演示这个实验，请同学们仔细观察实验现象，并思考下面几个问题。 (1)水电解器两极上分别得到什么气体？怎么检验？ (2)实验现象是什么？ (3)实验反应原理是什么？(分别写出文字表达式和符号表达式) (4)实验结论是什么？ (5)通过电解水实验，你能说出化学变化的微观实质吗 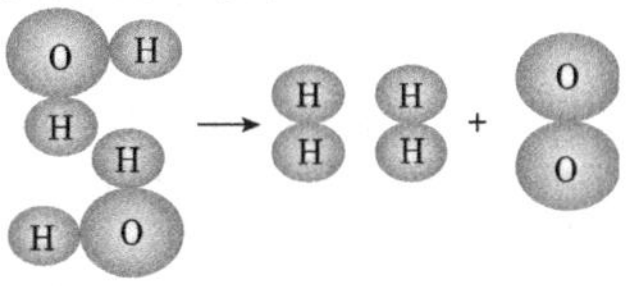	学生展示：分别由一至六组学生代表展示。 在黑板上板书文字表达式：水→氢气＋氧气。 水电解生成了氢气和氧气，氢气由氢元素组成，氧气由氧元素组成，所以水不是一种元素，而是由氢氧两种元素组成的。 分子分解成原子，原子重新组合成新的分子	体现了观察的重要性，引起了学生的有意注意，为接下来的实验探究做准备
	讨论实验	注意：学生实验时，教师板书，然后进行分析点拨。 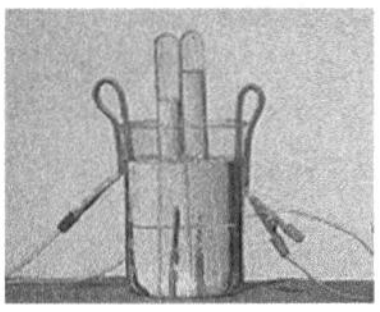 拓展应用：分析实验误差。 追问：电解水实验正氧负氢，氢二氧一，所以一段时间后产生氢气与氧气的体积比为 2∶1，但开始的时候往往大于 2∶1，你知道是什么原因吗(各小组讨论展示，其他小组补充)	学生分组实验：用干电池和导线自行组装成电解水的简单装置。 学生展示：氧气不易溶于水，而氢气难溶于水，开始时两种气体在水里有一定的溶解，溶解到水中的氧气比氢气多。 另一组补充：氧气化学性质比较活泼，可能是部分氧气与电极发生了反应	此装置简单实用，现象明显，便于学生进行分组实验并观察现象。 这样做的目的是为学生提供一个展示成果的舞台
单质、化合物、氧化物	总结应用知识提升	过渡：同学们总结得非常好，能灵活运用学过的知识点解决问题。上面三种物质(水、氢气、氧气)分别是纯净物还是混合物？从组成元素的种类上看有什么不同呢？下面同学们自己看教材，然后思考讨论下面问题。 问题 1：水、氢气、氧气分别是由一种物质组成的纯净物，水是由什么元素组成的？氢气是由什么元素组成的？氧气是由什么元素组成的？ 问题 2：现有 H_2、O_2、N_2、P、Fe、S、$KMnO_4$、$KClO_3$、CO_2、P_2O_5、Fe_3O_4。 (1)哪些物质由一种元素组成？ (2)哪些物质由两种或两种以上元素组成？ (3)哪些物质由两种元素组成，且一种是氧元素？ (4)你能总结单质、化合物、氧化物的定义吗(小组讨论)	学生口答：水是由氢、氧两种元素组成的，氢气是由氢元素组成的，氧气是由氧元素组成的。 学生口答： (1)由一种元素组成的是 H_2、O_2、N_2、P、Fe、S； (2)由两种或两种以上元素组成的是 $KMnO_4$、$KClO_3$、CO_2、P_2O_5、Fe_3O_4； (3)由两种元素组成，且一种是氧元素的是 CO_2、P_2O_5、Fe_3O_4。 学生回答：由同种元素组成的纯净物，叫做单质；由不同种元素组成的纯净物，叫做化合物；由两种元素组成的化合物，其中一种是氧元素，叫做氧化物	培养学生的分析能力、观察能力等，学会用对比的观点来学习新知

续表

教学内容	教学环节与方法	教师活动	学生活动	设计宗旨与意图
单质、化合物、氧化物	小组合作 课外拓展	教师强调：单质、化合物的定义是建立在纯净物的基础上； 注意(1)：由同种元素组成的物质不一定是单质，还可能是混合物。 注意(2)：由不同种元素组成的物质不一定是化合物，还可能是混合物。 注意(3)：氧化物是由两种元素组成的化合物，其中一种是氧元素。含氧化合物不一定是氧化物，氧化物必须由两种元素组成	学生听讲思考。举例：如氧气和臭氧都是由氧元素组成的，但氧气和臭氧混合在一起就是混合物。 如氢气、氧气的混合物	抓住学生“急于知道答案”的心理，努力营造一个比、学、赶、帮、超的学习氛围
总结本节课主要内容	动脑思考 巩固升华	课堂小结：你学到了哪些知识？ 请将黑板上的板书补充完整	学生动笔总结： (1)水的物理、化学性质。 (2)氢气的物理、化学性质。 (3)电解水实验的现象和结论。 (4)电解水实验的反应原理。 (5)单质、化合物的定义	使知识形成脉络，让学生巩固知识
课堂练习	一、选择题 (1)下面关于水的组成的叙述中，正确的是(　　)。 (A)水由氢气和氧气组成　　(B)水由氢分子和氧原子组成 (C)水是由水分子组成的　　(D)水是由水元素组成的 (2)关于水的电解的叙述正确的是(　　)。 (A)物理变化　　(B)化学变化 (C)物理性质的表现　　(D)产生的氧气体积较大 (3)能使带火星的木条复燃的气体是(　　)。 (A)氢气 (B)电解水实验中，与电源正极相连的电极上产生的气体 (C)空气 (D)电解水实验中，与电源负极相连的电极上产生的气体 (4)氢气在氧气或空气中燃烧，在产生水的同时还产生大量的热，所以(　　)。 (A)水中含有氢气　　(B)水中含有氢和氧元素 (C)水中含有氧气　　(D)该变化是物理变化 (5)关于水的下列四个变化中，要吸热的一组是(　　)。 ①固体熔化　②液体汽化　③气体液化　④液体凝固 (A)①②③④　　(B)①②　　(C)②③　　(D)①④ 二、填空题 (1)在通常状况下，纯净的水是______，在一标准大气压下，水的凝固点为______，沸点为______，在______，水的密度最大为______。 (2)电解水时正极上汇集的气体能______，证明是______；负极上汇集的气体能______，证明是______，其体积比为______，质量比为______。为了增强水的导电性，可加入少量______或______，这个实验证明水是由______组成的，同时也验证了分子与原子的主要区别是______。 (3)从原子、分子的观点来分析，水电解的实质是____________。 三、简答题 (1)冬天露在地上的自来水管要用保温材料裹住，请运用水的物理性质和有关知识加以解释。 (2)怎样鉴别电解水所产生的氢气和氧气？试描述鉴别时的操作过程和实验现象			
课后作业	(1)各写出10种生活中常见的单质和化合物。 (2)请你用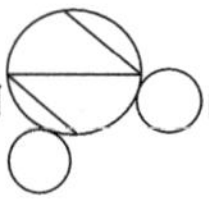的形式，表示出水变成冰与水分解成氢气和氧气的过程			

四、板书设计

水的组成

水：
- 物理性质
- 化学性质

氢气：
- 物理性质
- 化学性质

水电解实验
- 现象
- 结论

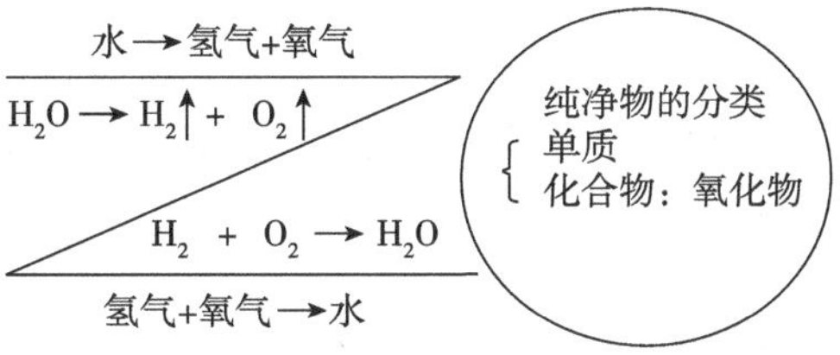

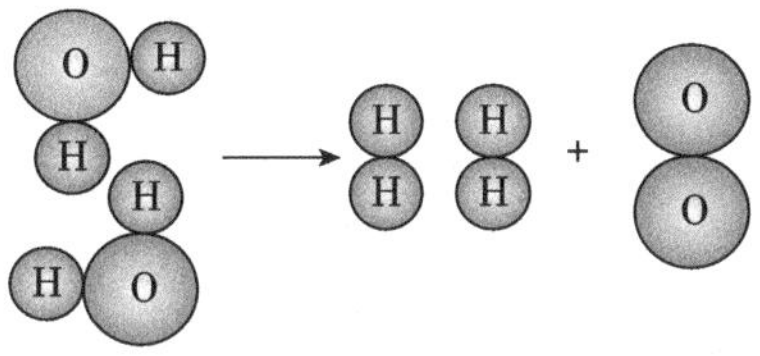

五、学案

水的组成学案

学生姓名________　年级________　班级________

一、精讲点拨(答疑解惑)

(一)氢气的性质

1. 物理性质

通常情况下，氢气是一种________色________气味的气体，密度比空气________，________溶于水的气体。

2. 化学性质

(1)点燃不纯的氢气会产生________，点燃氢气前必须要________。检验其纯度的方法是收集一小试管氢气，用拇指堵住管口，管口向下，移近火焰点火，若听到________，表明氢气不纯，要重新收集再检验，若听到________，表明氢气较纯。

(2)纯净的氢气在空气燃烧发出________色火焰，放出________，罩上干冷的烧杯，烧杯壁有________生成，写出其化学反应式________________________________。

(二)水的电解实验

(1)水的导电性________，为了________________________，需要在水中加入少量的稀硫酸或氢氧化钠。

(2)接通直流电源一段时间后，正负两极的试管中所收集的气体的体积比约为________________。

(3)用带火星的木条检验与电源正极相连的试管 1 内的无色气体，木条________，证明是________；点燃与电源负极相连的试管 2 内的无色气体，火焰呈__________，证明是__________。

(4)电解水的文字表达式______________________________，实验结论______________________________。

思考与讨论：

(1)由电解水的实验得到结论：水是由氢气和氧气组成的，这种理解对吗？

(2)水通电分解产生的氢气与氧气的体积比为 2∶1，但实验中氢气的体积往往大于氧气体积的 2 倍，为什么？

(三)物质的简单分类

物质：
- ____________(________种物质)
- 纯净物(________种物质)
  - 单质(由________种元素组成)
  - 化合物(由________种元素组成)

二、我的收获(盘点收获)

(1)本节课学习了哪些知识？

(2)本节课我们学到了什么方法？

六、教学反思

(1)引入。基于 STS 观念，注重情境的真实性。歌曲欣赏：腾格尔的“天堂”：自然地将学生的思维引导到水的问题上来，用设问的方式引入本课课题。

(2)充实。注意激发学生学习的积极性。围绕着“水的组成”这条教学主线，脉络清晰，通过学生实验和科学探究突出了重点，强化和落实了学生的实验操作技能。

(3)深入。很好地落实了体验性学习目标，教师演示了“氢气的燃烧和验纯”和“电解水实验”，为接下来学生做实验，做足了理论和实践的准备。

(4)明晰。纵观课堂教学全过程，还有一个环节特别需要关注，就是学生在做完实验后，都希望发表自己的观点，所以我设计了这样的教学情景：电解水实验正氧负氢，氢二氧一，所以一段时间后产生氢气与氧气的体积比为 2∶1，但开始的时候往往大于 2∶1，你知道是什么原因吗？这个问题的讨论，帮助了学生巩固旧知识、收获新知识，大大提高了学习效率。

(5)不足之处。对实验现象的分析是学生普遍存在的一个薄弱环节,因此要加强培养学生在这方面的能力,实验的结论不能直接、牵强地告诉学生,而是要引导他们自己根据实验的现象去分析总结。在电解水实验的探究活动中,应该用提示性的语言,引导学生从哪些方面观察,重点观察什么。

七、点评与分析

1. 教学目标

很好地体现了新课程的三维目标,转变了传统的教学模式,体现了以学生为主体、教师为主导的教学原则,使化学与日常生活密切联系,体现了"从生活走向化学,从化学走向社会"的教学理念。

2. 教学方法

教师组织学生学习活动、检查学习效果等环节环环相扣,以知识为载体,由感性到理性再到实际应用,在学习知识的同时,有效地培养了学生的思维能力、分析能力、综合能力,并让学生把学到的知识融入到自己已有的知识结构中。学生通过导学案、观看录像、讨论、交流、分析、动手实验、记录、回答等一系列活动,能主动参与学习,感受知识获得的过程,从而达到对知识更深层的理解和掌握,让知识"内化",培养了学生观察能力、动手操作能力、语言表达能力、分析问题能力、解决问题能力,有利于学生全面发展。

3. 教学亮点

在课堂上设计了多种教师引导学生活动的方法,是本节教学设计的亮点。特别是改进了演示实验,通过对比和视觉上冲击,比较了氢气和氧气化学性质的不同,很好地突破了本节课的难点,是本节课设计的创新之处。

4. 教学建议

可进行分层作业,培养学生的创新能力。在最后强调化学变化的微观实质,这是本节教学乃至整个初中化学教学的难点。

八、参考资料

教育部基础教育课程教材专家工作委员会. 2012. 义务教育化学课程标准(2011 年版)解读. 北京:高等教育出版社.

化学课程教材研发中心. 2012. 义务教育教科书化学九年级下册教师教学用书. 北京:人民教育出版社.

点评专家:刘继和　沈阳师范大学教师专业发展学院教授,硕导

课题 4 化学式与化合价

一、基本信息

课题	化学式与化合价				
授课学校	大连市第 21 中学	授课年级	九年级	授课班级	九年八班
授课时间	2012.10.28	课　型	新授概念原理课	课　时	1
姓名	孙润	毕业学校及专业	大连大学化学专业		
年龄	38	最高学历	本科		
职称	中学一级	教龄	13 年		
最高荣誉	区骨干	最高奖励	省一等奖		

二、对本节课的基本认识与理解

本节课的性质、在教材中地位与作用	性质:本块知识是课程标准中一级主题物质构成奥秘部分中的“物质组成的表示”教学的重要组成部分,属于化学用语教学,这部分知识是对化学元素符号知识的补充和完善,对化学方程式知识起铺垫的作用。 地位:本节课是人教版《化学》九年级上册第 4 章第 4 节第一课时的内容,属于化学用语部分的教学,化学用语是学习化学的重要工具。 作用:本课时涉及的内容有化学式、化合价,这些内容是学习化学的重要工具,是今后化学学习的必备基础	
学情分析	有利因素:通过教材第 3 章的学习,学生能根据学习中涉及的化学物质,逐步记住一些物质的化学式,在教材第 4 章本课时前已专题学习了元素符号知识,对物质的组成、结构、分类有了初步的知识,此外,通过前面章节的学习,学生已具备了一定的观察、分析、概括能力。学生具有这样的知识基础和能力水平,要完成本课时的学习目标是完全可以实现的。 不利因素:书写化学式具有操作技能的属性,容易造成学习困难,由于尚未涉及化合价等知识,有关化学式的读、写,在学生的意识里形成只能靠“背”,而缺少联想记忆的因素,把化学式作为第二门外语,具有畏难情绪。因此,教师要密切关注学生的参与程度,循循善诱,多留给一些思考问题和熟练技能的机会,同时,常见元素和原子团化合价及化合价规律的掌握不可能一蹴而就,还应在后续实践应用中达到熟练	
教学目标	知识与技能	(1) 理解化学式的含义,知道物质的组成与化学式的关系。 (2)通过观察和思考物质组成、化学式、化合价之间的关系,认识化合价的作用,记住一些常见元素和根的化合价,并初步形成能依据物质组成和结构书写常见物质的化学式的能力
	过程与方法	(1)通过图、表的观察,让学生学会对所学的知识进行整理归纳,并初步形成应用,形成从现象到本质、从感性到理性的认识方法。 (2)通过交流、活动探究,培养学生利用所学的知识解决实际问题的能力。 (3) 初步形成对事物进行抽象的能力
	情感态度价值观	(1)通过学习化学式是物质组成的真实反映,养成尊重客观实际,认真、严谨的科学态度。 (2)通过交流讨论、活动探究,发展学生善于合作、勤于思考、勇于实践的精神。 (3)让学生在发现、实践的过程中获得成功体验,建立自信,激发学习热情

续表

教学重难点	重点	(1)化学式的书写是化学启蒙阶段的重要内容。 (2)记忆常见元素化合价和知道书写化学式方法。 (3)创设活跃的课堂气氛，调动学生积极参与学习
	难点	认识化合价
教学资源与教学手段	教学用具	雪花片、卡片
	演示文稿	PPT(内容为不同时期水分子的符号、分子结构示意图、相关练习题)
	其他资源	用多媒体、分子模型、讨论、归纳法、讲解法等教学方法，让学生通过观察—思考—讨论，建立“宏观实物—微观模型—化学符号”相关联的思维

三、教与学的过程设计

教学内容	教学环节与方法	教师活动	学生活动	设计宗旨与意图
展示 H_2O 的化学式	导入新课： 展示图片古希腊、炼金术、道尔顿的水符号 	请同学们发挥一下想象力，猜一猜不同时期，这些符号表示哪一种物质？展示 H_2O 的化学式，相对于前三种表示方法，这种表示有什么优点？ H_2O 是水的化学式，今天我们就共同学习《4.4 化学式与化合价》。请同学们带上你丰富的想象力和参与的热情开始我们的探究之旅	观看图片，学生思考回答：简单、通用、便于交流等	通过不同时期水的图形符号与水化学式的对比展示，让学生产生直觉、顿悟，通过看事情想问题的意识的培养，来实现“宏观实物-微观模型-化学符号”相互联系的思维形成
化学式	简介化学式的由来	简介化学式的建立史，你能根据分子模型说出这些物质的化学式吗	倾听思考	让学生体会到化学式是应清晰准确表达物质的需要而诞生的
	探究 1 化学式的定义 PPT1 展示 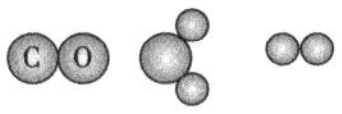	请观察这些模型，思考化学式是由什么表示出来的？什么是化学式？ 强调：化学式表示的是纯净物的组成。它经过精密实验测定得出。一种物质只有一个化学式	回答化学式。 学生探究化学式的定义	从学生熟悉的物质入手，给学生提供丰富、直观的形象记忆，利用微粒模型增强学生对微观结构的空间想象力，给学生提供充足的感性认识和知识支撑
	探究 2：化学式中数字的含义 (1)组合二氧化碳分子模型。 (2)组合氯化氢分子模型。 (3)展示多个分子模型 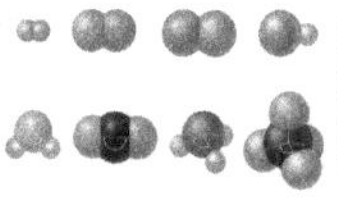	请拿出你的雪花片，根据提示组合下列分子模型。 设问：你能根据分子模型，说出 1～3 号模型代表的物质的化学式吗？ 请思考化学式中的数字表示什么？ 在书写单质物质时，根据分子模型可以准确写出化学式。在书写单质物质时，根据分子模型可以准确写出化学式。但在化合物化学式的书写时，无法根据模型确定元素符号的顺序，又该怎样书写呢？有没有更简单、更直观确定化学式中数字的方法呢	学生活动：根据要求用雪花片组合分子模型，思考并说明组合的理由。 回答：H_2、O_2、Cl_2，说明确定的理由，并总结单质化学式书写特点。 思考回答：一个分子中的原子个数。 回答：CO_2 或 O_2C	通过组合分子模型让学生建立微观粒子和符号的关联。 该活动设计使学生思维从动作开始，并在接下来的问题讨论中，将宏观-微观-符号的三重表征思维得以建立并发展。 通过讨论和交流，感受化学式的组成符号和数字的含义

续表

教学内容	教学环节与方法	教师活动	学生活动	设计宗旨与意图
	探究 3:化合价 (1)什么是化合价。 (2)化合价的特点及书写规律。 练习：H_2O、MgO、Al_2O_3、K_2O、Na_2O	请大家阅读教材第 84 页化合价相关内容。 思考化学式书写需要哪些信息？什么是化合价？ 练习：H_2O、MgO、Al_2O_3、K_2O、Na_2O。学生根据第 85 页化合价表格标注化合价，并找出书写规律。 教师指导分析：化学式的定义。①元素，②书写顺序，③数字，即各原子间的个数比。 小结：确定二氧化碳和氯化氢的化学式。化合价解决的就是化学式中的数字，确定书写的顺序，是书写化学式的工具	学生阅读，根据理解划出有价值又有疑问的地方。 交流讨论。 学生练习。 思考回答元素化合价。 学生发现、总结规律	化学式的定义呈现了元素符号与化学式的逻辑关系，教师点拨在对逻辑关系的剖析中形成书写化学式的思维：先确定物质组成的元素，元素符号书写的顺序（点拨到原子之间不但有结合关系而且有位置关系），然后应用简约原则表示出各元素的原子个数比。点拨如何正确读出化学式
化合价	强化练习：$NaCl$、$MgCl_2$、$AlCl_3$、H_2O、HCl、H_2S	请用刚才的规律检验一下，这些化学式书写的对吗	小组讨论	巩固联系，学以致用
	探究 4：根据化合价确定化学式 $Cu(+2)$、$Na(+1)$、$Ca(+2)$、$OH(-1)$、$SO_4(-2)$、$O(-2)$。 巩固练习： 高锰酸钾、锰酸钾	教师点拨——含有原子团的化学式书写。 化学式的书写。 化学式的读法。 设问：在学习氧气制取时，高锰酸钾和锰酸钾这两种物质的化学式大家总容易弄混。你能利用今天的知识，来解释一下这两种物质名称的由来吗	小组活动：根据化合价可以确定的化学式有哪些？ 小组展示。 小组互评，说明原因。 小组讨论。 学生讲解、点评	适时点拨，引导符号思维的形成。 用所学知识解释新问题
课堂小结	通过今天的学习，我们发现了宏观物质组成与微观分子结构之间有一条联系的桥梁——化学式。它用元素符号和数字将宏观和微观有机的联系在一起。用自己的简约之美，凭着通用科学的特性，一直活跃在历史的舞台上，散发着它独特的魅力。相信各位同学也会有很多认识			
课后作业	教材书后习题 1、3、4、5			

四、板书设计

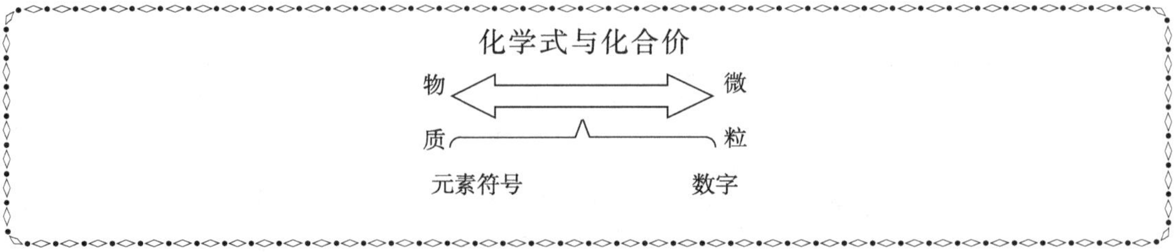

五、学案

化学式与化合价学案

一、课前预习

(1)在 H_2O、H_2、O_2、H、O、H^+ 中属于分子的是______________，属于原子的是__________，属于离子的是______________。

(2)在 H_2O、CO_2、$CaCO_3$、Fe_3O_4、空气、Al、O_2 中属于单质的是______________，属于化合物的是______________，属于氧化物的是__________。

二、课堂探究

1. 化学式

(1)化学式是用__________和__________的组合表示物质组成的式子。

(2) 每种纯净物的组成是________，所以表示每种物质组成的化学式只有________个。

(3)写出下列化学式中数字 2 表示的意义：

CO_2 ______________________________

2H ______________________________

(4)怎样书写单质的化学式？

2. 化合价

学生自读教材第 84 页化合价，完成下列问题：

(1)形成化合物的元素有固定的________，化学上用________来表示原子之间相互化合的数目。

(2)化合价有____价和____价，在化合物中氧元素通常显________价，氢元素通常显________价，金属元素跟非金属元素化合时，金属元素显________价，非金属元素显________价。

(3) 在化合物中正、负化合价的代数和为________，在单质里，元素的化合价为________。

三、课堂反馈

(1)下列关于化合价的说法正确的是(　　)。

A. 化合物中，氧元素通常显－2 价　　B. 化合物中，非金属元素一定显负价

C. 氢气中氢元素的化合价为＋1 价　　D. 一种元素只有一种化合价

(2)下列含硫物质中，硫元素的化合价为＋4 价的是(　　)。

A. S　　B. H_2S　　C. H_2SO_3　　D. H_2SO_4

六、教学反思

(1)怎样使化学用语教学成为灵动的课堂？这取决于在教学中是选择简单地传授知识，还是教给学生借助自己已有的知识去获取新知识的能力。是为学生提供视觉和听觉的盛宴

(看黑板上大量的板书和听教师详细的讲解),还是为学生提供思维的盛宴(为学生提供积极思维的机会,引导学生充分活动起来)?观念决定行动,有什么样的化学观念就有什么样的教学行为。

(2)在化学用语教学中我们若能以“宏观物质-微观模型-化学符号”三重表征的思想方法指导教学,以宏观实物、微观模型为抓手,用物质的微粒观为引导,让学生学习“看得见”的化学,在活动中学习,在尝试中发现,学生体会到的将不再是学习枯燥和疲倦,而是一种探究中的乐趣和灵动。

七、点评与分析

1. 教学方法

交流讨论是学生学习最重要的也是最佳的方式之一。尽管讨论使得课堂不再那么安静,但它确实应该成为课堂的正常秩序。知识是观念的载体,在交流讨论中如何让学生通过学习知识形成观念,关键是把知识的学习由记诵转变为发现。

2. 教学手段

在课堂上,教师积极运用实物、模型等直观教具和多媒体增强学生的感性认识。从宏观和微观相联系的视角,教师通过学生熟悉的物质展示实物图片,给学生提供丰富、直观的形象记忆,利用微粒模型增强学生对微观结构的空间想象力,给学生提供充足的感性认识和知识支撑。利用实物图片、分子模型引导学生进行抽象思维,建立起宏观、微观和符号间的内在联系。

3. 教学过程

本课在教学上难度较大,教师不易讲,学生难理解,但本课的教学策略新颖独到,能使学生在紧张、热烈的气氛中轻松和愉快地结束了课堂教学。这节课从一开始就创设了一个最佳的学习氛围,教师设计的每一个过程,每一步都让学生全员参与,学生主动探究、合作学习,体现了学生的自主意识。

八、参考资料

化学课程教材研发中心.2012.义务教育教科书化学九年级下册教师教学用书.北京:人民教育出版社.

点评专家:刘继和　沈阳师范大学教师专业发展学院教授,硕导

第五单元　化学方程式

课题1　质量守恒定律(1)

一、基本信息

课题	质量守恒定律				
授课学校	铁岭市新城区实验中学	授课年级	九年级	授课班级	九年二班
授课时间	2011.10.21	课　型	新授课	课　时	1
姓名	张艳丽	毕业学校及专业	沈阳师范大学化学专业		
年龄	43	最高学历	本科		
职称	中学高级	教龄	17年		
最高荣誉	辽宁省优秀教师	最高奖励	国家优质课一等奖		

二、对本节课的基本理解和认识

本节课的性质、在教材中地位与作用	性质:能提供给学生未来发展所需要的最基础的化学知识和技能,培养学生运用化学知识和科学方法分析、解决简单问题的能力。 地位与作用:质量守恒定律是初中化学的一个重要化学规律,是化学定量研究的基础。它的应用贯穿于整个中学化学。本节教材在初中化学里有着承上启下的作用。在此之前,学生学习了元素符号、化学式、分子和原子的初步知识,对化学反应中物质发生了质的变化已经有了一定的认识。本节课的教学将引领学生对化学反应的认识开始了从"质"到"量"的过渡,也为之后化学方程式的书写和计算的教学构建了理论铺垫,所以本课内容不仅是本单元的一个重点,也是整个中学化学的重点之一	
学情分析	有利因素:学生经过前面内容的学习,对物质的构成微粒,化学式和化合物中元素质量分数的计算有一定的认识,对燃烧的现象有了一定了解,初步掌握了一些简单的化学反应。这对学习本节有较好的基础,有助于本节的理解。初步掌握了简单的化学实验基本操作技能。 不利因素:本节比较系统地开展质量守恒定律的探究性学习,学生首次接触探究学习,没有明确的思路,有些学生还对前面物质的构成微粒缺乏确切的理解,这给突破质量守恒定律的微观解释这一难点带来一定的困难。学生受年龄特征及基础知识限制,实验操作技能不高,观察、分析能力不强,语言表达、归纳概括能力较低,这给教学带来了不利影响,增加了教学难度	
教学目标	(1)通过实验,学生应理解质量守恒定律的含义及原因,能应用它解释一些简单的实验事实。 (2)能用微粒的观点说明质量守恒的本质原因。 (3)积极与小组同学合作完成简单的化学实验,并在实验中认真观察实验现象,和同学做好实验现象的分析。 (4)交流质量守恒定律发现的史实,学习科学家不畏艰辛、执著追求的精神	
教学重难点	重点	通过实验探究质量守恒定律
	难点	从微观角度解释质量守恒定律

续表

教学资源与教学手段	仪器、药品	仪器：烧杯、火柴、电子秤、锥形瓶、小试管、带玻璃管的橡皮塞、小气球、酒精灯等。 药品：稀盐酸、碳酸钠粉末、铁钉、硫酸铜溶液、红磷等
	演示文稿	PPT、动画（电解水的微观动画）
	其他资源	学案

三、教与学的过程设计

教学内容	教学环节与方法	教师活动	学生活动	设计宗旨与意图
两位化学家的争论	出示问题： “两位化学家的争论”（见学案）	你同意哪位科学家的观点	阅读文字后回答问题	创设问题情境，提高学生的兴趣，激起学生的求知欲
质量守恒定律	实验探究质量守恒定律。 演示实验：红磷燃烧前后质量的探究。	演示实验。 组织学生观察、描述实验现象并记录相关数据。 	观察实验，记录实验现象和数据。	为后面的学生分组实验做示范，让学生对实验步骤等有一个清晰的认识。
	学生实验：硫酸铜溶液与铁钉反应。	指导学生实验。 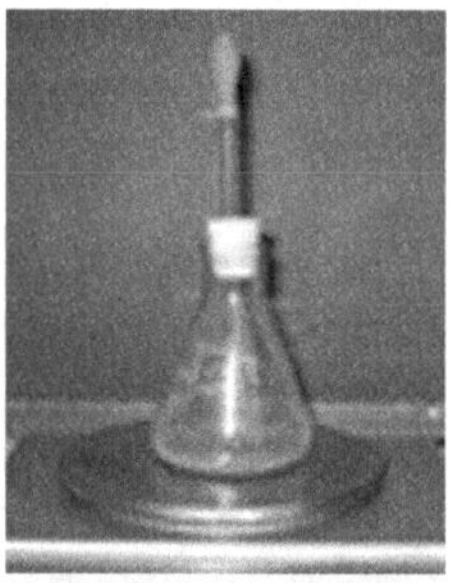 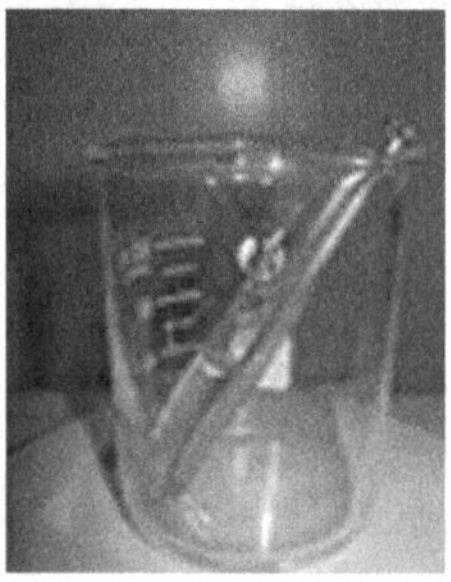	分组动手实验，记录实验现象和数据。小组学生代表描述实验现象，比较反应前后物质总质量的关系。	通过学生提出猜想→设计实验→观察现象→分析讨论→得出结论，提高学生动手能力，培养学生科学探究及相互合作意识。进一步证明“化学反应前后总质量不变”。
		引导学生分析反应前后物质的质量关系，归纳概括质量守恒定律。 分析质量守恒定律的定义要点	分析实验结果，得出定义。 观察思考。 回答问题。 得出关键词语“参加”“生成”	学生经过思考，对宏观的质量相等进行深入的分析，层层剥离，步步推进，使学生自主发现得出质量守恒定律

续表

教学内容	教学环节与方法	教师活动	学生活动	设计宗旨与意图
从微观角度解释质量守恒定律	PPT： 播放电解水实验的微观动画	教师演示“水电解”等有关“化学变化中分子被破坏，原子重新组合成其他物质的分子”的动画课件，并引导学生分析动画	观察演示课件，讨论、总结，得出结论	通过播放动画，引导学生分析，使学生思维从宏观到微观、从现象到本质，有质的飞跃
对验证质量守恒定律装置的探究	学生实验：盐酸与碳酸钠粉末反应。	指导学生实验分析得出在探究质量守恒的实验时，若化学反应过程中有气体参加或有气体生成，一定要保证反应装置是密闭的。	分组实验、交流实验现象、分析交流天平不平衡的原因，从而进一步理解质量守恒定律。	创设学生的认知冲突，把学生的认识引向深化，激起学生更强烈的求知欲。 让学生亲自分析实验现象，得出结论。由个体到一般，加深对质量定律的理解。
	展示：“两位化学家的争论”及质量守恒定律的发现史	组织学生小组分析、讨论	学生分析两位科学家实验成功与失败的原因	通过质量守恒定律发现的史实，学习科学家不畏艰辛、执著追求的精神
课堂练习	见学案，大屏幕出示答案			
课堂小结	通过本节课的参与，学得快乐吗？ 你有哪些收获？你获得了哪些知识？ 认识上有什么提高？ 能力上有什么长进？ 把你的认识和体会与大家共享			
课后作业	见学案			

四、板书设计

质量守恒定律

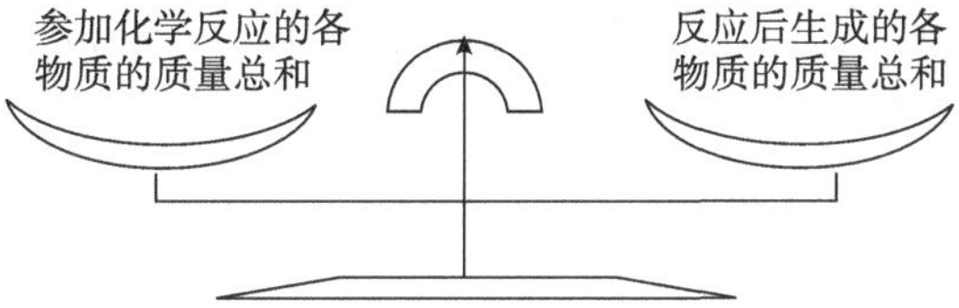

原子种类、原子数目、原子质量没有改变

五、学案

质量守恒定律学案

一、课前热身

(1)请从微观的角度描述水通电生成氢气和氧气的变化过程。

(2)请阅读下段文字，并说出你的观点。

两位化学家的争论：

1673 年，英国化学家波义耳在敞口容器中加热金属，结果发现反应后质量增加了，因此他认为化学反应前后物质总质量不相等。

1777 年，法国化学家拉瓦锡在密闭容器中研究氧化汞的分解和合成时，却发现化学反应前后各物质的总质量相等。

我同意________的观点。

二、学习过程

1. 知识点一：质量守恒定律

(1)活动与探究。

演示实验一：红磷燃烧前后质量的探究

请认真观察老师的演示实验，小组成员一起完成下列问题：

描述锥形瓶中观察到的现象________，玻璃管上小气球的变化情况是__________，反应前、后装置的质量变化情况是________，锥形瓶内装少量细沙的原因是________________。

学生实验二：铁与硫酸铜溶液的反应

请仔细阅读教材第 93 页活动与探究中的方案二，并按照方案二的要求以小组为单位快速进行实验，记录实验所观察到的现象(温馨提示：小组成员要做好分工)________，反应前盛有硫酸铜溶液的烧杯与铁钉的质量 m_1 是________、反应后盛有铁钉与硫酸铜溶液的烧杯的质量 m_2 是________。

课堂笔记：反应的符号表示式是________________________________

(2)讨论与交流。

小组成员组内讨论并将结果全班交流。

实验一：反应前称量的物质有____________________；反应后称量的物质有________________；没参加反应的物质去掉后我发现____。

实验二：反应前称量的物质有____________________；反应后称量的物质有__________________，没参加反应的物质去掉后我发现____。

分析两个实验得出的实验结论是__________；质量守恒定律的内容是____________。

学法指导：①定律的适用范围是化学变化而不是物理变化。

②运用质量守恒定律时一定要认清反应物和生成物的种类。

③定律揭示的是质量守恒而不是其他方面的守恒。

④没有参加反应的物质的质量和非反应生成的物质的质量不能计入“总和”中。

2. 知识点二:从微观角度解释质量守恒定律

通过电解水的微观变化过程,你有什么发现?能从微观角度解释质量守恒定律吗?那就试试吧!(请以两个水分子为例)(组内交流后,全班交流)

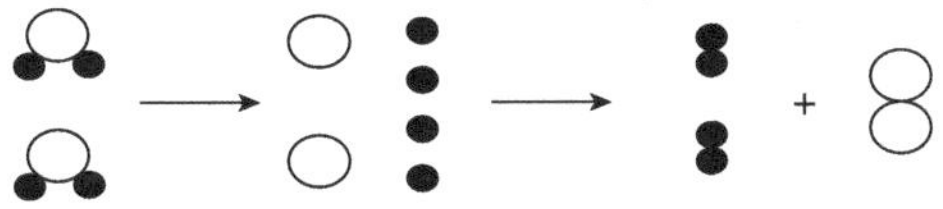

课堂笔记:化学反应前后,各物质的质量总和相等,是因为在化学反应中,反应前后的原子的种类________、原子的数目________、原子的质量________。

总结规律:化学反应前后有六个“不变”、两个“改变”、两个“可能改变”,请以小组为单位进行交流,并请将空格补充完整。

	宏观	微观
不变		
改变	物质种类	
可能	元素化合价	分子数目

3. 知识点三:能验证质量守恒定律的实验

学生实验三:盐酸与碳酸钠粉末反应:

请仔细阅读教材第 94 页实验 5-1,并按照实验 5-1 的要求以小组为单位完成实验,记录实验所观察到的现象(温馨提示:小组成员要做好分工)____________________________________。

课堂笔记:反应的符号表示式是____________________________。

小组成员交流下列问题,并在全班交流:

(1)该反应是否遵循质量守恒定律?为什么?

(2)回忆红磷在锥形瓶中燃烧的实验,想一想为什么要用气球绑在玻璃管上,如果去掉气球,天平能不能保持平衡,为什么?

(3)通过上述实验,你能分析出两位科学家实验成功与失败的原因吗?

三、学法指导

利用化学探究实验进行定量分析。在探究实验时,若化学反应过程中有气体参加或有气体生成,一定要保证反应装置______________。

四、总结反馈

你学完本节课，学到了哪些知识？有没有还没理解之处？小组讨论一下。

五、课堂练习

(1)判断正误，并说明理由。

①1g 水完全汽化后质量仍是 1g，遵循质量守恒定律。　(　　)

②铁燃烧之后生成物质量增加了，这个反应不符合质量守恒定律。　(　　)

(学法指导：上面习题考查的知识点是______________。)

(2)用质量差确定某反应物或生成物的质量。

①在化学反应 A+B⟶C+D 中，若 8g A 与 B 恰好完全反应，生成 9g C 和 11g D，则参加化学反应的 B 的质量为________ g。

②在化学反应 A+B⟶C+D 中，6g A 和 8g B 恰好完全反应生成 9g D，若反应生成 15g C，则参加反应的 B 的质量为________。

(3)推断反应物或生成物的组成元素。

蜡烛燃烧后的产物中只有二氧化碳和水，根据质量守恒定律可知，该物质的组成中一定含有________元素和________元素。参加________反应的________的质量总和等于反应后生成的______________。

(学法指导：该题运用的原理是______________。)

(4)化学反应前后肯定没有改变的是____________________________________。

①原子种类　②物质种类　③原子数目　④元素种类

⑤分子数目　⑥分子种类　⑦原子的质量　⑧物质的总质量

A. ②③④⑤⑥　　B. ①③④⑦⑧　　C. ①③⑤⑦　　D. ②④⑥⑧

(5)下列实验能够直接用于验证质量守恒定律的是(　　)。

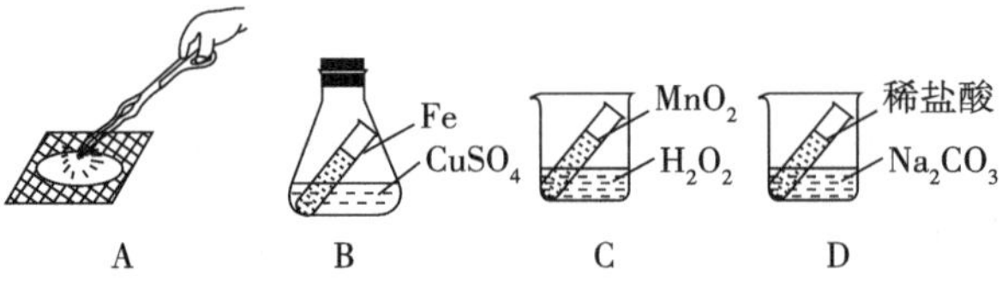

(学法指导：选择正确答案的依据是______________。)

(6)成语“点石成金”本意为古代方士的一种法术，即能使石头变成黄金，现在比喻为能化腐朽为神奇。有人说他能把石灰石(主要成分是 $CaCO_3$)变成黄金，请你用所学知识来说明石灰石不能变成黄金的原因。

六、知识巩固

1. 选择题

(1)对某化学反应前、后的判断中，不正确的是(　　)。

A. 物质的质量总和一定相同　　B. 元素的种类和质量一定相同

C. 物质的分子个数一定相同　　D. 原子的总数和质量一定相同

(2)美国发明了月球制氧机，它利用太阳光产生的高温使月球土壤发生化学反应放出氧气，由此，推测月球土壤中一定含有(　　)。

A. 氧分子　　B. 氧元素　　C. 水分子　　D. 过氧化氢

(3)下列变化不能用质量守恒定律解释的是(　　)。

A. 潮湿的衣服在阳光下晒干　　B. 煤燃烧后剩余残渣的质量减轻了

C. 铁丝生锈后质量增加　　D. 高锰酸钾受热后质量减小

(4)将 20g 甲、5g 乙、8g 丙三种纯净物混合，在密闭容器中加热发生化学反应，经分析可知：反应后混合物中含有 5g 甲、16g 丙，还含有一种新物质丁。则丁物质的质量是(　　)。

A. 12g　　B. 9g　　C. 4g　　D. 17g

(5)从右图水分子分解示意图中获得以下信息，其中不正确的是(　　)。

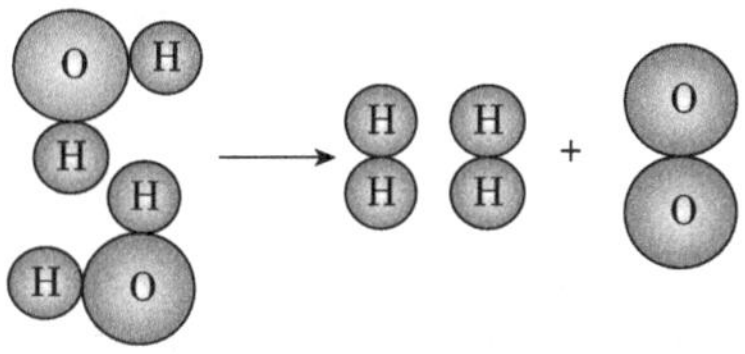

A. 水是由氢元素和氧元素组成的

B. 化学反应前后元素的种类不变

C. 在化学变化中，分子可分，原子也可分

D. 1 个水分子由 2 个氢原子和 1 个氧原子构成

(6)某一物质在空气中燃烧后，生成 H_2O 和 CO_2，因此该物质一定含有(　　)。

A. 氧气 氢气 碳　　B. 氢气 碳

C. 氧元素 氢元素 碳元素　　D. 氢元素 碳元素

(7)某纯净物 M 微热就能分解生成 NH_3、H_2O 和 CO_2，由此还不能得出的结论是(　　)。

A. M 不稳定　　B. M 是化合物

C. M 中含有水　　D. M 由四种元素组成

2. 填空题

(1)将含有 17g 过氧化氢溶液和 3g 二氧化锰混合，完全反应后生成 9g 水，同时生成氧气的质量是__________________。

(2)为了研究质量守恒定律，设计了右图“白磷燃烧前后质量测定”的实验，请分析有关问题。

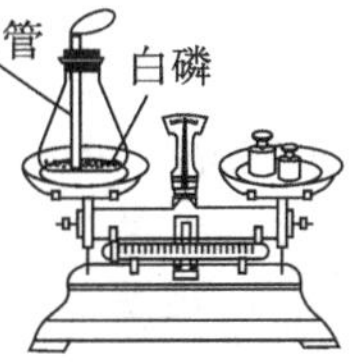

①装置：锥形瓶的底部铺有一层细沙，其作用是__________。

②燃烧前称量，锥形瓶的总质量为 27.6g，则右图托盘天平中游码的读数为__________g。

③白磷燃烧：白磷燃烧过程中看到的现象是________。

④燃烧后称量：发现托盘天平指针偏向右边，造成的原因可能是______________（只写一条）。

⑤反思：白磷燃烧________（填"遵守"或"不遵守"）质量守恒定律，理由是________。

3. 分析题

物质	A	B	C	D
反应前质量/g	2	24.5	2	1
反应后质量/g	16.9	0	2	未知

把A～D四种纯净物放在密闭容器中，在一定条件下充分反应，反应前后各物质的质量如上表：

(1)反应后D的质量是________g；

(2)C物质可能是________（填写"反应物""生成物"或"催化剂"）；

容器中发生反应的反应类型是______________（填写基本反应类型）。

4. 讨论题

广告"水加催化剂变成汽油、柴油，经济收入惊人，技术转让，欢迎有识之士加盟。"同学们，假如你是老板，你是否会加盟呢？请和小组同学谈谈你的想法。

七、总结反馈

请你记录独立完成课后作业时的相关情况。

(1)你独立完成课后作业时，你认为题目难度大的是（　　），课后作业中（　　）和同学答案不一样，讨论后仍不明白的是（　　），将题号填在括号中，可以多选。

(2)记录你完成课后作业所用的时间（　　）。

六、教学反思

(1)本节课以学生为主体，注重启发学生参与。在教学中学生参与活动程度的关键，取决于教师的启发引导是否到位，此课中教师充分利用了启发式教学优势，使教师的主导和学生主体有机结合，让学生自觉参与到学习过程中，恰到好处地落实教学目标，培养了学生实践探究能力。

(2)注重诱导强化方法：在其教学的各个环节均采用和谐诱导，启发思考的方式，集培养学习方法、激发兴趣和培养创新能力为一体。如实验探究方面，先是猜想、启发引导，再组织实验探究，直至学生能够自主设计和实施探究；再由分组实验认识质量守恒定律，到利用多媒体课件的模拟分析质量守恒定律的原因，最终使学生在坚信"定律"的前提下，能够应用"定律"解决所发现的疑难问题和设计改进实验的装置。

(3)本节课利用学案，采用小组内组间自学互助，上课时学生充分交流、倾听、反驳、争论，学生积极参与，热情很高。本节课的教学设计充分考虑到源于学生的认识去发展学生的思维，学习效果好。小组合作探究活动中，学生实验操作技能不均衡，对问题的思考与分析所用的时间也不同，课堂总量时间不变，势必造成一部分学生的思维代替了另一部分学生的思维，这种思维上的落差，对学生的发展有些不利。

七、点评与分析

1. 教学目标

在本节课的教学中，教师以学生为主体，关注学习过程；采用自主、合作、启发性学习的方式，利用学案以问题教学为中心，培养学生提出问题、分析问题、解决问题的能力，采用现代化教学方法与手段，力求做到重点突出、难点突破，有系统地对学生进行指导，既关注学生学习的过程，更关注学生的兴趣激发、良好的学习习惯的养成、正确的学习态度以及学习过程中情感体验和价值观的形成。

2. 教学方法

以思维为核心，开展问题探究：由于许多学生原有的知识、经验是对质量守恒有一些认识，本节课设计没有把质量守恒定律强加给学生，也没有直接提出“反应前后质量会发生什么样的变化?”让学生去猜，而是首先提出“两个科学家的争论”让学生思考，让学生通过实验得出质量守恒定律。

以小组为单位，构建研究氛围：学生以小组探究的方式进行学习。使每个小组的学生都能边操作、边观察、边思索，得到更多的锻炼机会，在这过程中，教师尽量减少对学生的限制，并适时地给予学生帮助，鼓励学生充分发挥自己的想象力和主观能动性，独立思考，大胆探索，标新立异。同时在实验过程中培养了学生的合作意识。通过自己探索，学生不仅获得了知识，也体验了科学研究过程。

八、参考资料

教育部基础教育课程教材专家工作委员会. 2012. 义务教育化学课程标准(2011 年版)解读. 北京：高等教育出版社.

点评专家：刘继和　沈阳师范大学教师专业发展学院教授，硕导

课题 2　质量守恒定律(2)

一、基本信息

课题	质量守恒定律				
授课学校	抚顺市育才中学	授课年级	九年级	授课班级	九年一班
授课时间	2012.9.18	课　型	新授概念原理课	课　时	1
姓名	韩颖	毕业学校及专业	沈阳师范大学化学专业		
年龄	43	最高学历	本科		
职称	中学一级	教龄	14 年		
最高荣誉	区优秀教师	最高奖励	东三省优秀课		

二、对本节课的基本认识与理解

本节课的性质、在教材中地位与作用	性质:本节课以实验为基础,在教学中创设以实验为主的科学探究活动,有助于激发学生对科学的兴趣,引导学生在观察、实验和交流讨论中学习化学知识,提高学生的科学探究能力。 地位:在本节之前,学生已经学习了一些化学知识,知道了物质经过化学反应可以生成新的物质,但是并没有涉及反应物与生成物之间的质量关系。而本节开始要从生成“何种”物质深入到生成“多少”物质这方面的研究,引导学生从定性与定量综合的角度去研究化学反应的客观规律。 作用:《质量守恒定律》课题在整个初中教材上起到了承上启下的作用,在本节课之前,学生学习了元素、原子的结构、分子、原子和离子、物质的化学变化等核心知识,对化学反应中物质发生了质的变化已经有了一定的认识,这些内容都为本节教学的学习提供了知识基础。从本课题起,学生对化学反应的学习将由生成何种物质向生成多少物质方面展开。本课题通过一系列探究活动,引导学生从量的方面研究并得出化学反应的客观规律,它为化学反应的表示以及利用化学方程式的计算做好理论准备,是学好化学的基础	
学情分析	有利因素:学生已积累了一些元素化合物知识,已知道许多化学反应,能用微粒的观点从质变的角度分析一些化学变化的实质;学生在讨论、探究的学习方式中,小组合作已经比较默契,学习资源能够共享,熟悉一些基本实验操作,初步具有实验探究的能力。 不利因素:对于化学反应中物质的质量是否改变还缺乏认识,从量的角度认识化学反应的观念有待建立;在“作出假设”“实验方案的设计”“概括推理能力”等方面仍需提高	
教学目标	(1)通过对化学反应中反应物与生成物的质量测定,理解质量守恒定律的内容,能说明常见化学反应中的质量关系。 (2)从微观角度认识在一切化学反应中,反应前后原子的种类和原子的数目没有增减。 (3)在发现质量守恒定律的实验探究活动中,初步体验科学探究的全过程。 (4)通过探究学习,培养学生善于合作、勇于探索、严谨求实的科学态度,体验探究的乐趣。 (5)借助质量守恒定律发现的史实,学习科学家不畏艰辛、执著追求的精神	
教学重难点	重点	通过实验探究认识质量守恒定律
	难点	理解质量守恒定律的关键词
教学资源与教学手段	仪器、药品	学生实验:烧杯、天平、小试管、锥形瓶、饮料瓶、镊子、药匙、橡皮塞、稀盐酸、碳酸钠固体、铁钉、硫酸铜溶液、氢氧化钠溶液。 演示实验:天平、锥形瓶、气球、玻璃管、橡皮塞、酒精灯、镊子、火柴、红磷
	演示文稿	PPT
	其他资源	学案、影像(自制,从网上截取)

三、教与学的过程设计

教学内容	教学环节与方法	教师活动	学生活动	设计宗旨与意图
创设情境、导入新课	视频:“天宫一号”的发射	设问:在化学变化中,物质的种类发生改变,物质的质量发生改变吗	看视频。 回答问题。 作出猜想并陈述理由	利用振奋人心的情境,激发学生爱国主义激情的同时,调动了学生学习的积极性

续表

教学内容	教学环节与方法	教师活动	学生活动	设计宗旨与意图
新知探究	实验验证：红磷燃烧前后的质量关系	演示实验。 提出问题：你看到什么现象？这个实验一共有几步	观察实验。 思考并回答问题	为后面的学生分组实验做示范，归纳实验步骤，并使学生初步认识到要在密闭容器中做实验，并且是分步单独称量还是连续整体称量
	设计方案、分组实验。 第一组： 铁和硫酸铜溶液反应 第二组： 氢氧化钠溶液和硫酸铜溶液反应 第三组： 碳酸钠固体和稀盐酸反应 交流共享。 得出结论：化学反应前后物质的总质量没有改变	组织学生以小组为单位合作交流。 巡回指导。 组织汇报，倾听学生的见解，对每一种意见都要表态。 通过学生思维碰撞，引出关键词语“总和”二字，并完善板书	小组成员分工合作，设计实验方案后动手实验，观察现象，记录数据，得出结论。 描述实验现象，汇报实验过程，针对出现的问题，分析原因，作出解释。 归纳出若有气体参加反应或有气体生成时，必须选择密闭的实验装置	实验包括了三类反应：金属与溶液反应；液固反应生成气体；液液反应生成沉淀。设计多种类型的反应，从多个角度进行探究。 把失败的实验作为问题情境，及时抓住分析，学生会从失败中懂得正确的实验操作才能确保实验结论准确无误。 进行科学方法的培养，在质疑、争论、思想火花的碰撞中，学生各方面的能力将得到更好的发展和提高
	深入理解关键词语：“参加”“生成”。 PPT	提出问题：化学反应中，所有的物质都参加反应了吗？ 以铁和硫酸铜溶液的反应为例来分析	观看 PPT。 思考后回答问题	引导学生经过思考，对表相的质量相等进行深入的分析，特别设计了长度较大的铁钉与适量硫酸铜溶液的反应，铁钉只有一部分参加化学反应表现出来的明显现象给质量守恒定律中的“参加化学反应”提供了很好的事实依据。通过层层剥离、步步推进，学生自主发现质量守恒定律中的关键词语
知识内化	质量守恒定律的发现	播放音频	倾听	充分理解科学探索是一个艰辛、漫长的过程。渗透化学史的教育，让学生了解质量守恒定律的产生过程
化学史	从原子的层次上探究质量守恒的原因	以红磷燃烧的微观示意图为例，提出问题。 再组织表演：氢气与氧气的相遇	思考。 学生表演。 其他学生观看并总结归纳	先从做过的实验中进入质量守恒的微观分析，再用模拟表演，化抽象为具体引导学生从微观世界找到质量守恒的原因
课堂练习	学生的收获： 生 1：测量很重要 生 2：必须在密闭体系中做实验 生 3：质量守恒的原因是原子的……			
课堂小结	教材 98 页第 3、4 题			
课后作业	完成学案中的实验总结与建议			

四、板书设计

质量守恒定律(2)

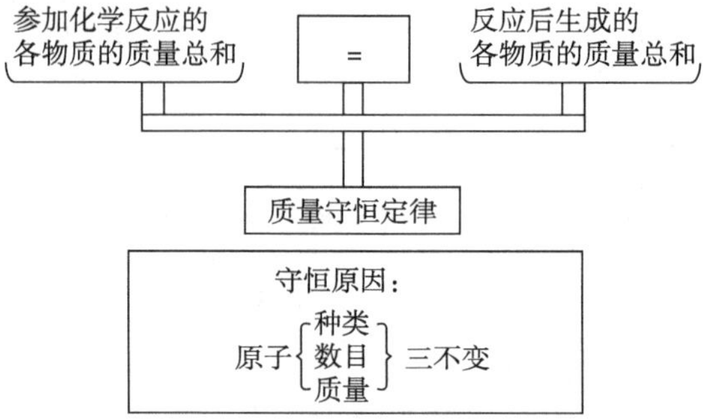

五、学案

质量守恒定律(2)学案

一、提出问题

化学反应前后物质的质量是否改变?

二、你的猜想

____

____

三、查阅资料

反应原理

第一组:铁＋硫酸铜⟶铜＋硫酸亚铁

第二组:氢氧化钠＋硫酸铜⟶氢氧化铜＋硫酸钠(小提示:氢氧化铜是不溶于水的固体)

第三组:碳酸钠＋稀盐酸⟶氯化钠＋水＋二氧化碳　　(小提示:生成气体)

四、实验验证

电子天平的称量误差范围:±0.02g,变化量在此范围之内,可认为相等。

注意:称量时轻拿轻放,不要用手按天平托盘。

	第一组	第二组	第三组
实验仪器、药品	锥形瓶、镊子、铁钉、橡胶塞、硫酸铜溶液	烧杯、小试管、饮料瓶、硫酸铜溶液、氢氧化钠溶液	烧杯、小试管、饮料瓶、药匙、稀盐酸、碳酸钠固体
实验现象			
反应前总质量(m_1) 反应后总质量(m_2)			
反应前总质量与反应后总质量的关系			

(优先完成实验的小组可再设计其他小组的实验。)

五、汇报与交流

(1)得出结论____

(2)问题和建议____

六、教学反思

(1)本节课内容虽然理论性比较强，但通过分组实验，对典型实验现象由表及里的分析，结合前面所学分子、原子的知识，学生可以较好地理解所学内容。学生是学习的主体，课堂应该是一个交流的大平台，通过分组实验学生学习的参与度高、热情高，知识基本掌握。学生合作、倾听、实验能力及观察能力都在原有的基础上得到提高。三位目标得以实现。

(2)在实验中，学生的学习兴趣也得到了最大限度的提高，原本上课比较拘束的，甚至“默默无闻”的学生也“生龙活虎”起来，积极地投入到课堂中来。这些实践活动不但有利于学生获得知识技能，也培养了学生认真扎实的学习态度。在学生细心聆听教师讲解的同时，教师也要俯下身去，认真倾听每个学生的想法，并及时给予充分且中肯的评价，关注每一个学生的进步与发展。

(3)与此同时，教师也在学生展现自己的同时获得更多的教育时机，达到更好的教学效果。把握课堂上学生展现出的教育契机，和学生有机地融在一起，把课堂交给学生，让学生做课堂的主人。

七、点评与分析

1. 教学手段

值得一提的是，在实验过程中，学生体验了现代科技发展对科学实验的推进，率先使用了精确度 0.01 g 的电子天平，由于电子天平引入课堂，给大家的实验带来的是更加的精确和便捷，给学生提供了更充裕的时间思考，大大地提高了 40 分钟课堂教学的实效性，这一教学策略有效地突出了在探究实验活动中，体验发现质量守恒定律的主要历程，并能初步构建起科学探究的基本框架。

2. 教学方法

《质量守恒定律》一课属于比较重要的化学基本原理的知识，韩颖老师对教材进行了加工和改造，打破了传统的教材意识和教参意识，以“科学探究”的学习方式，使学生体验到了探究学习的过程和探究学习的乐趣，使整个教学精彩纷呈。

3. 教学过程

教学中注重实验探究的实效性而非形式上的盲目探究。通过提出问题、实验验证和教师的引导，学生沿着科学探究的一般思路，从常见的三类反应(金属+溶液、液固反应生成气体、溶液沉淀)，从多个角度进行探究，教师的引领指导作用明显，汇报交流形式新颖、实用，学生针对出现的问题分析原因。

教学过程中时时注意科学方法的培养，在质疑、争论思想火花的碰撞中使学生能力得到更好的发展。教师引导，将失败的实验作为问题情境，生发新的问题得出正确结论。而作为教师，当问题设计或实验与实际流程出现偏差时(如白磷实验和学生碳酸钠实验变色)，课堂处理机智体现明显。

八、参考资料

教育部基础教育课程教材专家工作委员会. 2012. 义务教育化学课程标准(2011 年版)解读. 北京:高等教育出版社.

王磊. 2007. 多角度透析"质量守恒定律"课堂教学. 中国教育报新课程周刊,(06):1～19.

点评专家:祖　华　抚顺市新抚区教师进修学校教研员

刘继和　沈阳师范大学教师专业发展学院教授,硕导

课题 3　如何正确书写化学方程式

一、基本信息

课题	如何正确书写化学方程式				
授课学校	西丰县第一初级中学	授课年级	九年级	授课班级	九年八班
授课时间	2011.10.9	课　型	新授概念原理课	课　时	1
姓名	高广波	毕业学校及专业	渤海大学化学专业		
年龄	34	最高学历	本科		
职称	中学一级	教龄	14 年		
最高荣誉	县优秀教师	最高奖励	省优质课一等奖		

二、对本节课的基本认识与理解

本节课的性质、在教材中地位与作用	性质:本节课是对初中重要的化学用语的学习。 地位:化学方程式是对物质化学性质和变化的一种精炼浓缩,学好化学必须学好化学方程式,其重要性不言而喻。 作用:掌握正确书写化学方程式,对以后学习根据化学方程式计算、物质的化学性质、物质的制法、物质的用途等起着关键作用
学情分析	有利因素:学生在前面知识的学习中已经学习了元素符号、化学式、化学反应的实质,知道了一些化学反应和它们的文字表达式,结合刚学习的质量守恒定律,已经完全具备了学习化学方程式的基础。 不利因素:本课题化学方程式的书写原本不是什么难于理解的知识和难以掌握的技能,但事实上,化学方程式的书写却成了学生学习化学的分化点,有的学生把它当成第二外语,感到头疼,有的甚至因此而掉队

续表

教学目标	知识与技能	(1)了解书写化学方程式应遵守的原则。 (2)能正确书写简单的化学方程式
	过程与方法	培养学生积极主动的自主学习方法和合作探究的学习习惯
	情感态度与价值观	通过比较体会化学方程式的优越性，感受化学方程式的简约之美； 结合化学方程式书写的学习，培养实事求是的科学态度
教学重难点	重点	书写化学方程式的方法
	难点	化学方程式的配平
教学资源与教学手段	演示文稿	PPT(化学方程式的配平)
	其他资源	学案(附后) 影像：硫酸铜与氢氧化钠的反应(来源：人教社教材配套资源，教师教学用书光盘)

三、教与学的过程设计

教学内容	教学环节与方法	教师活动	学生活动	设计宗旨与意图
导课	引导复习化学方程式定义，并过渡	投影一组国际通用标识。 引出表示化学反应的国际通用化学语言。 提问：化学方程式的定义。 投影：木炭燃烧的方程式及文字表达式。 提问：你会选哪一种来表示化学反应？ 过渡：大家想不想将前面已学的化学反应都用化学方程式表示出来呢？本节课我们就来学习如何正确书写化学方程式。板书课题	说出含义。 回答：化学方程式。 思考回答。 选择化学方程式表示	让学生体会化学方程式的优越性，调动学习兴趣，顺利进入本课题的学习
	出示目标	投影：(1)了解书写化学方程式应遵守的原则。(2)能正确书写简单的化学方程式	阅读	让学生明确本节学习目标，有的放矢
一、化学方程式的书写原则	引导自学	投影并讲述“水变燃油”。 提问：水可能变成燃油吗？ 引导阅读：教材第96页有关化学方程的书写原则，并进行归纳总结。 板书：一、书写原则 过渡：投影木炭燃烧的方程式。 提问：这个式子中等号两边各原子的种类与数目相等吗	听讲。 猜想、回答。 阅读并回答。 观察并回答：原子种类和数目都相等	让学生更好地理解质量守恒定律，提高学生自学能力
二、化学方程式的配平	动画演示：配平过程 进行练习	投影：氢气与氧气的反应。 提问：这个式子能称为化学方程式吗？ 讲述：化学方程式的配平并板书。 动画展示：配平过程。 讲解：配平方法。 投影习题(见学案)	观察并回答。 听讲并识记。 观看动画。 听讲并识记。 练习配平	由简到繁，层层递进，激发学生探索兴趣。 以动画引发学生的兴趣，解决本节难点

续表

教学内容	教学环节与方法	教师活动	学生活动	设计宗旨与意图
三、化学方程式的书写步骤	指导阅读归纳，并讲解。 进行练习	过渡：我们来看这些式子好像缺点什么，那么书写一个完整化学方程式要经过哪些步骤呢？ 板书：三、书写步骤 指导阅读：教材第98页有关化学方程式的书写，并进行总结。 讲解：(1)条件的写法。 (2)生成物状态的标注。 投影习题(见学案)。 巡视指导。 指出常见错误。 总结并板书：写、配、标、查	阅读。 回答：书写化学方程式的步骤。 听讲。 完成习题并展示。 发现问题。 归纳总结	提高学生自学、归纳能力。在学生自学的基础上补充讲解，使知识更完整、更准确。 强化化学方程式的书写方法和注意事项
课堂练习	引导学生阅读本节内容，进行整理。 回答学生提出的问题。 投影习题(游戏的方式)		阅读教材。 提出疑问。 共同完成	
课堂小结	学生畅谈收获，总结本节知识，教师点评归纳			
课后作业	完成学案中方程式的书写			

四、板书设计

如何正确书写化学方程式

一、书写原则

1. 以客观事实为基础
2. 遵守质量守恒定律

二、配平

1. 观察法
2. 最小公倍数法

三、书写步骤

1. 写：写出反应物和生成物的化学式
2. 配：配平化学方程式
3. 标：标明反应条件，生成物的状态(“↑”或“↓”)
4. 查：检查化学式、配平、条件和生成物状态

五、学案

如何正确书写化学方程式学案	答案
一、学习目标	
(1)了解书写化学方程式应遵守的原则。	
(2)能正确书写简单的化学方程式。	以客观事实为基础
1. 书写原则	遵守质量守恒定律
(1)____________	
(2)____________	
2. 配平下列化学方程式	
(1) $C+CO_2$——CO	(1) $C+CO_2 = 2CO$
(2) $Al+O_2$——Al_2O_3	(2) $4Al+3O_2 = 2Al_2O_3$

(3)$CuO+CO$——$Cu+CO_2$

(4)$Fe+O_2$——Fe_3O_4

3. 化学方程式的书写

写出下列反应的化学方程式：

电解水

镁条在氧气中燃烧

化学方程式的书写(助记词)

左反右生一横线　　配平以后加一线

等号上下注条件　　箭号标气或沉淀

知识整理：

疑问：

二、当堂验收

(1) 根据化学方程式书写原则，分析下列化学方程式违背了什么原则：

①$Fe+O_2 = FeO_2$ 违背了________

②$Fe+O_2 = Fe_3O_4$ 违背了________

(2)配平化学方程式时，应在式子左右两边的化学式________配上适当的化学计量数，使式子两边每一种元素的________总数相等。

(3)某化合物[用 X 表示其化学式]燃烧时发生的反应为：$X+2O_2 = CO_2+2H_2O$，则该化合物 X 的化学式为________。

(4) 下列各化学方程式书写正确的是(　　)。

A. $S+O_2 = SO_2\uparrow$

B. $H_2+O_2 = H_2O$

C. $2H_2O = 2H_2+O_2\uparrow$

D. $2HgO = 2Hg+O_2\uparrow$

(5)书写下列反应的化学方程式

①实验室加热高锰酸钾($KMnO_4$)制氧气

②红磷燃烧

(3)$CuO+CO = Cu+CO_2$

(4)$3Fe+2O_2 = Fe_3O_4$

$2H_2O \xlongequal{通电} 2H_2\uparrow + O_2\uparrow$

$2Mg+O_2 \xlongequal{点燃} 2MgO$

(学生独立整理记录)

答案：

(1)①客观事实；

②质量守恒定律。

(2)前面、原子。

(3)CH_4。

(4)D。

(5)略。

六、教学反思

(1)在教学过程中始终引导学生进行探究学习,提高了学生的参与度。为了使学生掌握好本节内容,我认真研究新教材,引导学生从日常的生产、生活入手,利用以科学探究为主的学习方式,引导学生积极主动地学习,激发学生学习化学的兴趣,使学生学会用化学的知识解决生活中的问题。在学生知道化学反应前后元素种类不变的基础上,设问:水能变汽油吗? 引发学生思考,进而提出正确书写化学方程式应该遵循的原则。

(2)在课堂上,给学生一定的阅读时间。把新课程标准理念贯穿于教学中。为此,有关化学方程式的书写步骤采用了探究教学,让学生自己总结得出其书写步骤并逐一讲解。接下来就是实战练习,逐一纠正。针对不同的学生设计不同的题目,有意识地去锻炼他们思维应变、组织表达的能力。尽量让大多数的学生参与到课堂活动中来,多让他们在黑板上写板书,在学案上练习并展示,发表自己的观点,动手操作。这样既突出重点难点,也帮助学生解决了自身的易错点,教学效果显著。通过教学,多数学生接纳了书写化学方程式应遵循的原则以及对简单化学方程式的配平的方法,明确了正确书写化学方程式的一般步骤。

(3)由于时间关系,本节内容只能粗线条地介绍,有些学生还不能很好地掌握一些知识(如化学方程式的配平),需要课后多加练习。

七、点评与分析

1. 教学目标

目标明确、重难点突出。本节课的教学重难点是化学方程式的书写和配平,而学生要掌握方程式的书写和配平就必须通过练习。在本节的教学设计中充分地体现了这一点,在学习完配平和书写步骤后都安排了一系列的练习,来强化和突破重难点。

2. 教学方法

本节课的教学设计充分,内容材料丰富多样而又朴实真切。主要通过“复习提问→思考讨论→总结归纳→补充讲解→练习提高”的教学方式来完成本节的教学过程。采用讲练结合的教学方式不仅符合本节课的教学特点,也符合现阶段九年级学生学习不主动的特点。这样操作可以让大部分学生当场掌握了化学方程式的配平和书写方法。在进行化学方程式的书写练习时,教师设计了个别学生展示的环节,这样的教学方法是难能可贵的,能抓住这个让学生暴露问题和纠正错误的机会,来更好地引导和激发学生学习的兴趣。

3. 教学手段

在化学方程式的配平部分,设计了用动画的形式从微观角度展示化学方程式的配平,轻松地解决了本节课的难点。本节课教学设计,高老师还将现代多媒体教学手段运用于课堂教学中,增大了课堂容量,使课堂教学更直观、现象更明显、学生的注意力更集中,激发了学生浓厚的学习兴趣。

八、参考资料

教育部基础教育课程教材专家工作委员会. 2012. 义务教育化学课程标准(2011 年版)解读. 北京:高等教育出版社.

化学课程教材研发中心. 2012. 义务教育教科书化学九年级下册教师教学用书. 北京:人民教育出版社.

点评专家:刘晶茹　铁岭市教师进修学院教研员
刘继和　沈阳师范大学教师专业发展学院教授,硕导

课题4　利用化学方程式的简单计算

一、基本信息

课题	利用化学方程式的简单计算(第一课时)				
授课学校	铁岭市第七中学	授课年级	九年级	授课班级	九年三班
授课时间	2012.11.12	课　型	新授课	课　时	1
姓名	陈 茳	毕业学校及专业	铁岭师范专科学校化学专业		
年龄	33	最高学历	本科		
职称	中学中级	教龄	10年		
最高荣誉	—	最高奖励	国优说课一等奖		

二、对本节课的基本认识与理解

本节课的性质、在教材中地位与作用	性质:本课题共两课时,本教学设计是第一课时,是在学生认识了质量守恒定律的基础上,能根据化学方程式进行简单计算。 地位:在以前知识的学习中,学生对化学反应中物质的变化有了一定的认识,通过这节课的学习可以使学生更好地理解、运用质量守恒定律,明确实际化学反应前后物质质量的关系。 作用:本课题能够很好地体现化学学科发展的趋势,即从宏观到微观、从定性到定量。使学生认识定量研究对于化学科学发展的重大作用	
学情分析	有利因素:九年级学生在日常生活和数学学习中已经基本掌握了列方程进行计算的技能,在前面的学习中已经知道了化学方程式表示的各物质之间的质量关系。 不利因素:虽然前面的学习多次用到了讨论、归纳等学习方法,但是立刻让学生理解计算的思路和方法还是有一定困难的。并且,根据化学方程式进行计算的格式与数学计算题和物理计算题还是有一些不同,让学生掌握起来需要一定的时间	
教学目标	在理解化学方程式涵义的基础上,掌握有关反应物、生成物的计算。 认识化学变化中的质量关系以及它在生产和科研中的意义。 能够运用数学计算方法处理相关物质之间的量的问题,培养学科间交融的思维方法	
教学重难点	重点	(1)根据化学方程式求生成物和反应物的质量。 (2)根据化学方程式计算的书写格式要规范
	难点	对学生解题思维和能力的培养
教学资源与教学手段	仪器、药品	无
	演示文稿	PPT
	其他资源	学案

三、教与学的过程设计

教学内容	教学环节与方法	教师活动	学生活动	设计宗旨与意图
导课	复习化学方程式的意义，点明课题	复习提问化学方程式意义，引出定量意义，点明本节课课题	回答问题。 明确化学方程式计算的依据	复习旧知，引出新课
	观看神九发射的图片，设置问题	提问：2012 年 6 月 16 日，我们国家发生了一件大事，同学们知道吗？把神舟九号送入太空的是我国自主设计的长征系列火箭，它的燃料中有液氢和液氧。 请同学们看问题。 屏幕展示问题：如果火箭升空至少需要 100kg 的液氢，同学们帮设计师算算需要多少千克的液氧才能使液氢完全燃烧呢	观看图片。 根据刚刚复习的化学方程式的意义，小组之间展开讨论计算，并汇报结果	观看神九发射的图片，激起学生的爱国热情，激发学生的民族自豪感，引起学生学习的兴趣
学习根据化学方程式进行计算的格式	引导学生自学教材中例题的解题过程	板书。 指导学生阅读教材中的例题 1，明确解题步骤。 要求学生把刚才的问题仿照例题 1 的格式写出来	汇报讨论结果、计算方法。 阅读例题 1。 小组讨论。 展示完整的解题过程	培养学生自学的能力。 通过学生小组之间的合作与交流，培养学生的团队精神
	把例题 1 与例题 2 进行对比，明确计算的两种类型即已知反应物求生成物的质量和已知生成物求反应物的质量	指导学生阅读教材中的例题 2。 提问，例题 1 求生成物的质量，例题 2 呢？这两道例题的解题过程是否一样呢	思考，回答问题。 明确完整的解题过程	通过分析和比较，让学生清晰、明确地掌握化学计算题的基本格式
课堂练习	见学案，大屏幕出示答案			
含有杂质的物质的计算题	实际生产中，涉及的物质都含有一定的杂质，如何对含有杂质的物质进行计算呢，提出问题，引发学生思考	提出问题：6g 含杂质的木炭粉在空气中完全燃烧，生成二氧化碳的质量是 22g 吗	学生小组讨论，汇报展示，总结含杂质物质的计算方法	拓展学生思路，为以后的学习打基础
课堂练习	见学案，大屏幕出示答案			
课堂小结	学生总结汇报，教师点评，使学生对计算的方法和格式有明确的认识			
课后作业	见学案			

四、板书设计

利用化学方程式的简单计算

例题1.解:设加热6.3g高锰酸钾可以得到氧气的质量是x。

$$\underset{\substack{2\times(39+55+4\times16)\\6.3g}}{2KMnO_4} \xlongequal{\triangle} K_2MnO_4 + MnO_2 + \underset{\substack{2\times16\\x}}{O_2\uparrow}$$

$$\frac{2\times158}{32}=\frac{6.3g}{x}$$

$$x=\frac{32\times6.3g}{2\times158}=0.6g$$

答:加热分解6.3g高锰酸钾可以得到0.6g氧气。

要领:(1)步骤要完整;(2)格式要规范。

关键:(1)准确书写化学方程式;(2)准确计算相对分子质量。

(1)设——设未知量。

(2)写——写出反应的化学方程式。

(3)标——写出相关物质的化学计量。

数与相对分子质量的乘积和已知量、未知量。

(4)列——列出比例式,求解。

(5)答——简明地写出答案。

五、学案

利用化学方程式的简单计算学案

一、复习提问

(1)化学方程式的基本含义。

(2)明确根据化学方程式进行计算的理论依据。

二、明确计算思路

通过图片展示,回答设计的问题,明确根据化学方程式进行计算的思路。

三、阅读例题

通过阅读掌握根据化学方程式进行计算的具体步骤和格式。

四、简单计算

见“板书设计”。

五、课堂练习

(1)把神舟九号送入太空的是我国自主设计的长征系列火箭,它的燃料之一是液氢和液氧。如果火箭升空至少需要100kg的液氢,同学们帮设计师算算需要多少千克的液氧才能使液氢完全燃烧呢?

(2)实验室用含68g过氧化氢的溶液在二氧化锰的催化作用下完全分解,可制得多少克氧气?

(3)32g 硫粉在空气中完全燃烧，生成二氧化硫的质量是多少？

(4)某工厂需要 100kg 氧气做原料，若用电解水的方法制取这些氧气，消耗水的质量是多少？

(5)实验室需要 32g 氧气，若用加热高锰酸钾的方法制取，需要高锰酸钾的质量是多少？

六、课后作业

教材第 103 页练习与应用 1.3。

七、总结反馈

请你记录独立完成课后作业时的相关情况：

你独立完成课后作业时，你认为题目难度大的是(　　)，课后作业中(　　)和同学答案不一样，讨论后仍不明白的是(　　)，将题号填在括号中，可以多选。

六、教学反思

(1)本节课是学生学习根据化学方程式进行计算的第 1 课时，重点是掌握计算的步骤和格式，课堂习题量不宜太大、太难。有的学生对化学方程式的意义理解的不好，列比例的时候总是出错，但是，找到已知量和未知量列比例进行计算，要求学生有良好的数学基础，在这一点上，有一部分学生就表现出困难，不能够得到正确的结果。针对这一点，在教学当中选择习题的时候，先选择了计算比较简单的，学生们在快速得出答案的同时也增强了他们学习的兴趣和信心。然后，适当地增加了难度，选择了数值比较大、计算时不能整除的习题。在教学中基本针对学生的学习情况和特征控制了教学难度。

(2)本节课讲起来其实是很枯燥的，所以选择例题的时候创设了神舟九号发射的具体情境，能够很好地激发学生学习的热情，在今后的教学中还要多联系实际，创设能够引起学生兴趣的情境，会收到很好的效果。

七、点评与分析

1. 教学手段

教学中用“神九发射”这一新闻事件激发学生的学习兴趣，使学生认识到化学学习中的定量计算在生产生活实际中的应用，并在接下来的例题、习题中不断渗透化学与生活紧密相连这种意识，极大地保持了学生的学习热情。

2. 教学建议

本课题内容虽是计算，但这种计算对数学方面的知识要求并不高，只要能正确列出比例式并求解就可以了。但是，学生对化学计算常常进行得并不顺利，这往往是由于在有关化学计算的教学中，学生对化学计算的特点认识不足造成的。因此在教学过程中，教师从以下几方面对薄弱环节进行突破:①复习化学方程式的意义及例题的讲解,使学生对化学计算题里的有关化学知识有一个清晰的理解。②先让学生自学教材中的解题步骤,再进行强化训练,练习中严格要求学生按照规范的书写格式来解题。③及时进行相关练习、反馈,培养学生按照化学计算的特点去进行思维的良好习惯,熟练学生的计算技能。通过以上环节的训练,使学生对利用化学方程式计算的意义、方法及解题步骤了然于心,取得了预期的效果。

八、参考资料

朱慕菊.2002.走进新课程.北京:北京师范大学出版社.

教育部基础教育课程教材专家工作委员会.2012.义务教育化学课程标准(2011年版)解读.北京:高等教育出版社.

点评专家:刘晶茹 铁岭市教师进修学院教研员

刘继和 沈阳师范大学教师专业发展学院教授,硕导

第六单元　碳和碳的氧化物

课题1　金刚石、石墨和 C_{60}

一、基本信息

课题	金刚石、石墨和 C_{60}(第一课时)				
授课学校	抚顺市育才中学	授课年级	九年级	授课班级	九年一班
授课时间	2011.10.10	课　型	新授元素化合物课	课　时	1
姓名	赖英慧	毕业学校及专业	抚顺师范专科学校化学专业		
年龄	41	最高学历	硕士研究生		
职称	中学高级	教龄	18年		
最高荣誉	辽宁省优秀教师	最高奖励	国家优质课一等奖		

二、对本节课的基本认识和理解

本节课的性质、在教材中地位与作用	性质:本单元是继第二、四单元学习空气、氧气和水以后,学习的又一个元素化合物知识的单元。金刚石、石墨和 C_{60} 是碳的几种重要的单质,无论是从教材内容的时代感、反映化学学科发展的角度,还是从物质组成多样性的角度来看,学习这节课是非常必要的。 地位:学习碳及其氧化物的性质以及它们之间的衍变关系,为以后学习燃料及其利用、酸和碱、盐和化肥等单元的内容打下一定基础,具有承上启下的地位。本节课是本单元的开始,为后面进一步学习碳的氧化物起着铺垫的作用。 作用:除了金刚石、石墨的物理性质和主要用途等陈述性知识,背后还承载着认识物质的科学思想和方法的工具性功能和价值	
学情分析	有利因素:学生经过前面的学习已经具备了研究物质的基本技能并掌握一些概念,已经知道要从物质的组成、结构、性质、用途等方面研究,还掌握了基本实验操作能力;对生活中的金刚石、石墨制品(如钻石、铅笔芯等)比较熟悉。 不利因素:学生不能将钻石、铅笔芯等制品和金刚石、石墨联系起来,并且建立结构决定性质、性质决定用途的过程也是一个比较复杂的过程	
教学目标	(1)通过对钻石、玻璃刀、铅笔芯等金刚石、石墨制品分析和探究,了解金刚石、石墨的物理性质和主要用途,同时让学生学会对比的实验方法,培养学生探究的意识。 (2)从金刚石、石墨的用途出发推测并验证它们的性质,再从结构上分析它们的性质差异,进而建立性质决定用途、结构决定性质的化学思想。 (3)分析金刚石、石墨和 C_{60} 同一种元素可以组成不同种物质,认识物质的多样性。 (4)用人类对碳单质的认识来引导学生形成“科学是发展的”的观点;通过了解化学与科技进步之间的密切关系体会化学学科的社会价值	
教学重难点	重点	培养学生用发展的观点看待碳的单质
	难点	使学生建立结构决定性质、性质决定用途的化学思想

续表

教学资源与教学手段	仪器、药品	分组实验:石墨、小刀、玻璃刀、玻璃、导线、小灯泡、干电池等(8 组)。演示实验:活性炭吸附装置一套
	演示文稿	PPT、Flash 动画(活性炭吸附的过程)
	其他资源	学案、视频:C_{60}介绍(人教出版社配套光盘截取)

三、教与学的过程设计

教学内容	教学环节与方法	教师活动	学生活动	设计宗旨与意图
认识金刚石	展示有关上海世博会比利时馆本世纪最大的钻石图片	设置问题:在生活中你见过金刚石吗	观看思考。 三名学生回答生活中的金刚石	以上海世博会展出的最大一颗钻石,来激发学生兴趣、引出新课,并引起学生对社会的关注;调用学生固有的对金刚石的认识,建立生活中的金刚石制品与化学中要学习的金刚石之间的联系
金刚石	播放 PPT:金刚石图片	设置问题:根据生活经验和图片说出金刚石具有哪些物理性质?组织学生先组内交流,再全班交流	学生交流后完成学案“知识点一”中的表格	引领学生从生活中走向化学,让学生初步建立用途与物理性质之间的联系
	亲身体验	设置问题:小刀和玻璃刀裁玻璃有什么不同	小组合作完成实验:分别用小刀和玻璃刀刻画玻璃,并记录实验现象	让学生亲身体验,感受金刚石的硬度,并学会对比实验的方法
	播放 PPT:展示一组金刚石刀具的图片	介绍一些由金刚石制成的刀具的用途	观看,体会金刚石的硬度	通过知识的拓展,引领学生从化学走向社会
石墨	介绍铅笔芯中的石墨	设置问题:请你猜想石墨都可能具有哪些物理性质	学生自己观察铅笔芯,对石墨的物理性质做出猜想	让学生感受石墨离我们生活并不遥远,再次将学生从生活引领向化学
	展示石墨样品	导语:请组内合作,设计实验方案,探究石墨都有哪些物理性质?比比哪个小组探究出的结论多。 将观察到的现象和得出的结论记录下来	以小组为单位讨论设计方案,并分工合作实施、记录“知识点二”中第一个表格	在猜想的基础上,用教师准备好的仪器设计实验,通过小组集体讨论、实验、观察分析得出结论。这一环节培养学生设计实验能力、观察能力、分析能力和实验探究的意识
	PPT:展示各组的实验结果	组织学生以小组为单位全班交流实验的结果	全班交流	此环节培养学生归纳整理能力及语言表达能力
	整理并记录交流结果		学生独立整理记录,补充学案中“知识点二”中第一个表格	将语言表达提升为书面表达,强化知识
	PPT:展示学案“知识点二”中第二个表格	设置问题:由石墨的物理性质你能推测出石墨有哪些用途	学生根据石墨的物理性质推出它的用途	进一步建立性质、用途间的关系

续表

教学内容	教学环节与方法	教师活动	学生活动	设计宗旨与意图
木炭和活性炭	魔术:“果汁变清水”	演示魔术	思考:为什么“果汁”变成了“清水”	利用魔术来进一步激发学生学习化学的兴趣
	Flash 动画:活性炭吸附的微观模拟过程	播放	观看:有色粒子被活性炭吸附的微观模拟过程	利用多媒体模拟,化宏观为微观、化抽象为具体,使学生理解吸附的原理
	引入 STS 教学	设置问题:利用活性炭的吸附性说说活性炭有哪些用途	列举活性炭吸附的应用实例	让学生在此联系生活实际,建立性质、用途间的联系
结构、性质、用途间的关系	PPT:展示金刚石和石墨微观结构模型图片	设置问题:1. 为什么金刚石、石墨都是由碳元素组成的,但是物理性质差异这么大? 设置问题:2. 结构、性质、用途间存在什么样的关系	观看金刚石和石墨的微观结构模型;思考、讨论、分析金刚石和石墨物理性质差异很大的原因;寻找出结构、性质、用途三者间的关系;完成学案“知识点三”部分的内容	培养学生学会对比分析问题的能力
C_{60}	视频:介绍 C_{60} 的结构和应用前景	播放	观看并得出结论	认识 C_{60} 分子结构的特点
	PPT:展示金刚石、石墨、C_{60} 的微观结构模型	设置问题:观察后你还能得出哪些结论	同一种元素可以组成不同种物质。 完成学案中“知识点四”部分内容	通过对比,体会物质的多样性
	PPT:展示 C_{70}、C_{240} 和碳纳米管、单层石墨片等图片	介绍 C_{70}、C_{240}、碳纳米管、单层石墨片和碳纳米车等	了解 C_{70} 和碳纳米管等新的碳单质	使学生学会用发展的眼光看问题,提高学生的科学素质
	PPT:展示 2010 年诺贝尔化学奖获得者根岸荣一、铃木章、理查德·赫克三位科学家的照片。 PPT:展示教师送给同学们的几句话“学会对比、寻找差距、放飞思维、实现梦想”	介绍 2010 诺贝尔化学奖获得者根岸荣一、铃木章、理查德·赫克发现钯催化交叉偶联反应。 设置问题:科学家用自己的努力将梦想变成了现实,你们有什么梦想吗	学生畅谈自己的梦想	引领学生从化学走向科技,同时提升学生学好化学的决心和热爱化学的情感
课堂练习	见学案,大屏幕出示答案			
课堂小结	快乐分享:学完本节课请你用一句话说说给你留下最深印象的是什么			
课后作业	见学案			

四、板书设计

金刚石、石墨和 C_{60}

结构 $\underset{\text{体现}}{\overset{\text{决定}}{\rightleftharpoons}}$ 性质 $\underset{\text{体现}}{\overset{\text{决定}}{\rightleftharpoons}}$ 用途

金刚石

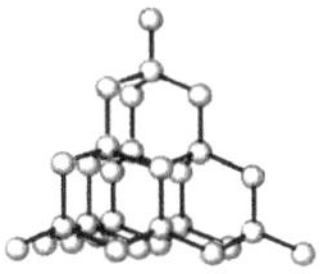

硬度大 ⟶ 钻头等
无色透明、折光率好 ⟶ 饰品

石墨

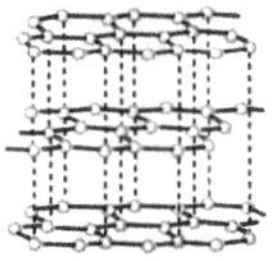

质软 ⟶ 铅笔芯
滑腻感 ⟶ 润滑剂

C_{60}

能导电性 ⟶ 电极

五、学案

金刚石、石墨和 C_{60} 学案

一、知识点

知识点一：金刚石

(1)小组内，每人说出一种生活中你见过的或知道的金刚石；由一人向全班汇报。

(2)组内讨论：由这些金刚石制品推测金刚石具有哪些物理性质，并完成下表。

	用途	物理性质
金刚石		

(3)亲身体验：用玻璃刀和小刀分别刻画玻璃有什么不同？

小刀刻画玻璃现象：____________；玻璃刀刻画玻璃现象：__________。

(4)听听其他组同学或老师介绍，金刚石还有哪些用途，也填入上表。

知识点二：石墨

(1)请组内合作，设计实验方案探究石墨都有哪些物理性质？比比哪个小组探究出的结论多，完成下表。

我的猜想	实验步骤	实验现象	实验结论

(2)以小组为单位汇报，不要与其他小组重复。

(3)总结石墨的物理性质，并推测石墨的用途，完成下表。

	物理性质		用途
石墨	颜色		
	硬度		
	导电性		
	手感		

习题：根据金刚石、石墨的物理性质、用途找找性质与用途的关系是：

$$性质 \underset{(\quad)}{\overset{(\quad)}{\rightleftarrows}} 用途$$

知识点三："果汁变清水"的魔术

(1)观察老师的魔术，你看到了什么样的奇迹，还有哪些疑问？

看到的奇迹：________________；

你的疑问：________________________________？

(2)观看 Flash 动画，得出结论：________________________。

(3)根据木炭、活性炭这一性质，说说它们都有哪些用途？小组内每人说出一点，全班交流。

对比分析：观察金刚石和石墨的微观结构示意图，你能得出的结论：

$$性质 \underset{(\quad)}{\overset{(\quad)}{\rightleftarrows}} 用途$$

知识点四：C_{60}

(1)看完视频后的收获：________________________。

(2)C_{60}结构图________。

习题：金刚石、石墨和 C_{60} 都是由________元素组成的，进而得出结论：________________。

二、课堂检测

记录用多长时间完成。(完成时间：　　)

(1)碳的单质中，质地较软，常用作电极的是(　　)。

A. 金刚石　　B. 活性炭　　C. 炭黑　　D. 石墨

(2)以下结构示意图表示 C_{60} 分子的是(　　)。

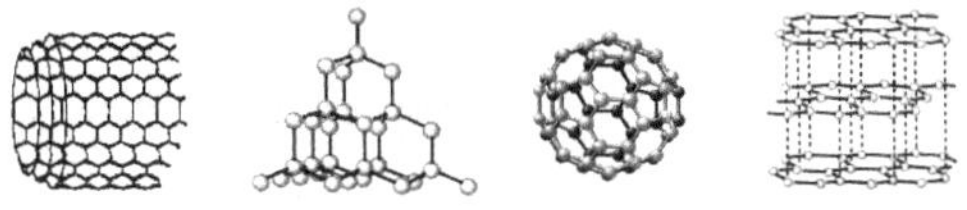

A　　B　　C　　D

(3)物质的组成与结构决定物质的性质。试分析导致下列两组物质性质不同的原因。

①金刚石和石墨性质不同是由于____________________不同；

②水和过氧化氢的性质不同是由于______________________不同；

③Mg 和 Mg^{2+} 性质不同是由于__________________________不同。

三、自我检测

记录用多长时间完成。(完成时间：　　)

1. 选择题

(1)下列物质中，硬度最大的是(　　)。

A. 金刚石　　B. 石墨

C. 焦炭　　D. 活性炭

(2)金刚石、石墨和 C_{60} 都是由碳元素组成的单质，下列关于碳的单质的叙述正确的是(　　)。

A. 都是黑色固体

B. 它们的物理性质不同

C. 碳原子的排列方式相同

D. 一定条件下，石墨转化成金刚石是物理变化

(3)下列各物质中，化学式相同的不同物质是(　　)。

A. 氧气和液氧　　B. 金刚石和石墨

C. 水银和银　　D. 干冰和二氧化碳

(4)下面是甲、乙两种物质的结构示意图，图中小圆圈均代表碳原子。这两种物质在氧气中完全燃烧后的产物都是二氧化碳，但它们的物理性质却明显不同，如导电性、硬度等。据此，下列说法错误的是(　　)。

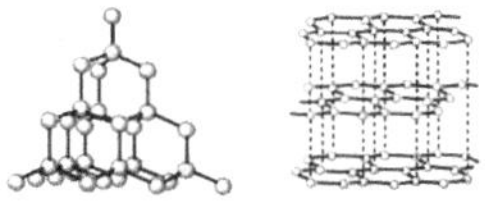

甲　　乙

A. 甲、乙两种物质中的碳原子大小相同

B. 甲、乙两种物质都是碳单质

C. 甲、乙两种物质中原子的空间排列方式不同

D. 将甲、乙两种物质混合后得到的是纯净物

2.填空题

(1)碳和碳的化合物都是非常重要的物质。

①碳原子的核电荷数为____________,碳原子的最外层电子数为____________。

②碳的单质有多种,由分子构成的是__________。

(2)根据下列物质的性质,写出其对应的一种或几种用途。

①金刚石的硬度很大:____________;②活性炭的吸附性强:____________;

③石墨很软:____________;④石墨具有润滑性:____________。

(3)有红棕色二氧化氮气体的集气瓶里放几小块木炭,最终观察到红棕色________(填"变深"或"消失"或"不变"),漏斗中液面________(填"上升"或"下降"或"不变")。其原因为:活性炭具有________作用,使瓶中气体压强________外界大气压。

3.简答题

1999年,海湾战争中曾使用了一种"石墨炸弹"。这种炸弹爆炸后释放出大量纤维状的石墨,它们覆盖在发电厂的设备上,造成设备短路而停电,解释这是为什么?

四、能力提升

科学家发现由C_{60}制取的化合物M有抑制艾滋病病毒的作用,下列叙述不正确的是( )。

A.科学家制得了C_{50},它与C_{60}都是单质

B.某物质含有C_{50}分子和C_{60}分子,该物质是化合物

C.由C_{60}制取化合物M的过程,发生了化学变化

五、总结反馈

请你记录独立完成课后作业时的相关情况。

(1)你独立完成课后作业时,你认为题目难度大的是( ),课后作业中( )和同学答案不一样,讨论后仍不明白的是( ),将题号填在括号中,可以多选。

(2)记录你完成课后作业所用的时间( )。

六、教学反思

(1)增设实验,给学生提供动手的机会。在处理金刚石物理性质时增设了体验玻璃刀和小刀刻画玻璃的实验,来培养学生控制实验条件进行对比的实验意识。另外,在处理石墨的物理性质这部分内容,我设计了探究实验,给学生提供实验器材,让学生分组讨论探究石墨都具有哪些物理性质,来增加学生探究意识。

(2)将金刚石、石墨的物理性质和用途及结构放入同一表格中,学生通过比较很容易理解物质的结构、性质、用途间的关系,同时将运用表格处理信息的方法渗透给学生。

(3)将运用时代感较强的背景材料加到课的开头和结尾,尤其是结尾部分介绍了2010

年诺贝尔化学奖获得者根岸荣一、铃木章、理查德·赫克发现钯催化交叉偶联反应，几代科学家的不断努力实现着人类的很多梦想，让学生畅谈自己的梦想，激发出学生热爱化学、学好化学的信心和决心。

(4)不足：由于事先将准备好的实验器材分发到各小组，导致课上学生的思维受限，学生设计的实验总局限在能用到的器材上。可预先不发放器材，学生设计好方案后教师再提供实验器材。

七、点评与分析

1. 教学目标

《金刚石、石墨和 C_{60}》一课的教学目的是让学生了解金刚石、石墨的物理性质和主要用途，它虽是初中化学的核心内容，但课标对此的要求不高，属于了解和知道层次。但本课题却可以引导学生建立性质决定用途、结构决定性质的化学思想，所以教师的设计理念尤为重要。

2. 教学手段

介绍了 C_{70}、C_{240}、碳纳米管、石墨烯和碳纳米车等，还介绍了 2010 年诺贝尔化学奖获得者，将课堂气氛推向高潮，学生的情感得到提升，不仅了解化学的社会价值，也有学好化学的决心。

3. 教学过程

教学设计比较灵活，从学生的生活经验出发讲究的是知识起源于生活又回归和服务于生活的理念，教师不断从生活到化学，从化学又回到生活，反复让学生建立化学课上的金刚石、石墨与生活中的金刚石、石墨用品之间的联系；不断让学生从现象到本质、由感性到理性、由个别到一般的规律去认识，学生的思维螺旋式上升，又加上利用课件化抽象为具体、变微观为宏观、由浅入深突破教学难点。

4. 教学亮点

增设实验，教材中没有安排实验，都是文字描述。本节课教师设计了一个体验实验、一个探究实验，激发了学生学习兴趣，使学生在体验、感知中不仅获得了知识还培养了实验能力和科学探究的意识，使学生的知识、思维同步并进。

八、参考资料

教育部基础教育课程教材专家工作委员会. 2012. 义务教育化学课程标准(2011 年版)解读. 北京：高等教育出版社.

点评专家：祖　华　抚顺市新抚区教师进修学校教研员
刘继和　沈阳师范大学教师专业发展学院教授，硕导

课题 2　二氧化碳制取的研究

一、基本信息

课题	二氧化碳制取的研究				
授课学校	大连市第 28 中学	授课年级	九年级	授课班级	九年四班
授课时间	2012.11.10	课　型	新授元素化合物课	课　时	1
姓名	徐春丽	毕业学校及专业	沈阳师范大学化学专业		
年龄	33	最高学历	硕士研究生		
职称	中学一级	教龄	7 年		
最高荣誉	校优秀硕士毕业生	最高奖励	全国第二届硕士研究生教学技能大赛一等奖		

二、对本节课的基本认识与理解

本节课的性质、在教材中地位与作用	性质：本课是新教材九年级《化学》人教版上册第六单元课题 2 的教学内容，是学习元素化合物知识的重要一课。让学生了解实验室制取气体的方法和设计思路。 地位：《二氧化碳制取的研究》这节课在初中化学学习过程中占据十分重要的地位。安排在学生学习了碳的单质及其化学性质之后，由浅入深培养学生在药品的选择、装置的探究、实验方法等方面的能力。 作用：上好本节课对学生今后学习元素化合物知识、提升化学实验基本操作能力及实验探究能力，都有着深远的影响	
学情分析	有利因素：学生在第二单元学习了氧气的实验室制法后，对于气体制取装置的选择、收集方法的确定有一定的了解。 不利因素：学生接触化学的时间不长，实验动手操作能力和分析能力较弱，还不具备自主的实验探究能力	
教学目标	知识与技能	(1)了解实验室制取二氧化碳的化学反应原理。 (2)探究实验室里制取二氧化碳的药品和装置，并利用设计的装置制取二氧化碳气体。 (3)了解制取气体的一般思路和方法
	过程与方法	(1)让学生初步学会科学探究的基本过程与方法，能进行初步的科学探究活动。 (2)初步学会运用比较、分析、讨论、归纳等科学方法对获取的信息进行加工
	情感态度与价值观	(1)通过探究活动，体验探究的乐趣，激发学生探究欲。 (2)培养学生的观察、分析、表达、合作等能力
教学重难点	重点	实验室制取二氧化碳的原理、药品和装置的探究，并制取二氧化碳
	难点	实验室制取二氧化碳的药品和装置的探究
教学资源与教学手段	仪器、药品	稀盐酸、稀硫酸、石灰石(或大理石)、碳酸钠、澄清石灰水、试管、药匙、镊子、锥形瓶、长颈漏斗、集气瓶、导气管、双孔橡胶塞、木条、火柴
	演示文稿	PPT 课件
	其他资源	电子白板、学案

三、教与学的过程设计

教学内容	教学环节与方法	教师活动	学生活动	设计宗旨与意图
	创设情境	提问：我们一起来做一个简单的瑜伽动作，吸气，吐气。请问我们刚刚呼出的气体中含有什么气体？怎样验证呢？	回答：有二氧化碳气体；将气体通入澄清的石灰水。	
	多媒体展示：泡沫灭火器、人工降雨、烟雾缭绕的舞台画面图片			
认识二氧化碳的应用		演示实验：用塑料管向澄清的石灰水中吹气。 我们呼出的气体中有二氧化碳气体，二氧化碳气体的应用在生活中无处不在。	学生们看到澄清的石灰水变浑浊了。	由教师的演示实验引入新课，拉近化学与生活的距离，激发学生参与问题探究的积极性
		引导：如果我们有二氧化碳气体的话，就可以在班级开联欢会的时候，布置一个这样的舞台画面，你们想知道化学实验室中如何制取二氧化碳气体吗	观看图片，异口同声表示想知道二氧化碳的制取方法	
		板书：二氧化碳制取的研究。 讲解：制取二氧化碳气体需要原料，实验室中称为药品。 板书：一、药品		
实验室里制取二氧化碳药品的探究	多媒体展示： 药品组合图片：稀硫酸-石灰石、稀盐酸-石灰石 、稀盐酸-碳酸钠	让学生做三组对比实验，强调石灰石和碳酸钠粉末是等量的，硫酸和盐酸是同浓度等量的。 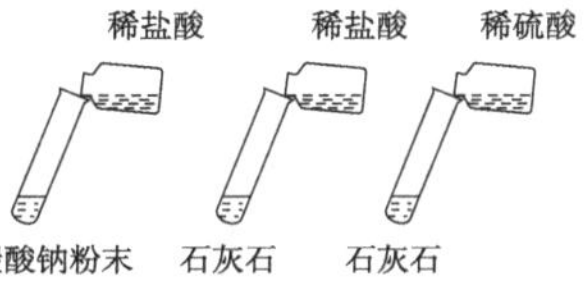	学生分组实验：认真观察三组对比实验现象，并讨论哪组药品组合最适合用于实验室制取二氧化碳气体。	培养学生观察实验现象的能力。
		提问：比较这三组实验，分析哪组适合用于实验室制取二氧化碳气体？为什么？ 板书：二、反应原理 碳酸钙＋氯化氢⟶氯化钙＋水＋二氧化碳 $CaCO_3 + 2HCl = CaCl_2 + H_2O + CO_2\uparrow$	回答：稀盐酸与石灰石这组药品比较适合，原因是稀盐酸与碳酸钠反应速度太快，难于收集气体，稀硫酸和石灰石反应速度慢且反应很快终止	通过对比实验，学生初步了解实验室制取二氧化碳时选择药品的依据

续表

教学内容	教学环节与方法	教师活动	学生活动	设计宗旨与意图
实验室制取二氧化碳发生装置的探究	多媒体展示制取氧气的装置图。 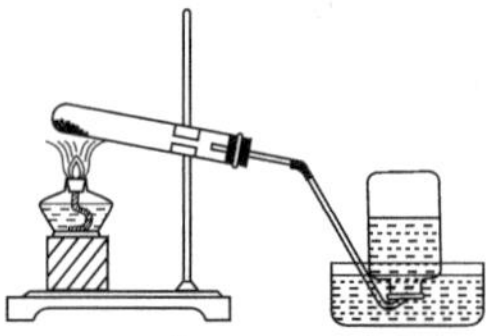  展示附表一	引导:我们已经知道了实验室制取二氧化碳的药品和原理,那么实验室用哪种装置来制取二氧化碳气体呢? 提问:同学们见过这两套装置吗?实验室制取气体的装置由哪几部分组成? 气体的制取装置包括发生装置和收集装置,我们一起来回顾一下制取氧气的发生装置。(见附表一) 提问:同样是制取氧气的实验,发生装置不同,对比分析,确定气体发生装置要考虑哪些因素? 提问:实验室制取二氧化碳气体,应采用哪套发生装置呢?	回答:在制取二氧化碳的实验中见过。 学生填表后,小组讨论并回答问题。固、固加热型,采用高锰酸钾制取氧气的发生装置;固体、液体常温型,采用过氧化氢、二氧化锰混合制取氧气的发生装置。 归纳:固体、液体常温型的发生装置,和用过氧化氢制取氧气的发生装置相同	通过对比、分析制取氧气的发生装置,得出结论。培养他们的思维能力。 为二氧化碳气体的发生装置的选择确定研究方向
实验室制取二氧化碳收集装置的探究	展示附表二	我们再来确定一下制取二氧化碳的收集装置,请同学们参考二氧化碳的材料填表二(见附表二)。 提问:收集气体一般有哪些方法?确定收集装置时应考虑哪些因素? 再问:如何检验生成的气体是二氧化碳?怎么检验瓶内气体已收集满?	填表格,比较氧气和二氧化碳的物理性质。讨论得出收集装置的确定依据。 学生思考后回答问题	让学生在讨论中分享成功的喜悦
二氧化碳制取装置的探究	展示附图一。 展示附图二。 教师演示实验。	引导:在上述基础上,我们要进行仪器的选择,组装制取二氧化碳气体的实验室装置。先来认识几种常见仪器。然后,请同学们讨论、设计出制取二氧化碳的装置。(附图一) 教师提问学生各组的设计方案,让学生尝试说出各方案的优缺点。 演示:实验室制取二氧化碳的步骤及其各环节注意事项:	学生熟悉实验仪器并分组讨论、设计装置组合。 回答:各小组的设计方案。学生们讨论并交流,思考分析各种装置的优缺点,并选择一套最佳的装置。 学生观看实验步骤、记住注意事项。	小组合作,讨论交流最终可以选择的装置组合。 通过对比不同的实验装置优缺点,选择一组最佳装置,培养学生化学学科能力。

续表

教学内容	教学环节与方法	教师活动	学生活动	设计宗旨与意图
二氧化碳制取装置的探究	学生分组实验。	连接装置—检查装置气密性—装药品(先固后液)—收集气体(向上排空气法)—验满(将燃着的小木条放在集气瓶口)。 教师巡视指导实验操作的规范性。	学生动手实验,制取二氧化碳气体并收集、验满。	培养学生的合作意识、实验操作的能力。
	教师提问	通过二氧化碳和氧气的实验室制取的研究,请同学们总结制取气体的思路和方法	小组讨论,得出结论。然后组间交流、汇总	培养学生语言表达能力,体会在亲历探究活动所获得的成功的喜悦
课堂练习	见学案			
课堂小结	学生自主总结、汇报本节课收获,教师强调重点内容			
课后作业	见学案			

附表一

		O_2		CO_2
发生装置	原料	高锰酸钾;氯酸钾、二氧化锰	过氧化氢溶液、二氧化锰	
	反应物状态	固体	固体和液体	
	是否加热	加热	常温	
	装置图	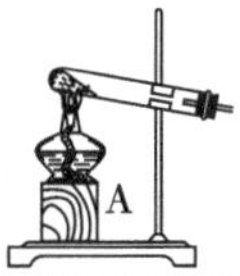 A	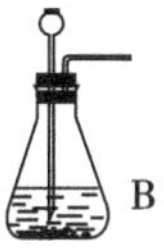 B	

附表二

		O_2	CO_2
收集装置	密度(与空气比)	比空气略大	
	溶解性	不易溶于水	
	收集方法	向上排空气法、排水法	

附图一

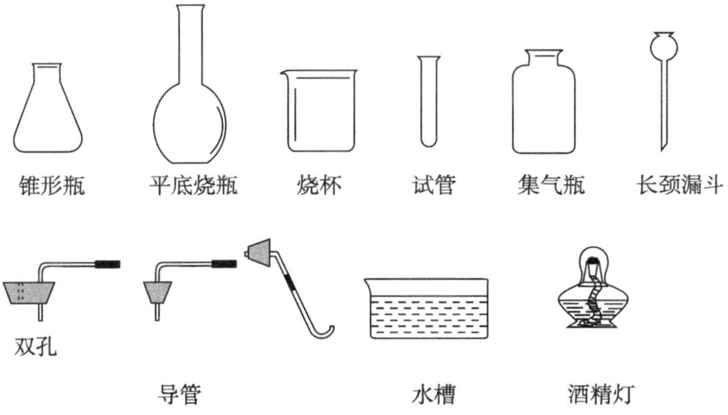

[档案]

<u>中文名</u>:二氧化碳

<u>英文名</u>:CO_2

<u>融洽度</u>:能溶于水(1∶1)

<u>年龄</u>(相对分子质量):44

<u>体貌特征</u>:无色、无味、气体

附图二

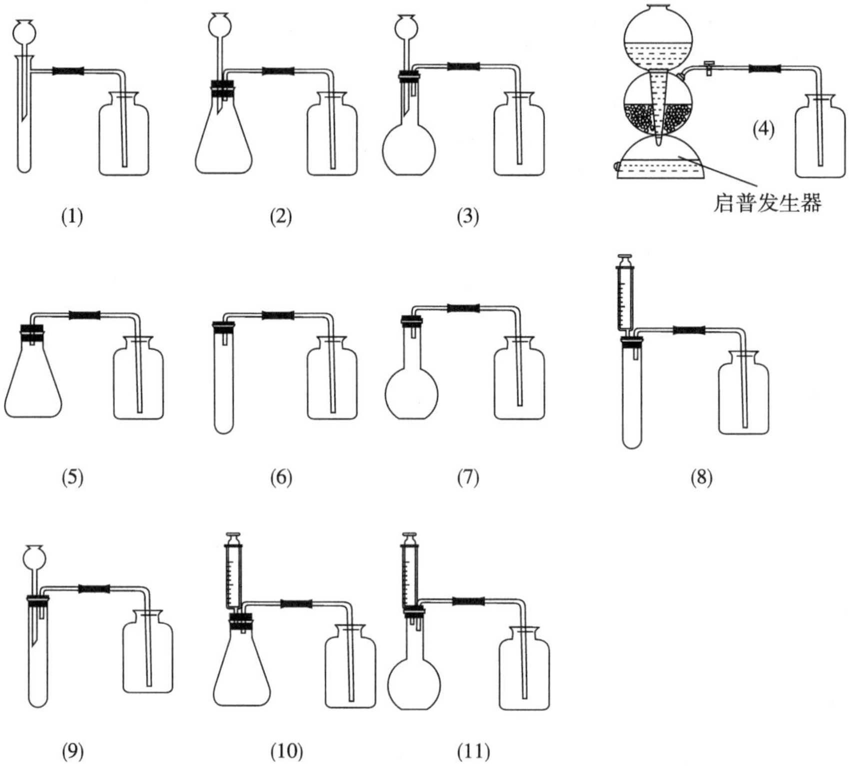

四、板书设计

二氧化碳制取的研究

一、原料和原理

原料：石灰石或大理石、稀盐酸

原理：$CaCO_3+2HCl = CaCl_2+H_2O+CO_2\uparrow$

二、实验装置的选择

三、收集和验满

收集：向上排空气法

验满：将燃着的小木条放在集气瓶口，小木条熄灭，证明已满。

检验：将气体通入到澄清石灰水中，振荡，石灰水变浑浊，证明是二氧化碳气体。

五、学案

二氧化碳制取的研究学案

一、知识回顾

我们曾研究过实验室制取“氧气”的方法，请同学们回忆相关知识。

药　品		
反应原理		
反应物状态		
反应条件		
发生装置		
收集装置		
验证方法		
验满方法		

二、知识学习

探究活动 1：探究实验室制取二氧化碳药品

(1)分别在三支试管中加入等量的碳酸钠粉末、大理石、大理石。

(2)在三支试管中分别加入等量同浓度的稀盐酸、稀盐酸、稀硫酸。

(3)观察：三支试管中产生气泡的速度是否一样？

实验药品	实验现象
(1)碳酸钠粉末和稀盐酸反应	
(2)大理石和稀盐酸反应	
(3)大理石和稀硫酸反应	

实验室制取二氧化碳，最适宜的药品是____________________

原理：实验室制取二氧化碳的化学方程式____________________________________

探究活动 2：探究实验室制取二氧化碳的装置

两部分装置：________装置、________装置

(1)确定二氧化碳的发生装置时要考虑哪些因素？

a. 反应物的状态(如固态、液态)__________________

b. 反应条件(如加热、不加热)____________________

(2)确定二氧化碳的收集装置时要考虑的因素又有哪些？

主要应以两个物理性质方面去考虑 a. __________________________　b. ________________________

(3)你认为应该怎样证明制得的气体是二氧化碳？

____

你认为应该怎样证明一瓶二氧化碳已经收集满？

____

(4)右图的装置图要点有什么。

①____________________________。

②____________________________。

(5)下图中哪些可以代替长颈漏斗？________哪些可以代替锥形瓶？________。

请各组收集一瓶二氧化碳气体然后放置于桌子上，请注意安全！

三、课堂练习

1. 选择题

(1)实验室制取二氧化碳,最好选用(　　)。

A. 碳酸钠和稀硫酸　　B. 大理石和稀硫酸

C. 大理石和稀盐酸　　D. 大理石和浓盐酸

(2)下列有关气体的制备与收集方法中,不正确的是(　　)。

A. 二氧化碳既可以用排水法收集,又可以用向上排空气法收集

B. 制备气体时,一定要先检验装置的气密性

C. 密度比空气小,且不溶于水的气体,既可用向下排空气法又可用排水法收集

D. 氧气既可以用排水法收集,又可以用向上排空气法收集

2. 填空题

(1)右面实验室制取二氧化碳的装置图有哪些错误?

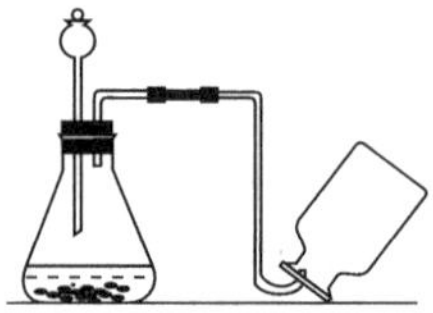

____

(2)根据下列实验装置图回答问题。

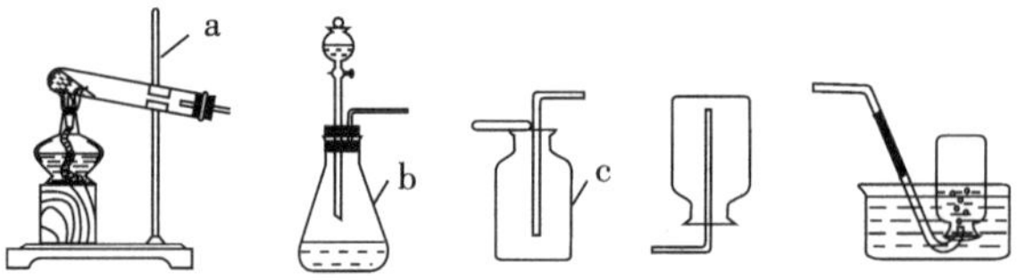

①写出图中标有字母的仪器名称:a ________;b ________;c ________。

②装置 B 可用于实验室制备 CO_2 气体。则 B 中的药品属液态的是________,块状固体是________;实验中,观察到 B 中发生的现象是________,化学方程式为________;收集 CO_2 应选用的装置是________,不选其他两个装置的原因是________、________;检验 CO_2 已集满的方法是________。

③实验室制备并收集氧气,应选用的发生装置是__________或__________,收集装置是__________或__________,制取氧气的化学方程式为____________________或____________________。

四、课后作业

1. 选择题

(1)氨气极易溶于水,且密度比空气小,应选择下列哪种方法收集(　　)。

A. 向上排空气法　　B. 排水法

C. 向下排空气法　　D. 向下排空气法和排水法

(2)NO 是汽车尾气中的一种大气污染物，它是一无色气体，难溶于水，密度比空气略大，在空气中能与氧气迅速反应而生成红棕色的 NO_2 气体，在实验室中，收集 NO 时可选用的集气方法是(　　)。

A. 排水法　　　　B. 向上排空气法

C. 向下排空气法　　　　D. 排水法或向上排空气法

2. 填空题

(1)请根据右图回答下列问题。

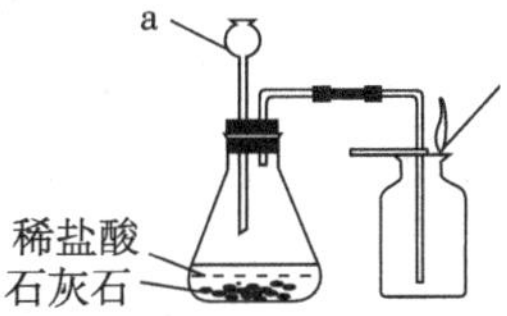

①仪器 a 的名称是____________________。

②写出锥形瓶内反应的化学方程式____________________。

③锥形瓶内的反应进行较长时间后，用燃着的火柴放在集气瓶口，火焰仍不熄灭的原因是____________________。

(2)实验室里制取二氧化碳气体，有下列仪器可供选用。

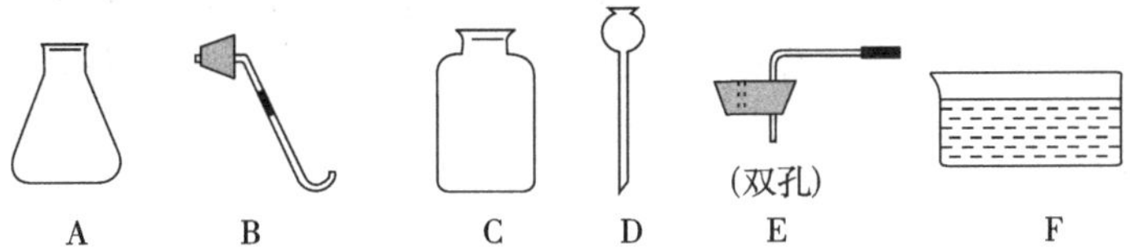

①制取二氧化碳气体所需的药品是____________________。

②收集二氧化碳气体的方法是____________________。

③制取并收集二氧化碳气体所需的仪器是(用仪器的序号回答)____________________。

④二氧化碳气体是否收集满的方法是____________________。

⑤利用实验室里抽取二氧化碳气体的发生装置，还能制取另一种气体，写出制取该气体的化学方程式：____________________。

(3)硫化氢(H_2S)是一种有毒气体，其密度比空气的密度大，且能溶于水形成氢硫酸。实验室通常用块状固体硫化亚铁和稀硫酸混合，在常温下通过发生反应制得硫化氢气体。试回答下列问题。

①A、B、C 三图中，制取硫化氢气体的发生装置可以选用________。

②收集硫化氢气体可以用________法收集，原因是________________。

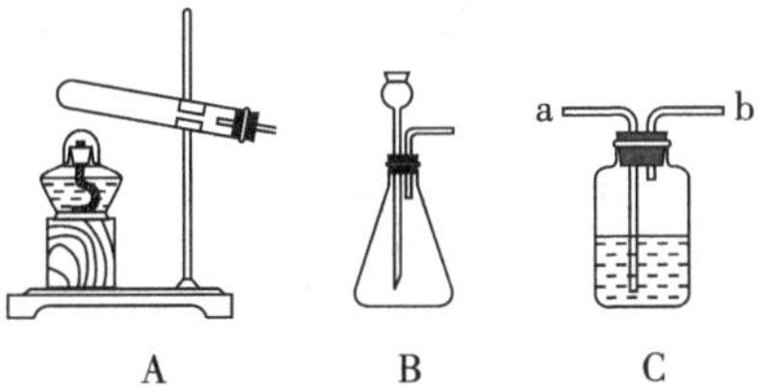

六、教学反思

(1)本节课的教学设计中突出了“研究”的成分，增加了学生探究活动，让学生自主探究、积极参与、大胆设计。学生分组实验有三块内容：一是制取二氧化碳所选原料的探究，二是制取二氧化碳所用装置的探究，三是用所设计的装置制取二氧化碳。

(2)在探究制取二氧化碳的原料过程中,学生都能完成三组对比实验并从中选择石灰石与稀盐酸这一组物质。对为什么这样选择,学生从直观的实验现象中得出了比较明确的答案。同时还发现粉末状固体较块状物质与酸反应的速率快等,得到了许多意想不到的收获。

(3)第二块的探究内容是重头戏。在教学过程中,通过与氧气制法的对比、分析,归纳出发生装置、收集装置的选择方法以及实验室制取气体的一般思路。让学生进行实验装置的设计和评价后,由学生分组实验制取二氧化碳气体。涉及装置的设计用的时间较多,尽管学生设计的装置中有这样那样的缺陷,但学生在活动中所表现出来的提出问题、发现问题和解决问题的能力让人兴奋不已。课堂上学生的投入状态程度和表现出的主动性是平时很少见到的。

(4)在本节课的教学中,以科学探究为主的多样化学习方式得到了落实,把课堂还给了学生。提出问题让学生讨论,适当点拨指导,使学生的思维不断处于积极思考状态,让学生在"做"中完成本课的研究内容。但本节课的教学也有不足,时间安排略显仓促,对学生设计的装置点评时间少,不能让学生有充足的时间对自己设计的装置进行说明。

七、点评与分析

1. 教学目标

通过制取氧气的知识回顾,从方法的角度,为二氧化碳制取的研究思路奠定基础。改变传统教学中的方法灌输,增强学生对气体研究方法的认识体验。这一教学环节看似没有摆脱传统教学中知识为本的束缚,缺乏新意,其实是一种让学生感悟方法的有效举措。

教师让学生自己表达所学、所感、所悟。看似一个小小的变革,实则体现了"民主、平等、对话"的新型课程文化,体现了学生始终是学习的主人这一新课程理念。希望在今后的教学中,将问题权进一步交给学生,引导学生发现问题、解决问题,从而使课堂教学迸发出更多的生成性的火花。

2. 教学过程

实验室制取二氧化碳的装置探究环节十分流畅。同时,还注意到了从学的角度去设计教学,注重了学生思维的启发。学生设计装置时所使用的是仪器的实物,学生的感受和体验都很真切。验证二氧化碳的方法在新课导入时已经做了铺垫,所以该教学环节采用快捷、简明的教学策略是合理的。

解决了实验室制取二氧化碳气体值得研究的几个主要的问题之后,安排了学生制取一瓶二氧化碳气体的实验。目的有两个:一是巩固研究成果,二是训练学生的实验技能。研究二氧化碳实验室制取,最终的落点还在于初步学会制取二氧化碳气体的操作。这种设计为学生提供了动手实验的机会,同时也使接近尾声的课堂教学出现了一个小小的高潮。

3. 教学亮点

通过对有二氧化碳生成的三组反应速率的分析,呈现实验室制取二氧化碳药品的探究过程。教材中二氧化碳的反应原理是直接呈现的,教者变结论呈现为过程探究,无疑是这一教学环节的一大亮点。

八、参考资料

教育部基础教育课程教材专家工作委员会. 2012. 义务教育化学课程标准(2011 年版)解读. 北京:高等教育出版社.

化学课程教材研发中心. 2012. 义务教育教科书化学九年级下册教师教学用书. 北京:人民教育出版社.

任宝华. 2012. 新版课程标准解析与教学指导. 北京:北京师范大学出版社.

点评专家:薛春蕾　大连市教师进修学校教研员

刘继和　沈阳师范大学教师专业发展学院教授,硕导

课题 3　二氧化碳的性质

一、基本信息

课题	二氧化碳的性质				
授课学校	调兵山市第一中学	授课年级	九年级	授课班级	九年三班
授课时间	2011.11.20	课　型	新授元素化合物课	课　时	1
姓名	邢淑晶	毕业学校及专业	阜新矿业学院化学专业		
年龄	43	最高学历	本科		
职称	中学一级	教龄	23 年		
最高荣誉	铁岭市名师、省级骨干教师	最高奖励	国家优质课一等奖		

二、对本节课的基本认识与理解

本节课的性质、在教材中地位与作用	本课题的内容属于元素化合物知识,是学生在学习了第二单元氧气的性质之后进行的,通过与学生已有知识联系,不断完善和发展学生的认知结构。本节课主要介绍二氧化碳的性质和用途,二氧化碳是日常生活中常见的物质,生活与学习的紧密结合,激发了学生的学习兴趣,也符合学生由感官认识上升到理性认识的认知规律。通过学习,学生懂得知识"来源于生活,服务于生活"。本节课的知识既能联系到碳的单质,学生又学习到了碳酸和碳酸钙等化合物知识,同时为以后的学习打下基础,所以本课题的内容是本单元内容的核心和纽带
学情分析	有利因素:本课时内容比较贴近学生的生活,二氧化碳是学生熟悉的物质,生物课也学过它的某些知识。可以利用学生已有的知识和经验,创设师生共同学习讨论、研究的情景,发挥学生的积极性和主动性。 不利因素:学生对实验的动手和分析能力弱,自主探究能力差

续表

教学目标	知识与技能	知道二氧化碳的物理性质；掌握二氧化碳的化学性质；了解二氧化碳的用途
	过程与方法	在教师的指导下，能独立思考和小组讨论，根据所要探究的具体问题设计简单的实验方案进行实验；通过对二氧化碳性质、用途的学习，进一步认识物质的性质决定用途，用途体现性质
	情感态度与价值观	通过实验探究，培养学生严谨求实的科学态度；产生学习的成功体验，享受学习、享受科学
教学重难点	重点	二氧化碳的化学性质
	难点	对二氧化碳与水反应原理的探究
教学资源与教学手段	仪器、药品	集气瓶、玻璃片、矿泉水瓶、烧杯、阶梯形蜡烛台、酒精灯、坩埚钳、蜡烛、稀醋酸、石蕊试液染成的干花、火柴、木条等
	演示文稿	PPT
	其他资源	学案

三、教与学的过程设计

教学内容	教学环节与方法	教师活动	学生活动	设计宗旨与意图
舞台烟雾	创设情境、引入新课	投影：展示一幅云雾缭绕的舞台场景，让学生猜测这是如何营造出来的？它的化学成分又是什么	观看、回答	从学生已有的知识出发，联系实际，创设情境，引入新课
学习目标	展示目标	展示学习目标	学生阅读	明确学习任务
二氧化碳的物理性质、化学性质	提出问题	(1)根据你们的生活经验和前面学过的二氧化碳的有关知识，你对二氧化碳的性质还有哪些了解？ (2)追加问题： ①你是怎么知道二氧化碳的密度比空气大的？ ②你能设计实验验证吗？ a. 二氧化碳能溶于水； b. 不燃烧也不支持燃烧。 投影：提示实验要求和注意事项。 教师巡视指导。 组织学生进行交流。	学生回忆有关二氧化碳的知识，回答并进行归类。 学生直接回答。 设计方案并验证： 记录现象，分析结论。认识二氧化碳的性质。	唤起学生对已有知识的记忆和再现。 培养学生的实验能力，通过小组的合作，互相启迪、互相补充，并完善自己的结论
	解决问题（合作学习）	雪碧等饮料振荡后打开，问：冒出的气体是什么？ 教师：能证明吗？ 教师演示：将饮料瓶盖换成带导管的，直接通到澄清石灰水中	学生：二氧化然气体。 学生：通入到澄清石灰水。 学生：观察现象	
二氧化碳与石灰水反应	解决问题（教师点拨）	讲解。 二氧化碳与石灰水反应的原理是因为生成了难溶于水的碳酸钙	写出化学反应方程式	对知识点的升华，加深印象

续表

教学内容	教学环节与方法	教师活动	学生活动	设计宗旨与意图
二氧化碳与水反应	提出问题	教师：雪碧中溢出二氧化碳，这一现象说明什么？雪碧为什么又被称为碳酸饮料呢？ 二氧化碳是否还有其他的化学性质呢？ 演示实验：向用石蕊试液染成的干花上喷洒溶有二氧化碳的水。 提出探究问题：是什么物质使紫色小花变红？ 问：你的猜测是什么	思考、猜测。 提出自己的猜想： 二氧化碳溶于水，二氧化碳与水反应。 学生观察：小花变红。 学生猜想： (1)是水使紫色小花变红。 (2)是二氧化碳使紫色小花变红。 (3)是二氧化碳与水反应生成的新物质使紫色小花变红……	学生亲自动手进行实验探究，学会根据实验现象分析、得出结论，让学生亲自参与到知识的形成过程中，激发学生的学习兴趣
	解决问题 （探究学习）	展示：提供的仪器和药品。 指导学生的探究活动。 让学生讲述自己小组的实验设计，引导其他学生去评价这些设计。 形成结论：二氧化碳与水反应生成碳酸，但碳酸不稳定，易分解。 知识梳理：二氧化碳的物理性质、化学性质	组内讨论确定实验方案并汇报。 根据屏幕上提供的信息进行实验。 表达交流对猜想的验证结果，形成结论。 对所认识的二氧化碳的性质进行归纳	通过让学生讲述自己的实验方案，提高学生的表述能力，在教师和同学的认同中获得成功的喜悦和对化学学习的持续兴趣。 形成完整的知识体系
二氧化碳的用途、二氧化碳对生活和环境的影响	解决问题 （自主学习）	对照二氧化碳的性质，总结其用途、温室效应增强的危害。为了减缓温室效应增强，作为学生我们该做些什么	阅读教材第 119～121 页的内容或组内讨论总结	培养学生自主学习解决问题的能力
课堂小结	归纳概括	以知识树形式展现	学会归纳，谈收获。 观看，得到启示	引导学生形成自觉提炼学习方法与技能的好习惯
课堂练习	拓展应用 生成创新	投影：生活中的一些问题。 (1)久置不用的菜窖，能贸然进入吗？（动画展示） (2)石灰浆粉刷墙壁原理。 (3)区分氧气和二氧化碳。 出示古诗《石灰吟》	小组抢答，评出最佳单位。 解释其中所蕴含的化学反应原理	使学生能把学到的知识与实际生活联系在一起，懂得运用有关的化学知识去解决生活中的一些简单的实际问题。 带着问题走出课堂，继续探究，形成对化学学习的持续兴趣

四、板书设计

二氧化碳的性质

1. 无色、无味的气体
2. 密度比空气大
3. 能溶于水
4. 固体二氧化碳（干冰）

} 物理性质→用途←化学性质 {

1. 不燃烧也不支持燃烧
2. 不供给呼吸
3. 与水反应
4. 与石灰水反应

五、学案

二氧化碳的性质学案

一、知识点

知识点 一：二氧化碳的性质

(1)根据你们的生活经验和以前学过的二氧化碳的有关知识，回忆二氧化碳的性质有哪些？学生回答并进行归类。

(2)活动与探究 1

以小组为单位设计实验：验证二氧化碳的性质。

(3)学习结论：各小组间交流完成下表。

物理性质	颜色	状态	气味	密度(与空气比较)	溶解性	化学性质	是否供给呼吸	是否支持燃烧
二氧化碳								

(4)教师将雪碧等饮料振荡后打开，问：冒出的气体是什么？

(5)雪碧又称碳酸饮料，为什么？观察教师演示实验。

(6)活动与探究 2

是什么成分使紫色石蕊浸泡的干花变红？(以小组为单位设计实验、讨论实验方案并动手验证)。

知识点二：二氧化碳对生活和环境的影响

(1)温室效应的定义。

(2)温室效应的危害。

(3)温室效应的预防。

(4)CO_2 对生活和环境的其他影响。

二、总结反馈

请你记录独立完成“课堂练习”时的相关情况。

(1)你独立完成“课堂练习”时,你认为题目难度大的是(　　),耗时较多的是(　　),将题号填在括号中,可以多选。

(2)利用课间和同学交流,“课堂练习”中(　　)和同学答案不一样,讨论后仍不明白的是(　　),将题号填在括号中,可以多选。

(3)记录你完成“课堂练习”所用的时间(　　　)。

三、课堂练习(抢答(1)～(5)题,以小组为单位竞赛)

(1)二氧化碳常用来灭火是因为它(　　)。

①本身不能燃烧;②不支持燃烧;③能溶于水;④密度比空气大

A. ①②③　　B. ①③④　　C. ①②④　　D. ②③④

(2)鉴别氧气和二氧化碳两瓶无色气体可选用的方法或试剂是(　　)。

①石蕊试液;②澄清石灰水;③燃着的木条;④水

A. ①②③④　　B. 只有①②③　　C. 只有①②　　D. 只有②③

(3)利用大棚栽培农作物,科技人员常向大棚内施放适量 CO_2,这是因为(　　)。

A. CO_2 会使大棚内温度急剧升高　　B. CO_2 可使害虫窒息死亡

C. CO_2 能灭火　　D. CO_2 可促进植物进行光合作用

(4)下列有关 CO_2 的实验中,只能证明 CO_2 物理性质的实验是(　　)。

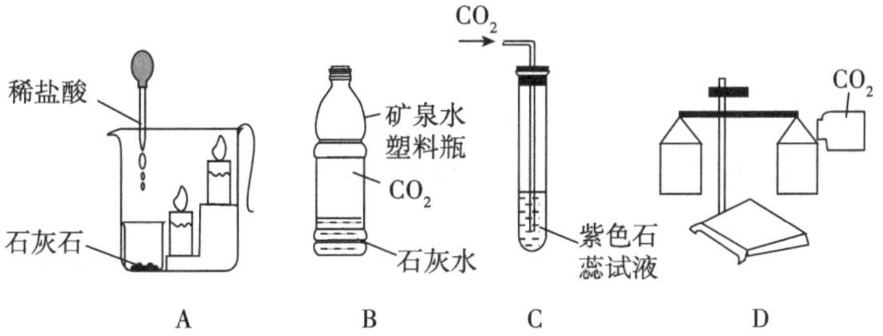

(5)北方的农村,许多人家里都设有地窖用来储存蔬菜。由于植物的________致使里面含有大量的________气体,因此,人们在进入地窖之前,往往会做一个“________实验”,就是把燃着的蜡烛先放入地窖里,如果看到________,证明里面聚有大量的________气体,不宜进入;当看到________,证明里面的________气体较少,可以进去。

(6)某学生将收集满二氧化碳气体的试管倒插入紫色石蕊试液中,并轻轻振荡试管。

①描述产生的现象________________。②写出反应的化学方程式________________。

(7)某人带猎犬举火把进入人迹罕至的山洞里,不久猎犬死亡,当人蹲下查看时,火把熄灭,人也感到头晕气喘,于是赶紧站起逃出,根据此事实回答下列问题。

①猎犬死亡的原因是________________。

②猎犬死亡前,火把不熄灭,人也无明显反应,蹲下时火把熄灭,人也感到不适,其原因是________________。

四、能力提升

1. 实验室按下图所示装置制取 CO_2 并检验 CO_2 的性质。试回答下列问题。

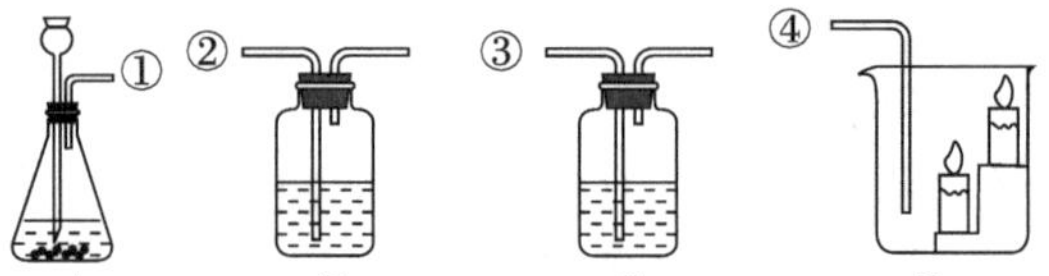

(1)实验开始前,应检查装置 A 的____________________。

(2)用装置 A 来制取 CO_2,所用的药品是(写名称)_______________。

(3)若要用装置 B 鉴定 CO_2,在 B 中应盛放的试剂名称是__________________。当将标①和②的导管口连接时,B 中看到的实验现象是________________________________。

(4)若要用装置 C 证明 CO_2 能与水反应生成碳酸,C 中除有少量水外,应加入的试剂是_________________。

当标①和③的导管口连接时,C 中看到的实验现象是__________________________,证明 CO_2 具有_________的性质。

2. 实验室久盛石灰水的试剂瓶内壁常附有一层白色污渍,其成分是______________,写出其形成的化学方程式____;清除此污渍的方法是__________________________________。

3. 近年来,南极的冰架发生了大面积坍塌,这说明地球正在变暖,温室效应的问题已不容忽视。

(1)为了减缓温室效应增强,我们每个人都可以从自身做起,如少用一次性筷子。少使用一次性筷子和减缓温室效应增强的关系是______________________________。

(2)请再举一件你可以做到的有利于减缓温室效应增强的事情:______________________________。

六、教学反思

(1)整节课的教学中从学生熟悉的内容入手:在物理课上学的干冰升华吸热能进行人工降雨、制造舞台烟雾,于是我截取一段春晚舞蹈的视频来激发学生的学习兴趣、唤起学生思维的兴奋。

(2)将实验探究贯穿于整节课,培养了学生的实验探究能力:由于二氧化碳的密度比空气大、能溶于水、不燃烧也不支持燃烧、可以用石灰水检验,这些内容通过学生的知识积累以及前面学过的二氧化碳的制法中已经获取,所以教学中为了避免知识点的重复讲述,将这些内容设计成问题,引导学生进行实验探究。学生积极动脑,设计方案,有的组方法简单、有的组能将理化知识整合;经过小组的交流讨论,互相分析实验的成败,共同找出原因,这样就加深了学生对知识的消化、吸收和理解。

(3)通过实验探究活动,培养了学生的科学素养和创新精神:给学生一片天空,你定会看到他们自由翱翔;相信孩子,你定会有意想不到的收获。为了验证二氧化碳和水反应以及碳酸的不稳定,在学生设计方案的同时我又给出温馨提示,结果学生在我的基础之上又有了新的创新:将喷醋和喷水放入二氧化碳的两朵小花烘烤对比更能说明问题。

(4)本节课的内容较多,教学任务重,整节课在时间上略显仓促,知识的拓展和延伸还不够到位,我想课前的预习加强些会更好。

七、点评与分析

1. 教学方法

本节课教学设计中采用了“问题引导教学法”,经历了提出问题、解决问题、归纳概括、巩固应用、拓展创新的过程。

2. 教学过程

(1)设疑激趣激活了课堂(情景导入)。本课题在设计上注重科学的教学方法,以学生熟悉的干冰制造舞台烟雾创设情境,提出问题,充分利用学生已有的知识和生活常识进行教学情景的创设,使得他们在熟悉的生活情景中感受化学的重要性。

(2)问题之花开满课堂(以问题为中心)。为了避免知识传授的重复,整节课上教师设计了几大问题,看看学生对二氧化碳的性质了解多少?通过学生对知识的回忆和再现进而加深问题:你能验证吗?通过雪碧饮料引出二氧化碳是否还有其他的化学性质呢?教师演示,调动学生猜想提出新的问题:哪种物质使小花变色?这样一环扣一环问题的提出做到了有层次性、由浅入深,让学生能够得着,并逐步深入思考,积极地参与到教学中来。

(3)小组活动鲜活了课堂。对本课题的两个探究活动设计各有侧重,探究活动 1:验证二氧化碳的溶解性和不燃烧也不支持燃烧,把重点放在了实验的设计方面,目的是培养学生对有关问题设计解决方法的能力,学生可以回到家里继续进行实验求证;探究活动 2:证明二氧化碳能和水反应,则更侧重了实验的实施过程和对有关的现象的分析以及由此可得出的结论,目的是培养学生分析问题、解决问题的能力。

(4)方法规律之树绿化了课堂。整节课对于问题的解决按这样的方式进行:自主学习解决问题(例如,二氧化碳的用途,学生自己看书、查资料);合作学习解决问题(以小组为单位讨论设计方案、实验、交流、汇报进行探究);教师点拨解决问题(二氧化碳与石灰水反应的原理)。课堂教学设计能从学生的实际出发,充分体现以学生为主体,通过自主学习、合作学习、教师点拨方式解决问题,使每一个学生都能在原有的基础上得到发展。

3. 教学亮点

个性特色点亮了课堂。本设计优化和深化了教材的内容,注重发挥学生的主观能动性,给学生一个展示的舞台,一个发挥想象的空间(学生能将灭火的实验改成用矿泉水瓶中气体倾倒、证明碳酸不稳定将两朵小花烘烤对比),学生在动手操作中发现问题,这样就激发了他们学习的兴趣,也增强了他们学好化学的信心。

八、参考资料

教育部基础教育课程教材专家工作委员会. 2012. 义务教育化学课程标准(2011 年版)解读. 北京:高等教育出版社.

化学课程教材研发中心. 2012. 义务教育教科书化学九年级下册教师教学用书. 北京:人民教育出版社.

点评专家:李新菊　调兵山市教师进修学校化学教研员
刘继和　沈阳师范大学教师专业发展学院教授,硕导

续表

教学内容	教学环节与方法	教师活动	学生活动	设计宗旨与意图
灭火的原理和方法	讲授法	现场灭火并分析讨论原理。 屏显：展示几种火灾情景。 请同学们根据燃烧的条件和以上灭火的方法，总结灭火原理。 总结板书：只要将燃烧的三个条件破坏其一，就可达到灭火的目的	根据灭火的原理寻找灭火方法。 思考，发表自己的看法。 根据燃烧条件，得出灭火原理	理论用于实际，情感上认识火灾是可以控制的，激发学生热爱生活、关注社会的责任感
	引导学生活动	燃烧的利与弊的辩论。男生为火队，女生为水队	对抗赛	辩证的认识燃烧的双面性，同时为灭火自救的引出做铺垫
自救逃生的方法	自救逃生	播放视频：火灾自救	观看，感受，了解	了解几种保护自己、救护他人的逃生方法
课堂练习	见学案			
课堂小结	燃烧的条件和灭火的原理			
课后作业	要求：同课堂练习			

四、板书设计

燃烧和灭火

$$\text{燃烧}\leftarrow\text{同时具备}\left\{\begin{array}{c}\text{可燃物}\\ \text{氧气}\\ \text{温度达到着火点}\end{array}\right\}\text{缺少其一}\rightarrow\text{灭火}$$

五、学案

燃烧和灭火学案

一、预习案

（一）自主学习

（1）请你举出自己所知道的燃烧现象。

（2）在日常生活中，同学们有过灭火的经验吗？请回忆生活中灭火的方法。

（3）如果发生火灾，在火灾中我们将如何逃生自救？

(二)我的疑惑

二、探究案

(一)燃烧条件的探究

(1)实验:教材第 128 页实验 7-1。

现象 1	
现象 2	

(2)分析实验现象,得出结论。

①对比薄铜片上的白磷和红磷的现象,得出燃烧需要什么条件?

②对比薄铜片上的白磷和热水中的白磷的现象,得出燃烧还需要什么条件?

③从给热水中的白磷通入氧气(或空气)后的现象,再次说明燃烧需要什么条件?

④概括燃烧的条件:

(二)灭火原理的探究

(1)你能尝试用不同的方法将一只燃着的蜡烛熄灭吗?

方法	现象	原因

(2)总结灭火的原理:

(三)课堂小结

(四)课堂检测

1. 选择题

(1)厨房里发生的下列变化中,不属于化学变化的是(　　)。

A. 煤气燃烧　　B. 面粉发酵　　C. 食物腐败　　D. 瓷碗摔碎

(2)室内起火时，打开门窗火会更大，这是因为（　　）。

A. 提高了温度　　B. 改变了可燃物

C. 增大了可燃物与氧气的接触面积

(3)炒菜时油锅中的油着火，最简便的灭火方法是（　　），这是由于（　　）。

A. 盖上锅盖　　B. 用灭火器扑灭　　C. 用水(或沙子)扑灭

D. 降低了温度　　E. 消除了可燃物　　F. 隔绝了氧气

(4)消防队员用高压水枪灭火，此措施依据的灭火原理是（　　）。

A. 降低可燃物着火点　　B. 隔绝空气

C. 降低温度　　D. 降低温度和隔绝空气

(5)调查统计表明，很多火灾伤亡事故是由于缺乏自救常识造成的；缺氧窒息是致人死亡的首要原因。下列自救措施不合理的是（　　）。

A. 遇到意外情况，可用掌握的知识进行有效处置，同时拨打电话求救

B. 室内起火，不要急于打开门窗

C. 所处烟雾较浓时，应用湿毛巾捂住口鼻，并尽量贴近地面逃离

D. 在山林中遇火灾时，向顺风方向奔跑，脱离火灾区

2. 比一比

用扇子扇煤炉火焰，为什么越扇越旺？而用扇子扇蜡烛火焰，为什么一扇就灭？

3. 在生煤火炉时，可点燃木柴(劈柴)来引燃煤吗？你能解释这是为什么吗？

4. 中国的文化博大精深，特别是简短精辟、富有深刻的思想内涵成语。下面请你用化学知识解释成语“釜底抽薪”“钻木取火”“火上浇油”。

(五)作业

(1)二氧化碳是常用的灭火剂，但金属镁着火却不能用二氧化碳扑灭，因为镁能在二氧化碳中继续燃烧，生成黑色和白色两种固体粉末。写出该反应的化学方程式______________________________。

(2)在赤壁之战中，周瑜的军队点燃战船，熊熊燃烧的战船借助东风直冲曹军的木船，使曹军的木船燃起火。根据燃烧条件填写：曹军的木船是______________，木船燃烧的条件是______________________________。

(3)根据自家住宅的特点，设计预防火灾的方案(包括万一发生火灾需采取的措施)。

六、教学反思

从总体上看，我认为这节课基本上达到了预期目标。

(1)本节课以生活的实际内容——燃烧的现象为科学知识的切入口，利用学生的经验，激发学生的好奇心，使学生产生积极的求学欲望。充分利用各种生活资源，挖掘教材，结合学生分组实验，在实践中促进学生发展。

(2)以学生为主体，注重学生的动手操作、观察体验、合作交流的过程。本节课设计了三个实验：教师演示——燃烧条件的探究；学生演示——水中白磷燃烧；学生小组合作探究——灭火方法及原理的探究。利用实验，层层深入。

(3)采用了探究实验，对燃烧条件的实验探究，学生都能积极参与，并能较准确地归纳出燃烧所需的条件。通过活动与探究，学生不仅了解了燃烧，更懂得发现问题的方法，学会用严谨的科学态度进行探究。解决了学生的疑惑。

(4)采用了多媒体辅助教学，直观、生动、形象，效果较好。如借助课件介绍几种常见物质的着火点，加深学生的印象；再如把火灾发生时的正确求救、自救方法通过录像展示在学生面前，再由学生自己进行总结时，水到渠成。

(5)改进"水中白磷燃烧"的实验，增强了实验的直观性和可操作性，培养学生的创新精神和环保意识。

还存在的不足之处：

(1)学生在学习过程中尽管有探究、有思考，但自己动手实践太少。学生自主探究设计实验时，思路不够开阔。

(2)学生在探究实验过程中出现的问题，有时探讨不够充分，应让其他学生进行交流、评价，这样更有利于保护、培养学生的积极性，也更体现学生是学习的主人。

七、点评与分析

1. 教学目标

本节课是初中化学元素化合物知识中培养学生探究能力非常好的一节课，教师在课堂上利用体验式教学的教学模式，使学生在知识的形成和实验探究的方面得到全面的提高，较好地完成了三维目标。

2. 教学方法

从新课的导入来看，教师运用多媒体进行火灾及火的利用等直观展示，激发了学生的学习探究的热情，使学生顺利进入本课的学习。教师遵循学生的认知规律，注意从学生已有的经验出发，把学生的个人知识、直接经验作为重要的课程资源，引导学生从旧知识构建新的知识，如燃烧的条件和灭火的原理，是学生通过实验和讨论归纳、总结的，将零散的知识整理后形成系统的认知。教师充分利用多媒体和实验等多种教学手段，增大了教学的容量和密度，采用小组合作学习的方式，使课堂生动活泼，提高了教学效率，教学效果非常好。

3. 教学手段

教师没有拘泥于教材的内容，而是对教材重新开发和整合，如模拟火灾现场，使学生感到身临火灾现场，采用了正确的灭火方法，使学生的所学知识得到了应用和升华，通过播放录像发生火灾如何逃生，让学生学会生活、学会保护自己、增强生命的意识。对教材的实验进行一定的改进，增设了分组实验和小组活动。培养了学生动手能力和实验能力。

4. 教学亮点

增设了男女生对抗赛，辩论燃烧的利与弊，培养了学生语言表达能力，并进一步地体会科学是一把双刃剑，利用好可造福人类，否则可危害人类，培养了学生辩证唯物主义的观点。

八、参考资料

教育部基础教育课程教材专家工作委员会.2012.义务教育化学课程标准(2011年版)解读.北京：高等教育出版社.

中华人民共和国教育部.2012.义务教育化学课程标准(2011年版).北京：北京师范大学出版社.

附：学案答案

(一)燃烧条件的探究

(1)实验：教材第128页实验7-1：

现象1	铜片上的白磷燃烧，生成大量白烟；铜片上的红磷不燃烧；水中的白磷熔化，但不燃烧
现象2	向水中的白磷通入氧气后，白磷燃烧，水中有火花

(2)分析实验现象，得出结论。

①温度达到可燃物的着火点。②氧气(或空气)。③氧气(或空气)。

(二)灭火原理的探究

方　法	现　象	原　因
吹风(浇水)	火苗随风(或水)而灭	温度降低，达不到着火点
用烧杯罩住	火苗慢慢熄灭	缺氧
剪掉烛芯	剪断后的火苗慢慢熄灭	没有了可燃物
用铜丝圈罩住火苗	火苗马上减弱甚至熄灭	温度降低、缺氧
……		

(四)课堂检测

1.选择题：(1)D.(2)C.(3)A、F.(4)D.(5)D.

2.使煤与空气接触更充分；空气流通带走热量，使温度降低到蜡烛的着火点以下。

3.木柴(劈柴)的着火点较低，容易引燃，而煤的着火点较高，不容易引燃。所以生煤炉火时，用木柴(劈柴)的持续火焰加热达到煤的着火点而燃烧。

4.釜底抽薪：清除可燃物，就没有了可燃物，起到灭火的作用。

钻木取火：木原料的本身较为粗糙，在摩擦时，摩擦力较大会产生热量，加之木材本身就是易燃物，所以就会生出火来。

火上浇油：增加可燃物，使燃烧更加剧烈。

(五)作业

(1)$2Mg+CO_2 \xrightarrow{点燃} 2MgO+C$

(2)可燃物。①温度达到木材的着火点；②木材与空气接触。

点评专家：李静发　抚顺市东洲区教师学校化学教研员

刘继和　沈阳师范大学教师专业发展学院教授，硕导

课题2　燃料的合理利用与开发

一、基本信息

课题	燃料的合理利用与开发(第二课时)				
授课学校	抚顺市和平学校	授课年级	九年级	授课班级	九年一班
授课时间	2012.12.1	课　型	实验探究课型	课　时	1
姓名	金佳凤	毕业学校及专业	沈阳师范大学化学专业		
年龄	—	最高学历	本科		
职称	中学一级	教龄	16年		
最高荣誉	抚顺市十一五骨干教师	最高奖励	国家优质课一等奖		

二、对本节课的基本认识与理解

本节课的性质、在教材中地位与作用	性质:当今世界,环境问题日益突出,特别是燃料燃烧对环境造成的污染,越来越严重。 地位:本课题结合化石燃料燃烧对环境的影响,说明使用清洁燃料和开发新能源的重要性。 作用:通过本课题的学习,学生更加关注身边的社会问题,增强学生的环保意识	
学情分析	有利因素:学生们有着渴望了解化学知识的强烈愿望,从心理上和知识背景上都已初步具备了研究身边的化学问题、进行探究与实验的能力。他们思维活跃,富有创造力,以经验型逻辑思维为主。 不利因素:他们研究问题往往需要借助生动直观的形象和已有生活经验的支持。本节课学生对燃料燃烧产生的危害有所体验,但认识不足	
教学目标	知识与技能	(1)了解化石燃料燃烧对环境的影响。 (2)认识使用和开发清洁燃料及新能源的重要性
	过程与方法	(1)通过酸雨危害的模拟实验来培养学生的探究能力。 (2)学会运用调查、查阅、走访等方式收集资料,学会对信息的处理及加工;培养学生良好的学习习惯和学习方法
	情感态度与价值观	(1)通过实验和讨论来培养善于合作、勤于思考、严谨求实、勇于创新实践的科学精神。 (2)通过新能源的开发,体会化学与社会发展的关系、科技进步对人们生活的影响。 (3)通过燃料燃烧对环境影响的学习,增强环保意识,激发热爱家乡、保护自然的情感
教学重难点	重点	了解化石燃料燃烧对环境的影响;认识使用和开发清洁燃料及新能源的重要性
	难点	燃料燃烧污染环境的原因
教学资源与教学手段	仪器、药品	火柴、大试管、气球、注射器、井穴板;大理石、镁带、绿叶、花瓣
	演示文稿	PPT,视频
	其他资源	学案

三、教与学的过程设计

教学内容	教学环节与方法	教师活动	学生活动	设计宗旨与意图
燃料的燃烧	导课	展示“祥云”火炬、抚顺钢厂浓烟滚滚的图片。 提出问题：燃料的燃烧给我们带来了什么	观看图片。 学生谈燃料燃烧的利弊	以“祥云”火炬温暖祥和的画面与抚顺钢厂浓烟滚滚的场面对比引入新课，给学生们造成强烈的视觉冲击。使他们立即感受到燃料的使用是一把双刃剑，在给我们带来光明与温暖的同时，也对我们的环境造成了严重的不良影响，引发他们的学习热情
模拟酸雨危害实验	引导。 实验探究	提出问题：酸雨是怎样形成的。 提出问题：酸雨会对哪些物质造成危害？ 问题：生活中哪些燃料的燃烧会产生二氧化硫？火柴头的成分是什么？ 知识拓展：洛杉矶光化学烟雾；汽车尾气对小白鼠的危害	思考、回答。 猜想：酸雨可能会对植物、金属、大理石等造成危害。 分组讨论，设计实验方案。 演示实验(生)： 步骤1：将绿叶、花瓣、镁带、大理石各取两份，分别放入井穴板的8个井穴中。 步骤2：用注射器分别向4个井穴中注入1mL酸雨，另4个井穴中各注入1mL水，对比观察。 其他同学注意观察，对比实验现象，做好记录。 结论：酸雨对植物、金属、大理石有腐蚀作用。 演示实验。制取酸雨：在带有气球的试管中，放入几个火柴头，引燃后，注入少量的水	本环节利用几个火柴头制成的“酸雨”，进行实验探究，激起了学生们的好奇心和探究欲，学生根据已有的生活经验进行大胆猜想，然后设计实验验证自己的猜想，并对实验现象进行对比分析，得出相应的结论，充分发挥小组合作学习的优势，使每个学生都能参与到实验的设计与探究过程中来，成为学习的真正主人，积极有效的学习。 当学生们看到几个火柴头的燃烧产生的破坏作用如此之大，给他们带来深深的震撼，自然引发同学们深入思考：如何解决污染问题呢
环境保护的防护措施	引导讨论和讲授法	提出问题：既然燃料的燃烧危害如此之重，我们可以采取哪些防治措施呢？ 我们家乡抚顺在解决环境污染方面都采取了哪些措施？ 视频：2008 北京绿色奥运	同学们将课下运用调查、走访、上网、看书等方式收集的相关资料，进行加工整理，形成自己的观点。在课堂上进行汇报交流。 防治措施： (1)技术改造：煤的脱硫技术、汽车尾气净化等措施。 (2)清洁燃料：①乙醇②氢气。 (3)新能源：①太阳能；②风能；③地热能；④潮汐能；⑤核能	学生自主调查，使他们有机会深入生活，了解社会，拓展了学生们学习的空间，加深了他们对周围的环境与问题的理解与认识；使他们逐步形成自己的观点，并在课堂上进行汇报交流。师生共同分享彼此的体验与收获，实现共同发展；通过调查，他们更加留心观察周围的生活环境，更加关注社会问题，认识到环境保护的重要意义，以及环保问题的紧迫性。他们感受到化学就在我们身边，身边处处有化学

续表

教学内容	教学环节与方法	教师活动	学生活动	设计宗旨与意图
学以致用，拓展新知	引导学生主动思考	如何治理抚顺南站地区的空气污染问题	思考。 讨论。 回答	学生们各抒己见，使他们运用知识的能力得以提升，知识结构得以整合，情感、态度与价值观得以升华。使他们既看到社会的进步，也发现存在的问题，积极参与到家乡建设中来
课堂小结	引导学生回顾学的内容，获得新知	本节课你学到了哪些内容？谈谈这节课你的收获与感悟。 提问：我们生活中经常使用的燃料有煤、煤气、液化石油气、天然气、汽油、柴油和酒精等，从资源、环境、经济等方面考虑，这些燃料各有什么优缺点？你认为使用哪些燃料较好	归纳，总结	归纳本节内容，提升巩固

四、板书设计

燃料的合理利用与开发

煤、石油 —燃烧→ { CO、SO_2、NO_2、粉尘 } —措施→ { 防治污染、使用清洁燃料、开发新能源 }

五、学案

燃料的合理利用与开发学案

一、调查纲要

1. 化学专家组

(1)空气污染物包括哪些物质？哪些燃料的燃烧会造成空气污染？

(2)生活中哪些物质的燃烧会产生二氧化硫？

火柴头的主要成分是什么？燃烧后是否会产生二氧化硫？

(3)什么叫光化学烟雾？它是如何产生的？危害是什么？

(4)抚顺市对于大气污染采取了哪些整治措施？

(5)使用乙醇或氢气作燃料，有哪些优缺点？

(6)新能源有哪些？世界哪些地区开发和利用了新能源？

2. 市政官员组

(1)我国每年用于治理环境污染的资金有多少？

(2)抚顺市是如何进行大气污染整治的？

(3)抚顺市开展的“蓝天白云行动”内容是什么？

(4)“望花区大气综合整治工程”使望花地区的空气质量得到了哪些改善？

(5)我们身边哪些环境的污染得到了治理和改善？

(6)我们都利用了哪些新能源？

(7)未来我们抚顺市将采取哪些措施改善人居环境？

二、课堂检测

(1)下列因素不会造成空气污染的是(　　)。

A. 煤的燃烧　　B. 石油的燃烧　　C. 二氧化碳的排放　　D. 植物的光合作用

(2)下列燃烧中,最清洁的燃料是(　　)。

A. 优质煤　　B. 天然气　　C. 汽油　　D. 氢气

(3)煤燃烧生成的下列气体中,能溶于雨水而形成酸雨的是(　　)。

A. 一氧化碳　　B. 二氧化碳　　C. 二氧化氮　　D. 二氧化硫

(4)下列措施:①改进发动机的燃烧方式,使汽油充分燃烧;②使用催化剂净化装置,使有害气体转化为无害物质;③使用无铅汽油;④改用压缩天然气;⑤改用液化石油气;其中能够减少汽车尾气对空气污染的是(　　)。

A. ①②　　B. ②③　　C. ①②③④　　D. ①②③⑤

(5)以汽油、柴油为燃料的汽车,所排放的尾气会对空气造成污染。尾气中的主要污染物有________、________、________和烟尘等。

(6)一种新型绿色电池——燃料电池,是把 H_2、CO、CH_4 等燃料和空气不断输入直接氧化,使化学能转变为电能,被称为 21 世纪的"绿色"发电站。这三种气体可以作为燃料的原因是(　　)。

A. 都是无毒、无害的气体　　B. 都可燃烧并放出大量的热

C. 燃烧产物均为二氧化碳和水　　D. 均在自然界中大量存在

(7)农作物收割后留下大量秸秆,下列有关秸秆的处理方法不妥的是(　　)。

A. 做饲料　　B. 制沼气　　C. 造纸　　D. 就地焚烧

六、教学反思

(1)本节课,我首先激起学生的学习动机,努力创设生动活泼的情景,吸引学生的注意力,使学生产生比较强烈的情感共鸣,引发他们的认知冲突,从而使他们在质疑、思索、发现、解惑的过程中收获知识,形成能力。

(2)其次,符合学生的认知规律。教学内容的呈现应该由浅入深、由表入里。如我在本节课中开始时设计的探究"酸雨制取装置",难度过大,反而不利于学生能力的培养。如果将其作为拓展课题,专门研究会更合适。所以,我改变了教学方式,将学生实验探究改为教师演示、师生合作,既达到了教学效果,又不至于使教学难度过大。

(3)再次,让学生感受和了解知识的产生和发展的过程,从而培养学生的创新精神和实践能力。因此,我先让学生走出课堂,到生活中去寻找、发现。学生自主调查,使他们有机会深入生活、了解社会,拓展了他们学习的空间,加深了他们对周围环境与问题的理解与认识。再回到课堂上,师生共同分享彼此的体验与收获,实现共同发展。

(4)最后,关注学生未来发展。一节好课,不在于学生学会了多少知识,而在于学生形成了哪些能力,获得了哪些学习方法。新课程倡导以提高学生的科学素养为主旨,促进学生的全面发展和可持续发展。知识在不断更新,社会在不断进步,我们将不断面临新的挑战。只有学生掌握了好的学习方法,形成了终身学习的能力,才能更好地适应未来社会的发展。

(5)本节课的教学也有许多不足之处,例如,如何让学生更积极主动地发言,使所有学生都得到不同程度的发展,值得我进一步思考。总之,课堂教学成功与否影响因素很多,我们教师要拓宽视野,转变观念,勇于追求引进教学行为,不断反思与总结,一定能让课堂教学更

加精彩。创设出更加精彩的课堂教学。

七、点评与分析

1. 教学目标

本节课很好地体现了“以学生为本”的教育理念，注重学生科学素养的全面发展，达成了预定的三维目标。帮助学生建立化学学科价值观，体现 STSE 教育理念，增强学生社会责任感。教师设计的“调查纲要”让学生切身感受化学来源于生活，并将服务于社会的可持续科学发展观，树立“节约资源保护环境，从我做起”的主人翁意识。培养学生辩证思想。本节课可以使学生认识事物都有两面性，学好化学可以帮助我们趋利避害，改善人类生活。

2. 教学过程

引导学生以调查、实验、讨论、交流、归纳总结等多种方式进行学习，培养学生创新精神和实践能力。努力创设真实的学习情境，培养学生实事求是的科学态度。教师摒弃众多以酸溶液或单质硫燃烧产生二氧化硫的水溶液来模拟酸雨(其酸性远强于真实的酸雨，违背客观事实)的思路，采用了学生熟悉的确实有污染的火柴燃烧产物的水溶液来模拟酸雨，以小见大，使学生对酸雨的真实存在及其危害有了充分的认识。

3. 教学亮点

增设有效实验很好地辅助教学，让学生认识化学学科的特点。借助“井穴板”完成对比实验，可视性强，效果明显；同时也渗透了控制变量的化学研究方法。本节课取得了非常好的教育教学效果，在全国初中化学(东北地区)优质课观摩展示中获得了说课一等奖。

八、参考资料

教育部基础教育课程教材专家工作委员会. 2012. 义务教育化学课程标准(2011 年版)解读. 北京：高等教育出版社.

点评专家：苏　敏　抚顺市望花区教师进修学校教研员
刘继和　沈阳师范大学教师专业发展学院教授，硕导

第八单元　金属和金属材料

课题1　金 属 材 料

一、基本信息

课题	金属材料				
授课学校	大连市第45中学	授课年级	九年级	授课班级	九年三班
授课时间	2010.11.7	课　　型	新授元素化合物课	课　　时	1
姓名	陈洁	毕业学校及专业	大连大学化学专业		
年龄	36	最高学历	本科		
职称	中学高级	教龄	14年		
最高荣誉	市优质课二等奖	最高奖励	市优质课二等奖		

二、对本节课的基本认识与理解

本节课的性质、在教材中地位与作用	性质：金属和金属材料与生活和社会发展的关系非常密切，本课题比较集中地介绍了金属和金属材料的有关内容，设计范围很广，体现了化学学习的全面性。 地位：注意从学生的生活经验和实验事实出发，采用对比的方法，引导学生亲自感受纯金属与合金的性质，认识到金属既有同性，又有各自的特性。 作用：对物质的性质与用途关系的了解上，注意培养学生综合分析问题的能力；对合金的性质，通过活动与探究，注意激发学生的学习兴趣，培养学习能力，同时使他们获得新知识；介绍一些新科技成果如形状记忆合金等，以事实来说明化学学习的价值	
学情分析	有利因素：在物理课的相关学习中，学生对金属的物理性质已有一定的了解，在生活中也经常接触到一些金属制品，学生对“合金”一词也不陌生，如形状记忆合金等，学生对金属、金属材料及其在生活、生产中的广泛应用已有不同程度的认识。此前，学生也已经具备了一定的问题探究能力，能够通过查找资料、调查研究进行一些分析总结和评价。 不利因素：本课题内容较零散	
教学目标	知识与技能	(1)了解金属的物理性质。 (2)知道金属加入其他元素可以改变金属材料的性能。 (3)知道生铁和钢等重要合金
	过程与方法	(1)学习收集、整合信息的方法。 (2)学习设计和进行对比实验的研究方法，在探究过程中培养学生观察、分析、归纳的能力
	情感态度价值观	(1)认识金属材料在生产、生活和社会发展中的重要作用，初步形成“物质性质决定其用途，物质用途体现其性质”的观念。 (2)培养学生全面、综合分析问题的能力及合理使用金属材料的意识
教学重难点	重点	金属材料的物理性质、物质的性质与用途的关系及影响金属材料用途的因素
	难点	物质的性质决定其用途，但不是唯一因素

续表

教学资源与教学手段	仪器、药品	黄铜片、铜片、锡片，焊锡
	演示文稿	PPT
	其他资源	学案、教材配套光盘

三、教与学的过程设计

教学内容	教学环节与方法	教师活动	学生活动	设计宗旨与意图
金属材料	创设情境，引出课题	播放一段优美的编钟古曲。提出问题：演奏古曲的乐器是什么？编钟是什么材料制成的	欣赏编钟古曲。思考回答	欣赏优美的古曲，带领学生用愉悦的心情进入学习情境。
		播放视频：人类使用金属材料的历史。 提问：根据生活经验，你所知道的金属有哪些？你见过哪些金属制品？ 介绍金属材料包括纯金属和合金。 播放图片：应用广泛的金属材料	观看视频。 思考回答。 听讲记忆。 观看图片	让学生了解人类使用金属材料的历史，进行爱国主义教育
金属的物理性质		图片展示生活中一些常见的应用金属的实例，提问：这些金属主要体现了哪些物理性质？	思考回答。	列举生活中的实例，让学生感受到生活中处处有化学。体会“物质的用途体现物质的性质”。
		引导学生归纳总结金属的物理性质： 大多数金属为银白色。 大多数金属为固体。 金属有光泽。 金属能导电导热。 金属熔沸点高。 提问：是否有特例？	归纳总结。 思考回答： 铜(紫红色)、 金(黄色)、 汞(液态)。	培养学生归纳总结的能力。
	小游戏：对对碰。	以小组为单位，将金属的性质和用途一一配对。		
	根据物理性质，回答问题。	(1)为什么菜刀、镰刀、锤子等用铁制而不用铅制？ (2)银导电性比铜好，为什么电线一般用铜制而不用银制？ (3)为什么灯泡里的灯丝用钨制而不用锡制？如果用锡制的话，可能会出现什么情况？ (4)为什么有的铁制品(水龙头等)要镀铬？如果镀金会怎样？	思考回答。	学以致用。 解决生活中的实际问题，学以致用，体会“物质的性质决定物质的用途”。
	小组讨论。	考虑物质的用途时，首先要考虑物质的性质，还需要考虑哪些因素？	小组讨论、回答。	培养学生全面、综合分析问题的能力及合理使用金属材料的意识。
	抢答：金属之最	用来铸造硬币的金属材料需要考虑哪些因素？ 将学生分成金属队和合金队两组进行抢答	思考抢答	拓宽学生的知识面，活跃课堂气氛，激发学生学习兴趣

续表

教学内容	教学环节与方法	教师活动	学生活动	设计宗旨与意图
合金	通过“金属自述”，引出合金定义。	播放音频：金属自述。 我叫金属，是化学单质中兄弟最多的一“族”，我们个个英俊而神通广大，有光泽，可延展，能导电，能导热；我们兄弟之间或跟非金属“合作”，本领更强，人类叫我们为“合金”。 引导学生说出合金的定义。	收听、理解。 思考回答。	用拟人化的语言介绍合金，激发学生学习兴趣。
	生铁和钢比较。	展示表格，介绍铁的两种常见合金——生铁和钢，提问：生铁和钢的本质区别。	观察比较。	培养学生观察、分析的能力。
	实验探究合金的性质。 1. 硬度 2. 熔点	指导学生实验。	学生实验：比较黄铜片和铜片、焊锡和锡的光泽和颜色；将它们互相刻画，比较它们的硬度。 观看分析。 归纳总结。	学习设计和进行对比实验的研究方法，在探究过程中培养学生观察、分析、归纳的能力。
	自主阅读。	播放视频：比较焊锡和组成它的纯金属锡、铅的熔化温度。 引导学生归纳总结合金的性能。 合金与组成它的纯金属相比：硬度大、强度高（韧性好、耐拉伸、耐弯曲、耐压打）、抗腐蚀性强、熔点低。 巡视。	阅读教材。第6页表8-2. 一些常见合金的主要成分、性能和用途。	拓展知识面，培养学生阅读、获取信息的能力。
	练习。	(1)在我市新城区的建设中，使用了大量的钢材作为建筑材料，钢是铁的一种合金，钢和纯铁相比具有的优良性能是：__________（只答一点）。 (2)青铜、黄铜、白铜都是铜的合金，具有重要的用途。 ①工业上用青铜制造轴承、齿轮，而不用纯铜，其原因之一是青铜的硬度比纯铜的__________。 ②黄铜具有类似黄金一样的光泽，推测利用该性能的一种用途__________。 ③白铜可用于制造钱币，可以推测白铜具有的性能之一是__________。 (3)制造飞机的材料中大量使用铝合金而不使用纯铝，这是为什么呢？	思考回答。	联系生活实际，解决问题，学以致用。
	21世纪的重要金属材料——钛和钛合金	课前布置任务，让学生收集相关资料。 指导学生归纳总结钛和钛合金的优良性能和用途	学生相互交流收集到的信息。 归纳总结	进一步体会“性质决定用途，用途体现性质”

续表

<table>
<tr><th>教学内容</th><th>教学环节
与方法</th><th>教师活动</th><th>学生活动</th><th>设计宗旨与意图</th></tr>
<tr><td>课堂练习</td><td colspan="4">
我思我获：
(1)最早使用的金属是______，使用最广泛的金属是______。
(2)保温瓶夹层的银白色金属是______。
(3)包装糖果、香烟的银白色金属是______。
(4)广泛应用于航空工业和造船业的是______。
(5)广泛用于制电线电缆的金属是______。
(6)体温计中的液体金属是______。
(7)做干电池负极的材料是______。
(8)家用铁制的锅铲上部，常加一木柄或塑料柄，这说明铁具有______性，铁能拉成铁丝，说明铁具有______性。
(9)地壳中含量最多的金属是______。
(10)导电性最好的金属是______，熔点最高的金属是______。
(11)生铁和钢是哪种金属的合金______________，合金是纯净物还是混合物______________
______________。
中考链接：
(1)2010 年春晚，刘谦以其匪夷所思的表演再次震撼了国人。他使用的道具中，属于金属材料的是(　　)。
A. 玻璃杯　　B. 纸杯
C. 硬币　　D. 圆桌
(2)焊锡是锡铅合金，把铅加入锡中制成合金的主要目的是(　　)。
A. 增加强度
B. 降低熔点
C. 增加延展性
D. 增强抗腐蚀性
(3)钢铁是生产、生活中非常重要的材料，下列关于钢的说法不正确的是(　　)。
A. 钢是纯净物
B. 钢是铁合金
C. 钢的含碳量低于生铁
D. 钢的性能优于生铁
(4)利用新技术能将不锈钢加工成柔软的金属丝，用它和棉纤维一起编织成性能优良的劳保防护服，这是利用了不锈钢的(　　)。
A. 耐腐蚀性　　B. 延展性
C. 导热性　　D. 导电性
(5)生铁和钢都是铁的合金，下表对生铁和钢的成分、性能做了比较：
<table>
<tr><th></th><th>生铁</th><th>钢</th></tr>
<tr><td>含碳量</td><td>2%～4.3%</td><td>0.03%～2%</td></tr>
<tr><td>性能</td><td>硬而脆、无韧性、可铸、不可锻压</td><td>坚硬而有韧性、可铸、可锻压、可延压</td></tr>
</table>
根据表中信息，回答下列问题。
①与生铁相比，钢有什么优良性能______________(答出一条即可)。
②写出钢的一条用途______________。
③比较生铁和钢的成分，说明生铁和钢在性能上有较大差异的主要原因______________
</td></tr>
</table>

续表

教学内容	教学环节与方法	教师活动	学生活动	设计宗旨与意图
课堂小结	一、金属 (1)金属的一些物理性质： 大多数金属为银白色、固体、有光泽、能导电导热、熔沸点高、有延展性。 (2)考虑物质用途时考虑多种因素。 二、合金 (1)在金属中加热熔合某些金属或非金属，就可以制得合金。 (2)合金的强度和硬度一般比组成它们的纯金属更高，抗腐蚀性能也更好，熔点更低。 生铁——→铁的合金{生铁　(2%～4.3%)硬度比纯铁硬；钢　(0.03%～2%)硬度、抗腐蚀性能增强			
课后作业	教材第 8 页第 1、2、3、4、5、6 题			

四、板书设计

金属材料

金属材料：纯金属、合金

物理性质、性质 ⇄ 用途（决定 / 体现）

五、学案

金属材料学案

(1)根据生活经验，你所知道的金属有哪些？你见过哪些金属制品？

(2)这些金属主要体现了哪些物理性质？(课件里展示图片)

黄金作饰品：　　作导线：　　能拉成丝：

铝制成铝箔：　　制成锅：　　制成曲别针：

(3)归纳金属的物理性质。

(4)小游戏：对对碰(将性质与用途连线)。

油罐车尾部的拖地铁链　　导热性

金箔画　　延展性

公交车金属扶手上套橡胶　　有金属光泽

铝制成铝箔包装食品　　熔点较高

钨做灯丝　　导电性

(5)看表回答问题。

①为什么菜刀、镰刀、锤子等用铁制而不用铅制?

②银的导电性比铜好,为什么电线一般用铜制而不用银制?

③为什么灯泡里的灯丝用钨制而不用锡制?如果用锡制的话,可能会出现什么情况?

④为什么有的铁制品(水龙头等)要镀铬?如果镀金会怎样?

(6)小组讨论

①考虑物质的用途时,首先要考虑物质的性质,还需要考虑哪些因素?

②用来铸造硬币的金属材料需要考虑哪些因素?

(7)实验探究合金的性质。

学生实验:比较黄铜片和铜片、焊锡和锡的光泽和颜色;将它们互相刻画,比较它们的硬度。

(8)归纳总结合金的性能。

(9)学生交流:21世纪的重要金属材料———钛和钛合金。

课前布置任务,让学生收集相关资料,课上进行交流。

六、教学反思

(1)本节课注意从学生已有的经验出发,引导学生用学过的知识解释身边的化学现象,以事实来说明学习化学的意义。

(2)在教学中,根据本课题的内容特点和教学要求设计一些问题,让学生在课前搜集有关资料,课堂上组织学生以小组为单位进行交流和讨论,充分发挥了学生的主动性。

(3)本课题内容较零散,属于“知道”和“了解”层次的较多。在教学中抓住“物质的性质在很大程度上决定物质的用途”这一观念进行教学,既突出主线,也有意识地强化学生的认识。让他们在熟悉的生活情境和社会实践中感受化学的重要性,了解化学与日常生活的密切关系，逐步学会分析和解决与化学有关的一些简单的实际问题。并使学生以愉快的心情去学习生动有趣的化学，激励学生积极探究化学变化的奥秘，增强学生学习化学的兴趣和学好化学的信心。

七、点评与分析

采用生动有趣的素材，注重培养学生学习的兴趣和积极性，结合教学内容使学生初步了解化学对人类文明发展的巨大贡献，及在促进人类和社会可持续发展方面所发挥的重大作用。并使学生以愉快的心情去学习生动有趣的化学，激励学生积极探究化学变化的奥秘，增强学生的信心。本课重视运用多媒体教学手段，在现有教材提供的文本和图片的基础上，提供了更丰富和生动形象的教学资源，提高了学生学习的兴趣和课堂教学的效率。

八、参考资料

化学课程教材研发中心. 2012. 义务教育教科书化学九年级下册教师教学用书. 北京：人民教育出版社.

点评专家：刘继和　沈阳师范大学教师专业发展学院教授，硕导

课题 2　金属的化学性质

一、基本信息

课题	金属的化学性质				
授课学校	大连市西岗区教师进修学校附属学校	授课年级	九年级	授课班级	九年一班
授课时间	2007.11.8	课　型	新授元素化合物课	课　时	1
姓名	周晓云	毕业学校及专业	大连大学化学专业		
年龄	32	最高学历	本科		
职称	中学高级	教龄	10 年		
最高荣誉	东北地区优秀化学教师	最高奖励	国家优质课一等奖		

二、对本节课的基本认识与理解

本节课的性质、在教材中地位与作用	性质：本课是人教版九年级教材第八单元《金属》课题 2 的内容。在课题 1 介绍金属的物理性质的基础上，继续学习金属的化学性质。 地位：这一节是基于学生在初学化学时做过的镁、铝箔、铁丝在氧气中燃烧的实验基础上进行的，是由分类研究到对比分析，再由归纳总结到实际应用的有关金属与氧气的反应，以及金属活动性顺序的规律教学。 作用：通过对金属和氧气反应的对比，以及对金属活动性的实验事实的分析，形成关于金属活动性顺序的规律性认识，有助于学生科学素养的提高和完整思维模型的架构

续表

学情分析	有利因素：学生在本课之前，曾在初识化学时做过镁、铝箔、铁丝在氧气中燃烧实验，学习了相关化学方程式，在前一节的学习中学生刚刚初步了解了金属的物理性质，这些都为本节课的学习做了知识铺垫；在科学探究方面，前一阶段的实验多集中在气体的制取和性质实验的观察和体验，部分学生已经积累了一些记录实验现象的经验。 不利因素：对于常见金属与氧气的反应，部分学生有所遗忘，同时缺少对这些内容的理性分析；刚刚初步了解的金属物理性质，缺少直观感受和实际应用的体验；在科学探究方面，对利用实验现象进行对比分析的能力、解决问题和表述能力仍然比较薄弱；另外，在学过的反应中，对反应类型的分析只局限于反应物、生成物的种类数（化合反应和分解反应），未从反应物和生成物的类别进行过分析，对置换反应概念的得出仍有障碍，需要合理的点拨	
教学目标	(1)经历用物理方法鉴别金属的过程，加深学生的感性认识，激发学习化学的兴趣，增加对科学的情感。 (2)知道铁、铝、铜、镁等常见金属与氧气的反应，认识搜集证据的重要性。 (3)认识常见金属与盐酸、硫酸的置换反应，能用金属活动性顺序对有关置换反应进行判断，并能解释日常生活中一些化学现象，体会到化学与生活、生产密切相关。 (4)观察金属与酸、其他金属化合物溶液反应的实验现象，体会金属活动性的重要应用；经历三次探究实验过程，学会通过用比较、分类、归纳概括的方法总结规律的科学方法，形成乐于和同伴交流，在周围生活中发现问题、分析问题、不断探索的科学精神；在自我评价和小组评价中感受科学探究中合作的快乐	
教学重难点	重点	金属活动性的探究，置换反应概念的形成
	难点	金属活动性的探究
教学资源与教学手段	仪器、药品	磁铁、石棉网、镊子、酒精灯、火柴、砂纸；铁、镁、铜、铝、锌五种金属若干；稀盐酸、稀硫酸溶液、硫酸铜溶液、硫酸铝溶液、氧化的铝箔、氧化的镁带等
	其他资源	多媒体设备及课件、学案

三、教与学的过程设计

教学内容	教学环节与方法	教师活动	学生活动	设计宗旨与意图
复习旧知：金属的物理性质与应用	慧眼识金1：利用物理性质鉴别镁、铝、铜、铁四种金属	提出任务：请在组内用学过的知识在最短的时间内区分出镁、铝、铜、铁四种金属，并在小组展示板上填写相应的内容。 指导学生进行实验	利用颜色、磁铁吸引等方法鉴别四种金属。 在学案上填写活动体验，小组交流后全班展示	加深对金属物理性质的感性认识，利用已有的知识解决实际问题
引入新课	慧眼识金2：鉴别锌片和铝片	设问：利用物理性质你能区分出锌片和铝片吗？ 提出当堂的学习内容。 板书：金属的化学性质	思考、分析、交流	由问题的提出激发学习新知的强烈愿望

续表

教学内容	教学环节与方法	教师活动	学生活动	设计宗旨与意图
金属和氧气反应	复习金属和氧气反应的化学方程式、在实验的基础上深度分析	提出任务：请在学案上写出铁、镁、汞与氧气反应的化学方程式。 教师批改	练习书写。 组内互批	复习金属和氧气的反应，为后续反应类型的对比做好铺垫
	观看铜和氧气反应的实验，分析金和氧气能否反应，利用俗语引发思考	设问：请对比这些反应有哪些异同点。 提示：从反应类型和反应条件方面比较和分析。 补充：俗话说“真金不怕火炼”、“金入于猛火，色不夺精光”，由此说明什么？ 追问：所有金属都能和氧气反应吗？ 提问：铝的化学性质比铁活泼，为什么我们通常看见铁生锈而没有看到铝生锈？在清洗铝制品时应注意些什么	思考分析这一类反应的异同点。 猜想、讨论、交流。 学生讨论并回答。 得出结论：铁、镁能燃烧，铜、汞在加热的条件下能与氧气反应，金不与氧气反应	初步建立规律性认识，运用对比法学习、提高综合分析能力。 通过对比突破难点，并为金属活动性顺序做铺垫。 问题导思，激发兴趣，培养理论联系实际、规范表达和综合分析问题的能力。 通过对这一类反应进行的对比和分析，得出初步的规律性认识。 为学生思维建构打下基础
金属和酸的反应	猜想：金属可能与酸反应。 引导学生分组完成探究实验1：金属和酸的反应。 备用药品：镁、铁、铜、铝、锌(金属片)、稀盐酸。 实验仪器：试管、镊子、砂纸、药匙等。 友情提示：化学变化可能伴随的现象；药品的用量标准；实验基本操作要求。 实验基本步骤：分别向试管加入少量的酸，浸没金属后观察现象。观察2分钟后，将实验观察到的现象记录在学案中。使用完毕后，将仪器药品整理复位。 分析归纳：引导学生在教师的提问下得出结论。	提出问题：用磁性杯喝补铁的麦片，发现有黑色残留物质，用木勺子能刮动，但是洗不掉。这是什么物质？ 追问：这种麦片是如何起到补铁作用的？ 友情提示：胃液的主要成分是盐酸。 追问：其他的金属能否与酸发生反应？其中是否蕴藏着什么规律？ PPT出示：备用药品、实验仪器、友情提示、实验基本步骤。 提出问题：请根据所给出的药品和仪器，利用集体的智慧设计实验方案。 提问、倾听。 巡视间下发。 锦囊妙计： (1)铁和盐酸反应的速度如何，用酒精灯加热一下试试？ (2)送你们两瓶稀硫酸，用稀硫酸代替稀盐酸进行实验会有什么发现？ (3)做实验时把每一片金属打磨一下，只打磨一面试试	思考、猜想、回答问题。 阅读信息：提取铁可能与酸反应的信息。 明确实验目的： 金属能与酸反应吗？ 剧烈程度是否相同？ 通过小组谈论，根据实验目的设计简单的实验方案。 交流实验方案、达成共识。 在教师的引导下，控制部分条件进行实验。 学生与他人合作，对观察和测量的结果进行记录，进行加工和整理，归纳	体会生活中有化学。 能从日常现象独立或者经过启发发现问题，激发学习的兴趣。 使学生学会在讨论的过程中发表自己的观点，倾听他人的意见。 培养学生观察、分析、归纳、概括的能力。培养学生团结合作精神、养成实验的良好习惯。 通过“锦囊妙计”扩大知识外延、满足个性需求、丰富知识建构

续表

教学内容	教学环节与方法	教师活动	学生活动	设计宗旨与意图
金属和酸的反应	书写铁、铝、镁、锌和金属反应的化学方程式	提问：你和你的同伴观察到了哪些现象？能得出什么结论？ 追问1：实验的现象说明金属和酸的反应有什么规律？ 追问2：生成的气体是什么？ 追问3：反应速率受哪些因素影响？ 教师批改	观察实验，将记录现象填写在学案中。 积极思考。 分析实验数据得出结论。 表达、评价、质疑、主动建构 练习，书写。 组内互批	将学生活动落在实处，亲历探究的过程，提高科学素养。 由感性的认识进入理性分析。 建立探究实验中控制变量的思想。 为置换反应的概念形成做好铺垫
金属和金属化合物溶液的反应	利用情景过渡	出示信息。 “惊喜地发现”：欧洲炼金术士发现铁钉放入硫酸铜溶液中得到“金”。 提问：你知道得到的是什么物质吗？金属还能和什么物质发生反应	阅读信息、思考回答分析铁和硫酸铜溶液反应的产物。 按经验猜想、深入思考	引导学生利用金属活动性顺序进行分析。 通过实验验证猜想，培养学生分析、应用的能力
	引导进行学生分组探究实验2：金属和其他金属化合物溶液的反应	提出要求：请各组分别将准备好的弯曲的铁丝一端放入硫酸铜溶液中，另一端放入硫酸铝溶液中，观察实验的现象。 提问：大家看到了什么	小组合作实验操作。 记录实验现象。 填写在学案中。 汇报实验现象、验证猜想	通过实验验证金属活动性顺序。 综合分析金属和酸、其他金属化合物溶液反应
	金属活动性顺序	追问：根据我们前面几个实验的研究结果，你有什么发现？ 小结并板书	深度思考。 分析总结	完成金属活动性顺序的模型构建
	置换反应概念教学	金属的活动性顺序。 任务：尝试写出铁和硫酸铜反应的化学方程式。 提问：从物质的分类上分析这几个反应有什么特点？ 追问：今天我们学过的反应中有哪些不同的反应类型？你能区分出来吗	练习：在学案上书写化学反应方程式。 分析、学生总结。 练习、反思	归纳形成置换反应的概念。 练习巩固、完善关于反应基本类型的知识框架

续表

教学内容	教学环节与方法	教师活动	学生活动	设计宗旨与意图
金属和金属化合物溶液的反应	归纳与运用	问题：黄铜（铜和锌的混合物）与黄金真假难辨，利用金属的化学性质你能用几种方法辨别真伪？ 追问：今天你有哪些收获	小组讨论交流、汇报小结。 反思提升	联系生活，感受化学的学科魅力。 在运用中进一步了解金属的化学性质的运用
课堂练习	见学案			
课堂小结	自我汇报			
课后作业	见学案			

四、板书设计

金属的化学性质

金属与氧气反应

↑

金属与酸反应←——金属的化学性质——→金属与其他化合物溶液反应

金属活动性顺序

K、Ca、Na、Mg、Al、Zn、Fe、Sn、Pb、(H)、Cu、Hg、Ag、Pt、Au

——————————————————→

金属活动性，由强到弱

五、学案

金属的化学性质学案

一、探究实验 1

探究目的：利用已有的知识鉴别铁、镁、铜、铝。

主要仪器：磁铁、石棉网、镊子、酒精灯、火柴、砂纸。

友情提示：

(1)请在分享卡上填写对应金属的元素符号，粘贴在答题板上。

(2)本组其他同学在学案的表中记录鉴别的结果和依据（若无法识别的可用 X 代表）。

(3)做好交流的准备。

	A	B	C	D
元素符号				
判断的依据				

二、探究实验 2

探究目的：金属和其他金属化合物溶液的反应。

备选药品：(请做出适当的选择)

□镁　□铁　□铜　□铝　□锌　□稀盐酸

实验仪器：试管、镊子、砂纸、药匙等。

友情提示：

(1)化学变化可能伴随的现象：发光、放热、变色、生成气体或沉淀。

(2)药品的用量：液体 1～2mL(浸没另一种反应物)。

(3)实验基本操作。固体取用：平放、管口、缓缓竖立。

液体取用：倾斜、口口接触。

(4)实验结束后需将仪器、药品整理复位。

实验方案：

现象记录与分析：

	铜	铁	铝	镁	锌	其他
能否反应						
速度						
现象						

反思与升华：

金属和酸反应可能生成什么？

金属与酸反应的原理在实验室中可能有什么应用？

三、实验原理

请把本节课涉及的化学方程式书写出来。

(1)__________　(2)__________

(3)__________　(4)__________

(5)__________　(6)__________

(7)__________　(8)__________

(9)__________　(10)__________

四、课后作业

(1)镁条在______(填空气或 O_2)中点燃就能燃烧。(反应现象)______，反应方程式________。

(2)细铁丝在______(填空气或 O_2)中点燃不燃烧。在______(填空气或 O_2)中点燃却能燃烧(现象)________化学反应方程式__________。

(3)海藻中含有丰富的 NaI，用氯气(Cl_2)从中提取碘(I_2)时可利用反应 $2NaI+Cl_2 \xlongequal{} 2NaCl+I_2$，这一反应属于(　　)。

A. 分解反应　　B. 化合反应
C. 置换反应　　D. 复分解反应

(4)小兰家中收藏一件清末的铝制佛像，该佛像至今保存十分完好。其主要原因是(　　)。

A. 铝不易发生化学反应
B. 铝的氧化物容易发生还原反应
C. 铝不易被氧化
D. 铝易氧化，但氧化铝具有保护内部铝的作用

(5)下列各类反应中，反应物和生成物均无单质的是(　　)。

A. 化合反应　　B. 分解反应
C. 置换反应　　D. 无法判断

(6)实验室的废酸液不能直接倒入下水道，是因为____________________。

(7)工人师傅在切割钢板时，常用硫酸铜溶液画线是因为______________________。

(8)实验室有铁丝、锌粒、铜片、镁带四种金属，几个学生在实验室想通过实验进行一些探究，请你用所学的化学知识完成下列问题：

①他们观察了这些金属的颜色，铁丝呈________色，铜片呈________色。
②他们做了金属导电性实验，其中导电性最强的金属是________。
③各取少量四种金属于试管中，同时滴入 2mL 盐酸，发现产生气泡最快的是________，产生气泡最慢的是________，无气泡产生的是________，根据上述反应情况推断这四种金属的活动性强弱顺序是________。

六、教学反思

(1)在教学设计中如何能基于学生的知识基础、生活实践流畅地完成知识的传授、能力的培养、价值观的浸染。在设计伊始，我还局限于按部就班的以教师传授为主，但是想到我最大的期待就是孩子们如饥似渴的眼神，我尝试着改变教学方式，从担心到放宽心，从手把手教到放手让孩子们学。为此我设计了三组探究实验，从利用金属的物理性质鉴别常见金属开始，又利用金属和酸、金属和化合物溶液反应的探究，放手给学生，设计问题力求有层次，有思维含量。在激发学生学习兴趣的基础上，以层层递进的问题吸引学生投入学习中，力求提高课堂效率。请他们自行设计实验，让学生在问题中感受同伴互助的快乐，感受积极思考的豁然开朗，感受师生互动、生生交错的和谐和愉快。

(2)从放手到精细。学生高效地学必须是在教师高效地教的基础上完美实现的。为了能在放手让孩子学的过程中画龙点睛，促进学生在设计并完成基础实验的同时，能够自然的引入控制变量的观念，我想到了实验设计的精细化。利用教师巡视时的空隙，将“锦囊妙计”作为奖励下发的各个小组，让学生们在资源共享、交流合作的氛围中能够完成金属活动性顺序的总结与归纳。

七、点评与分析

1. 教学目标

“金属的性质”不仅是初中化学学习的重要内容，更需要在教学过程中，以这些内容为载

体，使学生了解研究物质的方法，获得探究物质及其变化的亲身体验，享受探究物质的组成、性质和用途等带来的乐趣，体会化学在生活和社会中的作用。本节课是2007年国家优质课。

2. 教学方法

教师以“慧眼识金”为情境，从学生已知的生活常识、物理及化学性质入手，通过科学探究的学习方式达成关于金属化学性质的学习。

3. 教学手段

在学习活动中关注知识和技能的落实。教师很明确教学中安排学生进行各种学习活动的目的，围绕教学目标设计活动，使活动均具有明确的主题和任务。在活动安排上，各个环节紧凑、衔接自然，使每个学生都能参与进来，发挥学生的主动性。

充分利用问题情境，将学习放于具体的任务之中。问题是从情境中产生，也只有从比较真实的情境中衍生出来的问题，才具有认知的驱动性，才能引发学生的学习兴趣和积极的思考。本课将教学内容融入到问题的解决过程中，在学生得出结论的同时，基本完成了相应的知识学习的任务。

八、参考资料

教育部基础教育课程教材专家工作委员会. 2012. 义务教育化学课程标准（2011年版）解读. 北京：高等教育出版社.

化学课程教材研发中心. 2012. 义务教育教科书化学九年级下册教师教学用书. 北京：人民教育出版社.

点评专家：李　娟　大连教育学院副教授
　　　　　刘继和　沈阳师范大学教师专业发展学院教授，硕导

课题3　金属资源的利用和保护

一、基本信息

课题	金属资源的利用和保护				
授课学校	大连市第40中学	授课年级	九年级	授课班级	九年四班
授课时间	2012.9.3	课　型	新授元素化合物课	课　时	1
姓名	孙平	毕业学校及专业	大连大学化学专业		
年龄	39	最高学历	本科		
职称	中学高级	教龄	17年		
最高荣誉	大连市优秀教师	最高奖励	省课一等奖		

二、对本节课的基本认识与理解

<table>
<tr><td>本节课的性质、在教材中地位与作用</td><td colspan="2">性质：是元素化合物知识中重要的内容。
地位：本课题是人教版九年级《化学》下册第八单元课题 3 第二课时，之前对金属获得的不易及重要性质、用途已有所讲解，对金属腐蚀及防护的研究就显得尤为必要。
作用：本节课学习帮助学生了解科学探究的基本过程和方法，培养学生的科学探究能力，使学生获得进一步学习和发展所需的化学基础知识和基本技能等，激发学生学习化学的热情，感受到有用的化学</td></tr>
<tr><td>学情分析</td><td colspan="2">有利因素：学生对日常生活中铁生锈已经有所了解，且对生锈条件有极大的探究欲。
不利因素：控制实验条件不易理解</td></tr>
<tr><td rowspan="3">教学目标</td><td>知识与技能</td><td>(1)知道金属锈蚀的原因，了解防止金属锈蚀的简单方法。
(2)知道废旧电池等废弃金属对环境的污染，知道回收金属对环境保护和资源充分利用的意义</td></tr>
<tr><td>过程与方法</td><td>(1)通过阅读资料获取信息并对信息加工。
(2)认识科学探究的意义和基本过程，能进行初步的探究活动。
(3)能主动与他人交流和讨论，清楚地表达自己的观点，逐步形成良好的学习习惯和学习方法</td></tr>
<tr><td>情感态度价值观</td><td>(1)增强对生活和自然界中化学现象的好奇心和探究欲。
(2)发展善于合作、勤于思考、严谨求实的科学精神。
(3)逐步树立珍惜资源、爱护环境，合理使用化学物质的概念</td></tr>
<tr><td rowspan="2">教学重难点</td><td>重点</td><td>(1)知道金属锈蚀的原因，了解防止金属锈蚀的简单方法。
(2)铁生锈条件的探究</td></tr>
<tr><td>难点</td><td>铁生锈条件的探究</td></tr>
<tr><td rowspan="3">教学资源与教学手段</td><td>仪器、药品</td><td>(9 组)每组：试管(3 个)、试管架(1 个)、橡皮塞(1 个)、铁钉、生石灰、蒸馏水</td></tr>
<tr><td>演示文稿</td><td>PPT</td></tr>
<tr><td>其他资源</td><td>学案</td></tr>
</table>

三、教与学的过程设计

教学内容	教学环节与方法	教师活动	学生活动	设计宗旨与意图
导课	PPT 展示：铁生锈导致人死亡的事例。 铁生锈还能危害人身安全呢？某化工厂，有一个贮存氯化镁的钢制容器。一天，工作人员排空了容器中的氯化镁准备对容器进行维修，先将容器用水冲洗了几遍，然后两个工人进入容器，出乎意料的是，两个人一进去就晕倒了，一人经抢救脱险，另一人不幸死亡。是什么原因导致人员死亡呢？技术人员对钢制容器内空气的成分进行了测定，没有发现有毒气体，但却惊奇地发现容器中空气里氧气的含量远远低于正常标准。专家仔细分析之后找到了原因	设问：你知道其中的原因吗	看 PPT 中的事例思考，两名学生交流答案	学生已经掌握了金属腐蚀影响经济发展，但对于危害生命却一无所知，从而产生了较强的求知欲，激发了学生学习的热情，增强了学生对生活和自然界中化学现象的好奇心和探究欲

续表

<table>
<tr><th>教学内容</th><th>教学环节与方法</th><th>教师活动</th><th>学生活动</th><th>设计宗旨与意图</th></tr>
<tr><td>实验探究：铁生锈的条件</td><td>创设问题，活动探究。
PPT 展示问题。
(1)问题：铁在潮湿的空气中易生锈(铁锈的主要成分是 $Fe_2O_3 \cdot xH_2O$)，那么铁生锈是铁与什么物质发生的反应？
(2)猜想：由铁锈的化学式，猜测铁生锈是铁与________有关，推测的依据为________________。
(3)设计实验证明你的猜想
<table>
<tr><td>实验方案(填写试管内加入的用品)</td><td>试管 1：铁钉</td><td>试管 2：铁钉</td><td>试管 3：铁钉</td></tr>
<tr><td>设计意图</td><td>控制铁钉与______
________接触</td><td>控制铁钉与______
________接触</td><td>控制铁钉与______
________接触</td></tr>
</table></td><td>通过课件提出问题：铁锈蚀与何种物质有关？由铁锈化学式引导学生分析铁生锈的实质，引导学生思考后分组讨论如何设计实验证明铁生锈的实质，教师则参与到小组中，启发引导学生积极思考</td><td>学生观看铁锈的化学式，由质量守恒定律能够分析得出结论。学生思考后分组讨论如何设计实验证明铁生锈的实质</td><td>避免了学生盲目和机械地照搬书上或其他同学的操作，或者有些较差学生根本就不动手，缺乏深度的思考，使得探究活动的无效。极大激发学生的探究欲</td></tr>
<tr><td rowspan="2">实验分析</td><td rowspan="2">实验现象的交流，PPT 展示教师一周前所做实验的实验现象
铁生锈过程照片
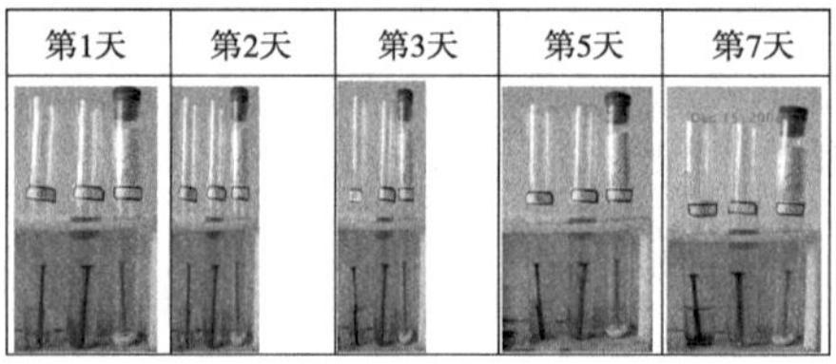
</td><td>引导学生观察实验现象，并描述实验现象</td><td>学生看自己实验的现象</td><td>学生感受到铁生锈过程之慢，深刻理解化学变化的奇妙</td></tr>
<tr><td>引导学生观看教师所做实验的现象</td><td>以小组为单位看教师所做实验的现象</td><td>教师课前实验现象的展示无疑让学生感同身受，既让学生动手操作了实验，又亲眼看到了真实的结果，进而由结果分析原因，最终理解铁生锈条件二者的统一性</td></tr>
<tr><td>拓展思维</td><td>PPT 展示问题。
(1)如何防止铁锈蚀？
(2)是否所有金属都需要防止锈蚀？
(3)展示一些金属矿物可供开采的年限，引导学生分析可以得到哪些信息？
(4)展示一个暖手袋，成分：铁粉，水，木粉，活性炭，食盐。
用途：主要用于手部取暖、保暖和防止冻伤。
使用方法：将暖手袋的真空包装沿切入口打开，取出内袋放入口袋或暖手器的外壳里，最高温度：63℃，平均温度：51℃。持续时间：6～18h。分析其放热原理</td><td>组织学生以小组为单位全班交流观察到的信息</td><td>全班交流</td><td>此环节培养学生归纳整理能力及语言表达能力</td></tr>
</table>

续表

教学内容	教学环节与方法	教师活动	学生活动	设计宗旨与意图
拓展思维	引导学生整理并记录交流结果	快速整理，在学案上记录结果	学生独立整理记录，交流	将语言表达提升为书面表达，强化知识的运用，树立辩证的观点，一分为二的认识事物
总结提炼，构建网络	大屏幕出示答案。 金属锈蚀 → 废弃金属污染 金属锈蚀 → 保护金属途径	教师引导学生将本节内容构建网络，建立知识点之间的联系。 教师通过课件展示	学生思考并交流	让学生将零散的知识进行整合，利于学生建构学科的知识体系，利于后续的学习
练习实践、巩固深化	见学案，大屏幕出示答案			
课堂小结	本节重点和难点是铁生锈条件的探究方案的设计，如何控制条件是该方案中的重点。要求掌握日常生活中一些用品的防护方法，初步学习运用知识解决实际应用的方法			
课后作业	见学案			

四、板书设计

金属资源的利用和防护

利用
↑
铁锈的主要成分($Fe_2O_3 \cdot xH_2O$)—铁生锈条件—防止生锈的方法 → 保持洁净和干燥；→ 涂保护膜
↓
实验探究(与氧气和水有关)

五、学案

金属资源的利用和防护学案

一、交流探究活动方案的设计及实验现象

二、课堂练习

1. 选择题

(1)(2008·黄石)埋在地下的铸铁管道在下列哪种情况下腐蚀最慢(　　)。

A. 在干燥、疏松的土壤中　　B. 在干燥、致密的土壤中

C. 在潮湿、致密的土壤中　　D. 在潮湿、疏松的土壤中

(2)(2008·昆明)下列说法正确的是(　　)。

A. 铝合金在空气中容易被腐蚀

B. 保留铁制品上的铁锈,能阻止铁制品进一步锈蚀

C. 铜长期在潮湿的空气中也不会生锈

D. 在铁制品的表面刷油漆能起到防锈作用

(3)环保是当今社会的热门话题之一,通常废旧电池中含有对环境有害的金属,所以提倡使用绿色电池。绿色电池不可能含有的金属是(　　)。

A. 汞、镉、铅　　B. 锰、铜、锌

C. 锂、镍、铜　　D. 镍、铜、锰

2. 填空题

日常生活中,下列用品如何防止锈蚀?

(1)自行车的支架________,链条________,钢圈________;

(2)搪瓷盆________;(3)锯条________;(4)轮船的外壳、护栏________。

3. 简答题

(1)我国北方的冬季,很多场所都使用暖气片取暖。有一种暖气片由生铁铸成,为了延长暖气片的使用寿命,通常在暖气片表面刷一层“银粉”(其主要成分是铝粉)。

①用生铁制暖气片,主要利用铁具有________的性质。

②暖气片表面刷一层“银粉”,能延长暖气片的使用寿命。请解释其中的道理。

③在气温较高的非供暖期,铁制供暖设施中仍需要充满水,目的是防止铁生锈,其原理是________。

(2)利用铁生锈的原理,还有一种妙用:

人们将铁粉作为某些食品包装中的双吸剂,从而防止食品受潮和氧化,在月饼盒内有一种“双吸剂”。

①请你分析它为“双吸剂”的原因。

②请你猜测使用过一段时间后的双吸剂的成分。(你能进一步设计实验证明你的猜测吗?)

三、作业

(1)必做。《导航》练习二。

(2)选做。通过铁锈蚀条件的探究,请你分析下列问题:

小丽发现自己的铜制眼镜框表面出现了绿色的铜锈;她想知道铜生锈的原因是什么?她查阅相关资料:“铜锈”的主要成分是 $Cu_2(OH)_2CO_3$(俗称“铜绿”);请你帮她完成实验设计。

六、教学反思

(1)为了激发学生的探究欲,设计了铁生锈危害生命的事例,与学生的正常思维发生碰撞,学生急切地想知道结果,然后教师再给学生呈现铁锈的化学式,引导学生根据质量守恒定律推导出铁生锈与氧气和水有关,然后引导学生设计实验。学生一次次的设计,一次次遭受失败,最终成功,喜悦的表情是发自内心的。连最薄弱的学生也参与进来。最终以小组为单位进行汇报,其余学生进行质疑、分析、补充,通过课件展示学生最终达成共识的方案,教师点拨实验操作需要注意的事项。

(2)实验探究活动是本节课的重点和难点,如何激发学生的探究欲,提高探究活动的有效性一直是我的追求,这样的设计避免了学生盲目和机械地照搬书上或其他同学的操作,或者有些较差学生根本就不动手,缺乏深度的思考,使得探究活动无效。学习中的探索,可能花费了很多时间和精力,也可能达不到预期的结果,但是这种看来“无效”的学习对个人经验的获得和智慧的发展是非常必要的,只有把学生都融入实验探究中,在激烈的讨论、碰撞中他们才能有效地进行学习。

七、点评与分析

1. 教学目标

教学目标全面,既重视知识与技能目标,同时也兼顾过程与方法、情感态度与价值观目标。让学生实现三维目标得以和谐发展,使学生在“做”的过程中探究科学知识、感悟科学方法、获得积极的情感体验,充分发挥了学生的主体作用,较好体现了新课程“倡导以科学探究为主的多样化的学习方式”。

2. 教学手段

在实验探究中,教师不断创设问题,激发学生强烈的探究欲,为避免某些学生盲目照搬,教师还增设了实验目的,使得学生在以后的实验探究活动中都有目的性,逐步树立正确的实验观。教学设计紧密联系生活、生产实际,让学生学会运用知识解决与化学有关的简单的实际问题。通过本节课的学习,学生不仅获得了铁生锈的原理及防止锈蚀的方法,更了解了如何利用化学变不利为有利,培养了学生辩证的物质观。

3. 教学亮点

本课的教学设计与实施体现了“从生活走向化学,从化学走向社会”的教学理念。以铁生锈的条件为核心,以铁生锈条件的探究为基础,最终落脚点在对于铁生锈条件的控制,教师带领学生从认识铁生锈,到防止铁生锈、利用铁生锈,帮助学生感受到化学学习的愉悦与意义。

八、参考资料

林红.2005.义务教育新课程学科教学指导大连:大连理工大学出版社.

中华人民共和国教育部.2006.化学课程标准(实验稿).北京:北京师范大学出版社.

点评专家:刘继和　沈阳师范大学教师专业发展学院教授,硕导

第九单元　溶　　液

课题1　溶液的形成

一、基本信息

课题	溶液的形成				
授课学校	葫芦岛市第六初级中学	授课年级	九年级	授课班级	九年十三班
授课时间	2012.10.16	课　型	新授概念原理课	课　时	1
姓名	谷铁山	毕业学校及专业	沈阳大学化学专业		
年龄	42	最高学历	本科		
职称	中学高级	教龄	20 年		
最高荣誉	区优秀教师	最高奖励	国家级优质课二等奖		

二、对本节课的基本认识与理解

本节课的性质、在教材中地位与作用	性质：本节课是溶液的基础理论教学，设计按1课时完成。本课题包括三部分内容，即“溶液”“物质溶解时的放热和吸热”“乳化现象”。 地位：本节课是溶液的起始课，从这节课起，揭开了有关溶液的神秘面纱。 作用：溶液的教学是承上启下的关键课时，通过本节课的学习，让学生从理论上认识溶液，是后续进一步学习饱和溶液、不饱和溶液、溶解度及溶液浓度计算等内容打下坚实基础的一节课	
学情分析	有利因素：本课题内容与学生生活经验有紧密联系，为学生理解实验现象及上升到对理论知识的理解都能起到十分重要的作用。 不利因素：(1)有些需微观解释的理论内容不太好理解；(2)进行探究活动时，如果学生分析能力、动手操作能力不够，会使探究内容不深入，探究过程时间过长而影响课堂的进程	
教学目标	(1)知道溶液、溶质、溶剂等概念；认识溶液的基本特征是均一性和稳定性；知道物质溶解时的放热、吸热现象；能说出一些常见的乳化现象，了解溶液在生产、生活中的意义。 (2)通过问题讨论和实验探究、观察、记录和分析实验现象，学会学习科学探究和科学实验的方法。 (3)通过合作教学方式，让学生发挥学习的主动性和积极性，成为学习的主人，从而培养学生的观察、表达、协同合作等多种能力	
教学重难点	重点	(1)建立有关溶液的概念以及溶液、溶质、溶剂间的相互关系。 (2)物质溶解时的放热、吸热。 (3)乳化现象
	难点	从微观上认识溶液的形成及加深对乳化现象的理解
教学资源与教学手段	仪器、药品	药品：蔗糖、食盐、水、碘、高锰酸钾、乙醇、红墨水、植物油、汽油、洗涤剂、硝酸铵、氢氧化钠。 仪器：试管、药匙、滴管、烧杯、玻璃棒、温度计
	演示文稿	PPT 课件
	其他资源	导学案、电子白板

三、教与学的过程设计

教学内容	教学环节与方法	教师活动	学生活动	设计宗旨与意图
导课	创设与本节内容有关的问题情境。导入课题	提出问题：这有两块沾有油污的手帕，请你帮忙，怎么把它清洗干净？ 让学生发表见解，并请两位学生分别用洗涤剂、汽油清洗，比较哪种方法好。 引入课题：你知道这两种办法去油污的道理吗？（略微停顿）想不想知道	学生观察、思考教师提出的问题。并且各抒己见，发表见解。 通过动手操作，得出：用洗涤剂要比用汽油清洗效果好。 积极思索，产生想获取新知的欲望	从学生已有的生活经验入手，给学生充分展示自己的机会。 使学生学会通过做对比实验，可以获得结论。 让学生有感而发，激发学生进一步想获知新知的好奇心
认识溶液、溶质、溶剂的内涵及相互关系	演示实验，师生讨论获取新知。 动画模拟分子或离子如何分散到水分子中	演示实验：将蔗糖、食盐分别溶于水。 提出两种溶液的基本特征，引导学生理解溶液、溶质和溶剂的概念及关系。 播放动画	观察现象，发表见解，明确两种溶液的均一性、稳定性的基本特征。 倾听，理解溶液、溶质和溶剂的概念及相互关系。 观看并理解	在实验的基础上归纳概念，学生更容易理解，并与生活联系起来。 以动画激发学生渴求知识的情绪，并突破理解中的难点
分组合作探究不同物质间的溶解过程	分组布置实验探究任务	在具备上述有关溶液基本知识的基础上，采取合作的方式分配任务，分三组完成不同的实验（具体实验活动见学案），每组再 4 人一小组，分成 5 个小组。同时完成三组不同的实验探究活动。 第一组：(1)碘和高锰酸钾的溶解性比较；(2)乙醇能溶于水。 第二组：水和植物油混合及水、植物油和洗涤剂的混合。 第三组：探究 $NaCl$、NH_4NO_3、$NaOH$ 溶解于水时是放热还是吸热	明确本组实验内容，相互讨论后确定实验方案，分工合作，完成预设的实验方案，以获得结论	教师设置有驱动性的问题，并以合作学习的方式完成教学内容。节省了时间，提高了学习效率，并充分发挥学生的主动性和课堂的主体地位，让学生间传授知识
	分组完成实验	观察各小组实验情况，教师巡视中指导、点拨。对效果好的提出表扬，对出现的问题及时引导	按预设的实验方案进行，出现问题时，相互探讨，必要时请教教师，记录员做好记录，在实验的基础上，通过讨论完成实验报告内容	给学生充分的动手机会，培养了学生分析能力、操作能力，培养与他人合作的精神

续表

教学内容	教学环节与方法	教师活动	学生活动	设计宗旨与意图
分组合作探究不同物质间的溶解过程	分组汇报实验情况	请第一组汇报实验情况。 引导学生得出：同一种物质在不同溶剂中的溶解性是不同的，不同物质在同一溶剂中的溶解性也是不同的。 引导学生进一步理解：两种液体互相溶解时，量多的是溶剂，量少的是溶质；但其中一种是水，无论多少都看成溶剂。 引导学生知道：(1)植物油与水振荡后形成的是乳浊液；(2)而加入洗涤剂后，会产生乳化现象	小组交流、全班展示。 第一组的汇报员描述实验情况：实验(1)表明，碘几乎不溶于水，但溶于汽油；高锰酸钾不溶于汽油，但溶于水。 第一组继续汇报： 实验(2)表明：乙醇能溶于水中，形成乙醇的水溶液。 第二组汇报员描述实验情况，得出：(1)植物油不溶于水，振荡前后都分层；(2)在植物油和水中滴加洗涤剂，振荡后，不再分层	给学生充分展示的机会，培养学生语言表达能力，使其体会在亲历探究活动中所获得的成功的喜悦，激发了学生对化学的兴趣
		组织学生观看并播放动画：乳化的微观动画	观看、理解	
		引导学生得出：物质在溶解时伴随有热量的变化。 倾听每组实验汇报的情况，组织大家探讨，使出现的问题做到明了。最终获得相应的结论	第三组汇报员说明本组的实验情况，并得出：物质在溶解时，常常会使溶液的温度发生改变。 汇报中，同组的同学加以补充和完善，没有做此实验的同学认真倾听，明确在做什么实验，得出什么结论。并提出自己的疑惑，在讨论中获取知识	
小结	合作学习与总结	组织学生做如下总结： (1)溶液、溶剂、溶质。 (2)乳浊液→乳化。 (3)物质溶解时存在放热和吸热	学生思考，主动发表见解	让学生学会归纳和总结
课堂练习	见学案			
课堂小结	自我汇报			
课后作业	见学案			

四、板书设计

溶液的形成

一、溶液

基本特征：均一性、稳定性。

组成：溶质、溶剂。

二、乳浊液→乳化

三、物质溶解时的放热和吸热

五、学案

溶液的形成学案

一、导入新课

这有两块沾有油污的手帕，请你帮个忙，怎么把它清洗干净？(请两位学生动手操作，比较两种方法)

如何解释洗涤剂、汽油去油污的道理？

二、演示实验

将蔗糖、食盐分别溶于水。播放蔗糖、食盐溶解于水的微观动画。

三、实验探究

探究活动(一)：

(1)碘和高锰酸钾的溶解性比较：

药品：碘、高锰酸钾、水。

仪器：试管(四只)、药匙。

溶质	溶剂	现象
碘	水	不溶解
碘	汽油	溶解，形成均一、稳定的混合物
高锰酸钾	水	溶解，形成均一、稳定的混合物
高锰酸钾	汽油	不溶解

结论：同一种物质在不同溶剂中的溶解性是不同的，不同的物质在同一溶剂中的溶解性也是不同的。

(2)乙醇能溶于水

药品：乙醇、水、红墨水。

仪器：试管、滴管。

振荡前现象	分层
振荡后现象	不分层，呈均匀红色
静置后现象	不分层，呈均匀红色
结论	乙醇能溶于水

讨论：

(1)滴入红墨水的作用是什么？

(2)为什么要先加水，后加入乙醇？

(3)如何保证加入的乙醇振荡前与水不混合？

探究活动(二)：植物油分别与汽油、水混合以及水、植物油和洗涤剂的混合。
药品：植物油、水、汽油、洗涤剂。　　仪器：试管(2只)。

探究内容	操　作	现　象
(1)汽油中滴加植物油	向装有汽油的试管中滴4～5滴的植物油，并振荡	溶解，形成均一、稳定的混合物
(2)水中滴加植物油	向装有水的试管中滴4～5滴的植物油，并振荡	不溶解，分层。油在上层，水在下层，振荡后，仍分层
(3)混有植物油的水中滴加洗涤剂	向上述(2)操作所得混合物中滴加2～3滴的洗涤剂，并振荡	振荡后，不再分层。大油滴分散成小的油滴

探究活动(三)：探究 NaCl、NH_4NO_3、NaOH 溶解于水时是放热还是吸热？

药品：NaCl、NH_4NO_3、NaOH、水。

仪器：烧杯(3只)、玻璃棒、温度计、药匙。

资料：NaOH 有强烈腐蚀性，使用时不要把 NaOH 沾到皮肤或衣服上。

实验方案：

分别向3只烧杯内加入40mL水，并测出水的温度，记录；再分别加入等量(4药匙)的NaCl、NH_4NO_3、NaOH，用玻璃棒充分搅拌后，读出溶解后溶液的温度并记录。

记录：

水中加入的溶质	NaCl	NH_4NO_3	NaOH
加入溶质前水的温度/℃	23	23	23
溶解现象	溶解	溶解	溶解
溶质溶解后溶液的温度/℃	23	8	52

结论：NaCl 溶于水，无明显的温度改变；NH_4NO_3 溶于水温度降低，会吸热；NaOH 溶于水温度升高，会放热。

四、实验结论

(1)同一种物质在不同溶剂中的溶解性是不同的，不同物质在同一溶剂中的溶解性也是不同的。

(2)溶质可以是固体、气体、液体。两种液体互相溶解时，量多的是溶剂，量少的是溶质；但其中一种是水，无论多少都看成溶剂。

(3)认识乳浊液及乳化现象。

(观看洗涤剂的乳化微观动画)

(4)物质溶解时伴随着热量的变化。

五、课堂小结

自我汇报。

六、拓展性问题

(1)小明想快点将蔗糖溶解，你能帮他想出哪些办法？

(2)请上网查找资料,了解乳化在日常生活和生产中的作用。

(3)以小组为单位,围绕洗涤用品,选择自己感兴趣的课题进行调查与研究。(比如:洗餐具的洗涤剂对人体是否有害?)

七、课堂练习

1. 选择题(每小题只有一个正确答案)

(1)厨房中的下列物质与水混合后,不能形成溶液的是(　　)。

A. 植物油　　B. 白糖　　C. 味精　　D. 食盐

(2)下列说法正确的是(　　)。

A. 两种溶液混合后不能再叫溶液

B. 冰水混合物是冰的水溶液

C. 同种溶液中各部分的性质不可能完全相同

D. 气体也可以作为溶质

(3)市场上有一种罐装饮料,在饮料罐的夹层中分别装入一种固体和水,饮用前摇动饮料罐使它们混合,罐内饮料温度就会降低,这种固体物质可能是(　　)。

A. 硝酸铵　　B. 氢氧化钠　　C. 食盐　　D. 熟石灰

(4)下列洗涤中所用洗涤剂具有乳化功能的是(　　)。

A. 用汽油除去衣服上的油污　　B. 用洗洁精清洗餐具上的油污

C. 用水洗去盘子中的水果渣　　D. 用醋洗去水壶中的水垢

2. 填空题

根据溶液的组成填空下表:

溶液	硝酸钾溶液	碘酒	盐酸	石灰水	硫酸铜溶液
溶质	硝酸钾	碘			
溶剂			水	水	水

3. 简答题

讨论:①在化学实验室里你曾经用过哪些溶液?还看到过哪些溶液?

②联想生活中的实例,谈谈溶液的用途。

八、课后作业

1. 选择题

(1)下列关于溶液的叙述,正确的是(　　)。

A. 无色透明的液体一定是溶液　　B. 溶液中各部分的性质均相同

C. 植物油分散到水中可以形成溶液　　D. 溶液中只能有一种溶质

(2)根据你所做过的家庭小实验。如果把家庭中的①面粉、②白糖、③植物油、④纯碱、⑤白酒、⑥牛奶分别加入适量的水中充分搅拌，能够得到溶液的是(　　)。

A. ①③⑥　　B. ②④⑤　　C. ②④⑤⑥　　D. 全部

(3)组成溶液的溶质(　　)。

A. 只能是气体　　B. 只能是固体

C. 只能是液体　　D. 气体、固体、液体都可以

(4)如右图所示装置，向试管里的水加入某种物质后，U 形管右边支管的红墨水液面降低，左边支管的红墨水液面上升，则加入的物质可能是(　　)。

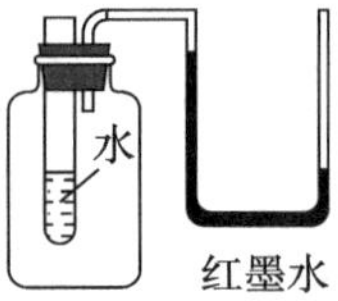

A. 食盐　　B. 蔗糖

C. 硝酸铵　　D. 熟石灰

2. 简答题

手帕沾有油污，用汽油或洗涤剂都可以清洗干净，其原理是否相同？为什么？

3. 探究题

为了探究“乙醇是否能溶于水”的问题，某化学小组进行了如下实验。

操作步骤：①在盛有 2mL 水的试管中滴入 2～3 滴红墨水，振荡。然后加入约 2mL 乙醇，不振荡，发现乙醇与水分层。②振荡试管，观察现象。③……

九、问题讨论

(1)在水中滴入红墨水的目的是什么？

(2)在操作步骤①中，为了确保乙醇与水有明显的分层现象，实验操作时应注意什么？

(3)要证明乙醇能溶于水，还应进行操作步骤③。写出实验操作及现象。

六、教学反思

(1)本次授课我以与本节内容紧密联系的生活中的问题“洗带油污的手帕”来引入课题。做到了课堂开始就抓住学生的注意力。这样的开头既可激发学生学习化学的热情，又可以顺利地引出本节课的教学内容。课堂中涉及难以理解的微观过程，如蔗糖、食盐怎样溶解于水、乳化现象怎么产生的？都采用播放动画的形式引导学生突破难点，了解知识的本质。学生在形成了溶液、溶质、溶剂的概念之后，我采取合作学习方式，把对溶液内容的拓展理解、乳浊液和乳化现象以及物质溶解时的放热、吸热的教学内容设计成三个各自独立的探究问题，进行分组探究。使学生在探究过程中，学会了技能，获取了知识，锤炼了思维。培养了学生热爱化学、积极学习化学的情感。最后通过有针对性的、体现关键知识点的练习题，进一步巩固了学生对本节内容的掌握，达到了教学目的。

(2)在授课过程中发现，学生对于溶质、溶剂的判断还存在一定问题，特别是碘酒、石灰水、稀盐酸这三种溶液的溶质，容易出错；学生在探究实验中，体现出对实验本身的兴趣浓厚，但是对实验现象的归纳总结能力还比较薄弱，应当在今后的教学中有意识地加强这种能力的培养，只有能力提高了，学生才会更好地进行科学探究和实验。

(3)在教学中，由于设计一节课完成本节教学内容，按照正常的教学方式，从时间上讲，不容易完成教学内容。鉴于上述情况，我设计采用了合作学习的教学方式，既给学生们提供独立完成学习探究内容的机会，也使课堂教学的时间相对充裕。但是，要保证课堂上紧张而不忙乱，就要求教者课前备课要充分，准备素材要完善。课堂上，学生同时开展探究活动时，教者要全面巡视，及时发现学生活动中出现的问题，并做到有效地点拨，使学生在规定时间内能完成组内的探究活动。在学生汇报的过程中，要注意倾听，帮助没有做此实验的同学能理解他们在探究什么，又是怎样完成探究活动的。此时，在学生互教的过程中，一定要捕捉学生讲解的闪光点和提出质疑的亮点，在教师的引导下，完成本节课的教学内容。这样的课堂，既解放了教师本人，避免了教师的一言堂，更重要的是充分发挥了学生学习的主体作用，调动了学生学习化学的积极性，培养了学生勇于创新、乐于探究的精神。

七、点评与分析

1. 教学过程

在进行物质溶解过程的教学时，谷老师设计了多个学生的探究小实验，使更多的学生有机会主动地体验探究的过程，在“做科学”的实践中培养了学生的创新精神和实践能力；并且采用这种合作学习的方式，让学生既体验了自主的快乐，又体验了合作的真谛，知识在活动中生成。对新课程理念下的学生学习方式的改变，做了较好的诠释。

2. 教学方法

谷老师在教学过程中，也依托有利因素创设生活中学生体验过的真实情境，使学生真正地从生活走进化学。很好地体现了《义务教育化学课程标准》(2011 版)(简称《课标》)中提出的课程的基本理念，即“注意从学生已有的经验出发，让他们在熟悉的生活情景和社会实践中感受化学的重要性，了解化学与日常生活的密切关系，逐步学会分析和解决与化学有关的一些简单的实际问题”。

3. 教学手段

针对本节课的教学重点——建立有关溶液的概念以及溶液、溶质、溶剂间的相互关系，谷老师通过演示实验，帮助学生理解三个基本概念的内涵以及它们间的相互关联。并通过动画的模拟，将形成溶液的微观过程呈现给学生，使学生又一次建立了现象与本质的联系。

八、参考资料

教育部基础教育课程教材专家工作委员会. 2012. 义务教育化学课程标准(2011 年版)解读. 北京：高等教育出版社.

化学课程教材研发中心. 2012. 义务教育教科书化学九年级下册教师教学用书. 北京：人民教育出版社.

点评专家：李 阳 葫芦岛市教师进修学院教研员
刘继和 沈阳师范大学教师专业发展学院教授，硕导

课题2 溶 解 度

一、基本信息

课题	溶解度				
授课学校	葫芦岛市实验中学	授课年级	九年级	授课班级	九年十班
授课时间	2012.3.16	课　型	新授概念原理课	课　时	1
姓名	李伟	毕业学校及专业	东北师范大学化学专业		
年龄	39	最高学历	本科		
职称	中学高级	教龄	15年		
最高荣誉	—	最高奖励	省优质课		

二、对本节课的基本认识与理解

本节课的性质、在教材中地位与作用	性质:本课题是第九单元溶液第二节溶解度的第二课时,是在学生定性认识物质溶解的基础上,继续从定量的角度去了解物质的溶解现象。 地位:在前面的学习中学生已经接触到澄清石灰水、稀硫酸、稀盐酸等溶液,对溶液和溶解现象也有一定的认识,但缺乏深入的了解,也没有从化学角度去研究。本节课的教学将引领学生对物质溶解的认识开始从“质”到“量”的过渡,也为下一章酸、碱、盐的教学构建了理论铺垫,所以本课内容具有承上启下的作用。 作用:义务教育阶段的化学课程是以提高学生的科学素质为主旨,以激发学生学习化学的兴趣、培养学生分析问题、解决问题的能力为目标的。本节课是学生进行讨论交流的很好素材,用讨论交流的方法去认识溶解度,享受互助的乐趣,来达到培养学生善于合作、勤于思考、严谨求实、勇于实践的精神	
学情分析	有利因素:学生已经知道固体物质在水中不能无限制地溶解,最终是会达到饱和状态的;学生也知道不同物质的溶解性不同。 不利因素:学生虽然对于一般物质溶解后形成溶液的现象比较熟悉,但是对于从定量的角度去认识物质的溶解性以及溶液的种种状态却缺少思考	
教学目标	(1)了解固体物质溶解度的涵义,并会运用知识解释生活中的现象。 (2)运用科学探究的方法理解溶解度的概念。 (3)通过溶解度的学习,让学生关注与溶解度有关的日常现象,感受化学对改善生活和促进社会发展的积极作用	
教学重难点	重点	固体溶解度的涵义、溶解度曲线、气体溶解度及其影响因素
	难点	固体溶解度概念的建立、理解;固体溶解度曲线的含义及应用
教学资源与教学手段	仪器、药品	烧杯、玻璃棒、水、氢氧化钙、硝酸钾、酒精灯
	演示文稿	视频(刘翔在2004年雅典奥运会夺冠)
	其他资源	导学案

三、教与学的过程设计

教学内容	教学环节与方法	教师活动	学生活动	设计宗旨与意图
导课：感受生活中的控制变量法。体会生活中的比较方法	播放视频（刘翔在2004年雅典奥运会夺冠），引导学生思考冠军获得的条件。感受生活中的控制变量法	播放视频（刘翔在2004年雅典奥运会夺冠），让学生讨论判定刘翔获得冠军的条件有哪些？并追问在下列4种情况下是否可判定刘翔为冠军？ （1）刘翔跑100米，其他人跑200米。 （2）刘翔先跑，其他人后跑。 （3）刘翔顺风跑，其他人逆风跑。 （4）其他人为女队员	看视频，讨论交流刘翔获得冠军的条件有哪些？体会采用控制变量法进行比较的教学思路	以视频激发兴趣，同时结合生活经验体会对物质进行比较的一种方法——控制变量法，它的要点必须是在相同条件下对物质进行比较
领悟溶解度的四要素	学生思考硝酸钾和氢氧化钙哪种物质在水中的溶解能力更强	教师提出问题：硝酸钾和氢氧化钙哪种物质在水中的溶解能力更强	学生以小组为单位讨论交流，明确在“定温，溶剂量一定，达到饱和状”时才能比较两种物质的溶解性，并通过实验定量感知硝酸钾和氢氧化钙的溶解能力	一系列讨论题的设置，充分调动了学生思维，在热烈的讨论和积极思考中，定温、溶剂量一定、达到饱和状态这三个比较物质溶解性大小的前提条件，在他们脑海中留下根深蒂固的印象，比强行灌输效果好得多。同时为溶解度定义的得出打出铺垫
	学生思考如何比较硝酸钾和氢氧化钙的溶解能力。即找出影响溶解度的四要素	设置如下问题帮助学生找出影响物质溶解能力的因素。 ①用一杯冷水和一杯热水分别溶解硝酸钾和氢氧化钙，行吗？ ②用一杯水和一盆水分别溶解，行吗？ ③若100g水能溶解相同质量的硝酸钾和氢氧化钙，能否说明硝酸钾和氢氧化钙的溶解性相同		
	学生实验比较硝酸钾和氢氧化钙在室温下，在100g水中的溶解能力	实验	学生实验，从定量角度感知硝酸钾和氢氧化钙在室温下，在100g水中的溶解能力	
得出溶解度概念，明确溶解度的含义	学生总结溶解度概念，并根据教科书表9-1查出硝酸钾在30℃的溶解度，明确溶解度的含义	（1）引导学生，我们可以通过定量的方法来比较物质的溶解度，在上述实验的烧杯中溶解的硝酸钾的质量就是在该温度下的硝酸钾溶解度，氢氧化钙也是同理，请同学们总结溶解度的定义。 （2）根据教科书表9-1查出硝酸钾在30℃的溶解度，明确溶解度含义，明确此溶液中溶质、溶剂、溶液的质量比	根据上述实验中对条件控制的感悟，归纳溶解度定义的四要素，得出溶解度概念	通过实验来感悟溶解度的概念让枯燥无味的概念教学变得生动、直观，便于学生真正领悟溶解度定义的精髓——即四要素
了解溶解度与溶解性的关系	了解溶解度与溶解性的关系，并应用它解释银器装食物不易坏的道理	教师介绍溶解度与溶解性关系，并让学生应用它解释银器装食物不易坏的道理	阅读教科书表9-2，了解溶解度与溶解性的关系。感知物质没有绝对性。并解释银器装食物不易坏的道理	学会应用知识解释生活中的问题

不会，差的学生根本就听不懂，上课死气沉沉，学生不爱发言。如今参加了国培学习，听了专家的讲座，知道了化学概念、原理教学要符合学生的认知发展脉络，启发引导学生，由抽象到具体，分析概括，得出结论，于是我设计了情境教学，使学生在创设的情境中自主的探究，在交流合作中对概念进行了解，这样有助于培养学生的学习能力，同时使其对概念的了解也非常深刻。

(2)不足的方面：由于比较硝酸钾和氢氧化钙溶解性大小时变量太多，学生在设计实验时有些无从下手，所以很浪费时间。

七、点评与分析

1. 教学目标

精心设计，体现创新。首先，这节课教学设计的指导思想是依托新课程标准，体现出寓教于娱乐的理念。本节课以溶解度为中心目标，以活动与探究为载体，以问题为主线，围绕“四个要素”进行了有个性、有创意的快乐探究之旅。把溶解度的教学活动设计成探究活动，改变了很多老师关于溶解度的教学方法，通过提出问题、讨论方案、进行实验操作、获得结论几个环节，学生在自主探究中收获了知识，达到了本节课的教学目标。

2. 教学过程

导课新颖，目的性强，教师引导学生充分利用已学内容亲历探究过程，给学生活动提供了许多机会和空间，让课堂成为展示学生自我的舞台，突出了学生主体作用。

3. 教学建议

仅仅把溶解度当做一个数值，没有把溶解度当做一个关系。溶解度本身是一个质量关系，而且它这个数值是一个比例关系，所以它是可以变的，但老师把溶解度当做了一个具体绝对的数值……我觉得有点可惜，还是需要进一步改进的。

独具匠心，多而不繁，杂而不乱，取之精华，授之以渔。平凡的一堂课，彰显教师的功底。

八、参考资料

教育部基础教育课程教材专家工作委员会. 2012. 义务教育化学课程标准(2011年版)解读. 北京：高等教育出版社.

化学课程教材研发中心. 2012. 义务教育教科书化学九年级下册教师教学用书. 北京：人民教育出版社.

点评专家：徐唯一　葫芦岛市龙港区教师进修学校研训教师
刘继和　沈阳师范大学教师专业发展学院教授，硕导

课题 3　溶液的浓度

一、基本信息

课题	溶液的浓度(第一课时)				
授课学校	葫芦岛市教师进修学院附属中学	授课年级	九年级	授课班级	九年四班
授课时间	2012.10.16	课　　型	新授概念原理课	课　　时	1
姓名	邵　冰	毕业学校及专业	锦州师范学院化学专业		
年龄	34	最高学历	本科		
职称	中学一级	教龄	11 年		
最高荣誉	—	最高奖励	省级教学设计二等奖		

二、对本节课的基本认识与理解

本节课的性质、在教材中地位与作用	性质:《溶液的浓度》是人教版初中化学下册第九单元课题 3 的内容。本课题共 2 课时教学,本课为溶液的浓度的第一课时教学——溶质的质量分数。认识溶质质量分数的含义;能进行溶质质量分数的简单计算。 地位:溶质的质量分数是溶液浓度的表示方法,有关溶质的质量分数的计算是初中化学的重点和难点内容,在今后综合计算中,仍然会涉及溶质质量分数的计算,使本课题的学习不断延伸。 作用:通过溶质质量分数的学习,培养学生分析问题、解决问题的能力。让学生体会从量变到质变的辩证唯物主义的规律,初步发展严谨求实的科学精神	
学情分析	有利因素:学生已经知道溶液是由溶质和溶剂两部分组成的;还知道溶质的质量与溶剂的质量之和等于溶液的质量;也会判断某溶液中的溶质和溶剂;还会确定分数分子和分母。 不利因素:学生还不会从量的角度来表示溶液的组成,教师可以通过设置有效的问题情境来激起学生的兴趣,调动学习的积极性,这样教学过程便水到渠成	
教学目标	(1)通过配制不同浓度的溶液,提高了学生的动手能力,学生掌握了溶质质量分数是表示溶液浓度的精确方法。 (2)通过溶质质量分数的简单计算,加深了学生对溶质质量分数概念的理解,学生掌握了基本的解题方法,提高了学生的解题能力,让学生在练习计算的过程中,了解了溶液与生产、生活的广泛联系,了解了学习化学的最终目标是为社会服务	
教学重难点	重点	溶质的质量分数的概念及简单计算
	难点	溶质的质量分数的应用
教学资源与教学手段	仪器药品	天平、试管、药匙、量筒、硫酸铜、水、食盐
	演示、文稿	PPT
	其他资源	学案、电子白板

三、教与学的过程设计

教学内容	教学环节与方法	教师活动	学生活动	设计宗旨与意图
导入新课	多媒体展示：一瓶葡萄糖注射液标签 葡萄糖注射液　5% Glucose Injection 【规格】500mL内含葡萄糖($C_6H_{12}O_6$)25g。 【适应症】补充能量和体液及全静脉内营养等。 【生产日期】2004年5月27日 【有效期至】2007年5月 【产品批号】040527203 湖北省宜昌三峡制药厂 板书：　课题 3　溶液的浓度	在日常生产和生活中，我们经常会接触到溶液(举例)，同学们通过溶液的标签，就可以获得很多信息。 从葡萄糖注射液的标签上我们可以发现标有 5%的字样。想知道它表示什么吗？它就是我们本节课所学习的内容	进入情境，观看大屏幕并根据已有的知识猜测是表示浓度或溶质的质量分数	联系生活实际，让学生切实感受到溶液在日常生活、生产中的重要作用。 学生很熟悉葡萄糖注射液的标签，却从未思考过标签上的信息，造成悬念，激发求知欲
溶液浓度的判断方法	学生探究实验一：在三支试管中各加入 10 mL(1 mL 水的质量约为 1g)水，然后分别加入约 0.5g、1g、1.5 g固体 $CuSO_4$，振荡静置。这三支试管中溶液的组成是否相同？判断溶液浓稀的根据是什么	我们可以通过哪些方法来判断溶液的浓度呢？ 小组讨论，教师巡视中指导。 小结过渡：对于有色溶液来说，根据颜色的深浅可以区分溶液是浓还是稀。但这种方法比较粗略，不能准确地表明一定量的溶液里究竟含有多少溶质的质量，即溶液的浓度。例如，在施用农药时，就应较准确的知道一定量的药液里所含农药的量。如果药液过浓，会毒害农作物，如果药液过稀，又不能有效地杀灭虫害，因此，我们需要准确知道溶液的浓度。 介绍：表明溶液组成的方法很多，今天主要学习溶质的质量分数	动手实验，观察比较。 讨论交流，总结判断溶液浓稀的方法。 对于有色溶液，可以通过颜色的深浅来判断溶液的浓稀	启发学生思考、总结判断溶液浓度的方法，使学生亲近化学，同时激发学生的求知欲。 使学生了解学习溶液浓度表示方法的必要性，增强学生学习的内在动力
溶质的质量分数	板书： 一、表示溶液浓度的方法之一——溶质的质量分数 1. 定义 2. 计算公式及其公式变形 学生探究实验二：配制氯化钠溶液	那溶质质量分数是如何定义，计算公式是怎么表达的呢？请同学们阅读教材第 43 页文字，完成学案的填空。 讨论：在上述“学生探究实验一”中，三种 $CuSO_4$ 溶液中溶质的质量分数各是多少？ 过渡：根据以上所学，同学们练习配制两杯简单的溶液，并用溶质的质量分数进行比较	阅读教材内容，深入理解溶质质量分数，列出溶质质量分数的公式，交流归纳变形式。 小组交流结果：4.8%、9.1%、13.0%(口述出计算过程)	培养学生自学能力，记忆溶质质量分数公式，根据已有知识对公式进行变形，加深对溶质质量分数概念的理解。 思考交流，对溶质质量分数在实际生产生活中的重要作用加深了解

续表

<table>
<tr><th>教学内容</th><th>教学环节与方法</th><th>教师活动</th><th>学生活动</th><th>设计宗旨与意图</th></tr>
<tr><td>溶质的质量分数</td>
<td>3.溶质质量分数的意义
多媒体展示：某 NaCl 溶液，溶质质量分数为 20%表示什么意义？

4.溶质质量分数与溶解度的关系
多媒体展示。
讨论：已知 20℃时，氯化钠的溶解度是 36g。有人说：“20℃时氯化钠饱和溶液中溶质的质量分数为 36%。”这种说法对吗？为什么</td>
<td>思考：根据以上所学，对两杯无色的氯化钠溶液而言，能否通过颜色来比较溶液的浓稀呢？我们通常采用什么办法来比较溶液的浓稀呢？
利用溶质的质量分数的计算式子，完成学案表格一。
<table>
<tr><th>溶质质量/g</th><th>溶剂质量/g</th><th>溶液质量/g</th><th>溶质质量分数</th></tr>
<tr><td>30</td><td>120</td><td>150</td><td></td></tr>
<tr><td>96</td><td>104</td><td>200</td><td></td></tr>
<tr><td></td><td></td><td>250</td><td>16%</td></tr>
<tr><td>30.6</td><td>120</td><td></td><td></td></tr>
</table>
设问：溶液中溶质的质量分数为 20%表示什么意义？
小结：
(1)100g NaCl 溶液中含 20g NaCl 和 80g 水。
(2)80g 水中溶解的 NaCl 为 20g。
巡视，参与小组讨论，点评指导。
强调：溶质的质量分数只有在溶解度范围内才有意义。化学计算不等于纯数学计算，要依据化学概念，尊重化学事实</td>
<td>思考总结：该溶液无色，无法用肉眼观察确定浓稀，可用溶质质量分数。对于无色溶液不能通过颜色，用溶质的质量分数来比较更精确。
学生思考，合作讨论。分小组，每一小组完成一行。
讨论、交流。
投影练习：
(1)生理盐水标签上的 0.9%表示的意义。
(2)某果汁饮料中果蔬汁含量≥20%，它的含义是什么？

各小组讨论交流，通过回顾溶解度的意义，建立饱和溶液溶质质量分数与溶解度的数量关系</td>
<td>学生发言，交流解决问题的方法。培养学生口头表述能力。
通过表格中的数据，反复应用公式变形，熟悉公式，灵活应用，巩固基础。
首尾呼应，解决悬念。理解标签上质量分数的意义，解决实际问题。

通过讨论交流，进一步加深对溶解度和溶质质量分数概念的理解，建立两者之间正确的数量关系。
培养学生的思维能力和对化学概念中数量关系的整理归纳能力</td></tr>
<tr><td>溶质的质量分数在实际生活中的应用</td>
<td>多媒体展示。
例：配制 150 kg 溶质的质量分数为 16%的 NaCl 溶液，需要 NaCl 和水的质量各是多少</td>
<td>教师讲解板书，强化解题步骤，规范解题格式</td>
<td>学生自学例题，将解题过程写在学案上。
多媒体练习：
医院里为了检验糖尿病患者尿液中含葡萄糖的量，需要 10%的硫酸铜溶液，现配制这种溶液 500g，需硫酸铜和水各多少克？
两名学生板演，其他学生练习并提出异议。规范解题步骤，熟练应用公式</td>
<td>边讲解边练习，巩固、强化解题步骤，规范解题格式。培养学生自主学习和小组合作学习的能力</td></tr>
<tr><td>课堂练习</td><td colspan="4">见学案</td></tr>
<tr><td>课堂小结</td><td colspan="4">自我汇报畅谈体会和收获</td></tr>
<tr><td>课后作业</td><td colspan="4">见学案</td></tr>
</table>

四、板书设计

溶质的浓度

一、溶质的质量分数

1. 定义：溶质的质量与溶液的质量之比

2. 计算式：溶质的质量分数＝溶质质量／溶液质量×100％

　溶质质量＝溶液质量×溶质的质量分数

　溶质质量＝溶质质量＋溶剂质量

3. 溶质质量分数表示意义

4. 溶质质量分数与溶解度的关系

二、溶液中溶质质量分数的计算应用

例：配制 150kg 溶质的质量分数为 16％的 NaCl 溶液，需要 NaCl 和水的质量各是多少？

解析：溶质质量＝溶质质量×溶质质量分数

　　　　　＝150kg×16％＝24kg

　　溶剂质量＝溶液质量－溶质质量

　　　　　＝150kg－24kg＝126kg

答：配制 150kg 溶质的质量分数为 16％的 NaCl 溶液，需要 NaCl 24kg 和水 126kg。

五、学案

溶质的浓度学案

一、导入新课

从葡萄糖注射液标签中，你能获得哪些信息？其中“5％”表示什么意义？

葡萄糖注射液　　5%

Glucose Injection

【规格】500mL内含葡萄糖($C_6H_{12}O_6$) 25g。

【适应症】补充能量和体液及全静脉内营养等。

【生产日期】2004年5月27日

【有效期至】2007年5月

【产品批号】040527203

湖北省宜昌三峡制药厂

二、学生探究实验

1. 学生探究实验一

在三支试管中各加入 10mL(1mL 水的质量约为 1g)水，然后分别加入约 0.5g、1g、1.5g 固体 $CuSO_4$，振荡静置。

思考：这三支试管中溶液的组成是否相同？我们可以通过哪些方法来判断溶液的浓度呢？

请同学们阅读教材第 43 页文字，完成下面的填空。

(1)定义：____________________________

(2)计算公式：

①溶质的质量分数＝(________________)×100%

②溶质质量＝________×溶质质量分数

③溶液质量＝________÷________

＝________质量＋________质量

讨论：

应用溶质质量分数的计算式，计算上述“学生探究实验一”中，三种 $CuSO_4$ 溶液中溶质的质量分数各是多少？

2. 学生探究实验二

配制氯化钠溶液，并计算溶液的溶质质量分数。

思考：根据以上所学，对两杯无色的氯化钠溶液而言，能否通过颜色来比较溶液的浓稀呢？我们通常采用什么办法来比较溶液的浓稀呢？

三、课堂练习

(1)比一比，看谁计算快。(每一小组完成一行)

利用溶质的质量分数的计算式子，完成下面表格。

溶质质量/g	溶剂质量/g	溶液质量/g	溶质质量分数
30	120	150	
96	104	200	
		250	16%
30.6	120		

(2)溶质质量分数的意义：某 NaCl 溶液，溶质质量分数为 20%表示什么意义？

(3)对“10%的食盐溶液”的含义解释错误的是(　　)。

A. 100g 水中溶解了 10g 食盐

B. 100g 食盐溶液中溶解有 10g 食盐

C. 将 10g 食盐溶解于 90g 水中所得的溶液

D. 将食盐与水按 1∶9 的质量配比的溶液

(4)从 100g 15%的 $CuSO_4$ 溶液中取出 20g 溶液，与原溶液相比，取出溶液没有发生变化的是(　　)。

A. 溶质的质量　　B. 溶剂的质量　　C. 溶液质量　　D. 溶质质量分数

(5)溶质质量分数与溶解度的关系。

(6)已知 20℃时，氯化钠的溶解度是 36g。有人说：“20℃时氯化钠饱和溶液中溶质的质量分数为 36%。”这种说法对吗？为什么？

饱和溶液的溶质质量分数＝(________________)× 100%

(7)溶液中溶质质量分数的计算应用

例:配制 150 kg 溶质的质量分数为 16%的 NaCl 溶液,需要 NaCl 和水的质量各是多少?

(8)医院里为了检验糖尿病患者尿液中含葡萄糖的量,需要 10%的硫酸铜溶液,现配制这种溶液 500g,需硫酸铜和水各多少克?

四、课堂小结

谈谈你学习本课题的体会和收获。

五、课后作业

(1)20%的蔗糖溶液中,溶质、溶剂、溶液之间的质量比是(　　)。

A. 1∶4∶5　　B. 5∶4∶1　　C. 4∶1∶5　　D. 20∶80∶100

(2)无土栽培所用的某种营养液中,硝酸钾的质量分数为 7%,某蔬菜生产基地欲配制该营养液 200kg,需要硝酸钾的质量是(　　)。

A. 7kg　　B. 14kg　　C. 70kg　　D. 140kg

(3)每天补充适量的维生素 C,有利于提高人体免疫力。某维生素 C 泡腾片,每片含 1g 维生素 C。将 1 片该泡腾片投入适量水中,最终得到 250g 溶液。此溶液中维生素 C 的质量分数为(　　)。

A. 0.4%　　B. 1%　　C. 2.5%　　D. 4%

(4)20℃时,NaCl 溶解于水的实验数据如下表。则下列叙述正确的是(　　)。

实验序号	水的质量/g	加入 NaCl 的质量/g	溶液的质量/g
①	10	2	12
②	10	3	13
③	10	4	13.6
④	10	5	13.6

A. ②中所得溶液是饱和溶液　　B. 20℃时 10g 水最多能溶解 4g NaCl

C. ③④溶液的溶质质量分数相等　　D. ①所得溶液的溶质质量分数为 20%

(5)制作"叶脉书签"需要 100g 溶质质量分数为 10%的氢氧化钠溶液。请问:

①配制时需要氢氧化钠固体的质量是________g,水的质量是________g。

②若用 20%的氢氧化钠溶液和水配制,需要 20%的氢氧化钠溶液质量是________g。

请你记录独立完成课后作业时的相关情况。

(1)你独立完成课后作业时,你认为题目难度大的是(　　),课后作业中(　　)和同学答案不一样,讨论后仍不明白的是(　　),将题号填在括号中,可以多选。

(2)记录你完成课后作业所用的时间(　　　)。

六、教学反思

(1)从标签引入课题,让学生了解化学是与生活紧密相连的,化学来自于生活、服务于生活，拉近课堂知识与生活实际的距离。

(2)本节内容主要围绕溶液的浓、稀，即一定量的溶液中含有多少溶质这一问题展开，探究活动一通过配制不同浓度的硫酸铜溶液，让学生直观的感受到有色溶液浓度的比较方法，但通过颜色深浅的比较方法局限性较大，并不能适用于所有溶液，从而引出溶质质量分数这种表示溶液浓度的方法，探究活动二主要是帮助学生加深对溶质质量分数应用的了解。对于溶质质量分数的定义和计算式以及变形式的推导，学生在已有的知识基础上能独立完成。再通过计算“硫酸铜溶液的溶质质量分数”和“氯化钠溶液的溶质质量分数”，学生对于溶质质量分数的公式的运用得心应手，没有问题存在。溶质质量分数的意义与导课相呼应，使学生学会了知识，并能解决实际问题，课堂气氛比较活跃，学生显得很兴奋。学生需要在教师的引导下，理解掌握溶质质量分数与溶解度的关系。结合溶质质量分数概念的一些简单计算，通过学生板演练习，及时发现学生解题时存在的问题，师生一起纠正，提高学生分析问题、解决问题的能力。在习题设计中逐步提高，有一定的梯度，增强了学生解决计算题的自信心。

七、点评与分析

1. 教学目标

在整个教学过程中，教师只是一个组织者、参与者，使学生真正成为学习的主人，切身感受到化学学习的快乐，品尝学习成功的喜悦。利用边讲边练及时反馈学生的学习效果，通过师生互动挑错，从而防止自己出错，提高学生分析问题、解决问题的能力，达到教学目标。本教学设计抓住了新课程倡导的化学新课程标准的基本理念。在师生、生生间的实验探究、自主学习、讨论交流的过程中，归纳得出结论。理清了知识脉络和学生的认知脉络，通过知识的实际运用巩固所学知识，关注了“三维”教学目标的落实。

2. 教学手段

本节课的主要内容是溶质质量分数的概念和溶液中溶质质量分数的简单计算，知识难度不大，但要上得生动，让学生能够深入思考、分析、归纳，并不是易事。针对这一点，设计者选择了以实验探究为基础的教学策略，让学生通过实验去思考、分析和归纳有关的化学知识。这样学生既感兴趣，又容易理解。

3. 教学方法

学生通过改变溶液中溶质或溶剂的量变换题目的计算和自学例题，感悟解题方法的策略，深化知识，培养自学能力，更重要的是学会了一种科学的思维方式，达到发展思维、提高能力的目的。

八、参考资料

教育部基础教育课程教材专家工作委员会. 2012. 义务教育化学课程标准(2011 年版)解读. 北京：高等教育出版社.

化学课程教材研发中心. 2012. 义务教育教科书化学九年级下册教师教学用书. 北京：人民教育出版社.

中华人民共和国教育部. 2012. 义务教育化学课程标准(2011 年版). 北京：北京师范大学出版社.

点评专家：刘丽娟　兴城市教师进修学校教研员

刘继和　沈阳师范大学教师专业发展学院教授，硕导

第十单元　酸　和　碱

课题1　常见的碱

一、基本信息

课题	常见的碱				
授课学校	大连世纪中学	授课年级	九年级	授课班级	九年五班
授课时间	2012.3.24	课　　型	新授元素化合物课	课　　时	1
姓名	徐悦	毕业学校及专业	大连大学化学专业		
年龄	40	最高学历	本科		
职称	中学高级	教龄	18年		
最高荣誉	市骨干教师	最高奖励	东北三省四市优质课一等奖		

二、对本节课的基本认识与理解

本节课的性质、在教材中地位与作用	性质：本节课以实验探究活动为载体，激发学生的学习兴趣，引导学生在观察、实验和交流中学习化学知识，使学生在活动中体验科学探究的过程和方法，提高学生科学探究的能力和运用化学知识、科学方法去分析、解决简单问题的能力，为学生的发展奠定必要的基础。 地位：本节课内容既是初中化学的重点也是难点，与教材前后紧密联系，初中化学将碱这部分内容安排在常见的酸之后，常见的盐之前。对前面学习酸的知识可以进行巩固，为后面学习盐的知识奠定基础，具有承上启下的作用。 作用：本节课内容的编排采用的是从个别到一般的归纳方法，学生在第八单元对金属性质的学习中已经接触到了这种方法，在这里可以起到复习巩固的作用。为了更好地实现实验的教学功能，在本课题中把碱的性质实验更多的设计成探究实验，为学生的“提出问题”“做出假设”“设计实验方案”“得出结论”等能力的发展提供更多的机会。另外，在本节课中，学生也比较深刻地感受了“从生活走进化学，由化学走向社会”这样的课程理念，这都是后续学习中应该借鉴的宝贵经验
学情分析	学习对象为九年级的学生，主要通过平日对学生的观察、了解进行如下分析。 有利因素： (1)学生学习了常见的酸，具备了探究酸的化学性质的基础和能力，为学习常见的碱奠定了学习物质性质的基础和方法。 (2)九年级学生已经具备了一定的生活经验和一定的分析判断能力及实验操作技能，为探究碱的性质提供了前提条件。 (3)九年级学生对学习资源的利用和知识信息的获取、加工、处理、综合运用等能力较强。 不利因素： (1)通过与学生的交流了解到，相对于酸来说，对“碱”比较缺乏生活经验和感性基础。 (2)本课涉及的物质种类及名称较多，物质的化学式比较复杂，化学方程式较多，这些会给学生的学习带来一定的困难。 (3)对化学实验表现出比较浓厚的兴趣，动手操作能力较强，但操作熟练程度不同。 (4)本班学生具备一定的表达能力，但思维不是很活跃，习惯于被动接受，缺乏自主学习意识。讨论的风气不是很浓厚，个别学生的自控能力不强

续表

教学目标	知识与技能	(1)认识常见的氢氧化钠、氢氧化钙主要的物理性质和用途。 (2)知道氢氧化钠、氢氧化钙的腐蚀性及使用的安全注意事项。 (3)运用实验、观察等方法进行探究，并比较、归纳氢氧化钠和氢氧化钙的化学性质，由探究实验认识碱具有相似的化学性质。 (4)能应用氢氧化钠和氢氧化钙的性质解释或解决一些简单的实际问题。 (5)通过演示实验及动画，简单了解酸碱溶液具有导电性的原因
	过程与方法	(1)进一步认识和体验科学探究的过程和方法。 (2)学习从个别到一般认识归纳事物规律的方法。 (3)通过查阅资料、实验探究等方法获取信息，运用比较概括等方法对获取的信息进行加工，学习收集有效信息的方法。 (4)在小组合作中，能主动地进行交流和清楚地表达自己的观点，逐步形成良好的学习习惯和学习方法，学习分析问题、解决问题及协作讨论的方法。 (5)通过实验探究活动，体会对比、控制变量等基本的实验方法，体验解决问题的过程与方法。同时提高动手能力，增强创新意识
	情感态度价值观	(1)通过实验探究活动，体验学习化学的乐趣，激发学生学习化学的兴趣。 (2)通过设计实验、分组交流等形式体验思维碰撞和资源共享的好处，增强主动与他人合作的意识，在表达交流中增强自信心，进一步发展勇于创新和敢于实践的科学精神
教学重难点	重点	氢氧化钠和氢氧化钙的性质和用途
	难点	氢氧化钠、氢氧化钙与非金属氧化物的反应及反应的化学方程式书写
教学资源与教学手段	仪器、药品	药品：氢氧化钠固体、氢氧化钙固体、鹌鹑蛋、生石灰干燥剂、澄清的石灰水、蒸馏水、石蕊试液、酚酞试液、稀盐酸、稀硫酸、乙醇。 器材：烧杯、滴管、吸管、表面皿、镊子、试管
	演示文稿	PPT 、Flash 动画(盐酸、氢氧化钠等在水中解离过程的动画)
	其他资源	(1)人教版九年级化学上册教材。 (2)供学生使用的学案。 (3)学生实验探究必备用品。 (4)为学有余力的学生提供的拓展性资料

三、教与学的过程设计

教学内容	教学环节与方法	教师活动	学生活动	设计宗旨与意图
创设情境	展示石灰干燥剂	请学生拿出自己准备的生石灰干燥剂，指导阅读干燥剂说明。 提出问题：不可食用的原因	阅读说明	课前激趣。 学会阅读商品标签。 从学生熟悉的生活中的常见物质入手，激发学生的兴趣，使学生体会到化学无处不在。用问题引领，激发学生的探究欲望

续表

教学内容	教学环节与方法	教师活动	学生活动	设计宗旨与意图
分组实验：生石灰煮鹌鹑蛋系列实验	(1)用生石灰煮鹌鹑蛋。 将一个鹌鹑蛋埋于干燥剂中，加水，静待观察，将鹌鹑蛋洗净，剥壳，观察。	巡视指导。 及时发现存在的问题，指导协作。	小组合作。 完成实验。 观察记录。 分析讨论。 写出该反应的化学方程式。	通过设置问题，培养学生运用知识解决实际问题的能力。学生通过学习知识把疑问解决，让学生体验成功的喜悦。 感受生石灰与水反应的实验现象，复习溶液酸碱性的检验方法。
	(2)取剩余物样品于试管中，加入蒸馏水，探究其水溶液的酸碱性。	指导阅读教材：自主学习教材。	在阅读思考的基础上进行小组讨论，得出干燥剂不可食用的原因。	复习在化学反应前后元素种类不变的观点，二氧化碳能使澄清石灰水变浑浊的原理。 (进行知识迁移：培养学生在新的情境下解决实际问题的能力) 体会通过查阅资料获取信息的方法(碱溶液均具有一定的腐蚀性)，在学生获得知识的同时也进行了安全教育，还培养了学生的阅读能力。 同时体会发现问题、分析问题、解决问题的过程。
	(3)根据反应物成分，猜测溶液的主要成分，并加以证明	合作学习： 共同分析讨论原因，得出结论	写出生石灰与水反应的化学方程式	体会熟石灰的制备方法
氢氧化钙、氢氧化钠的物理性质	对比学习氢氧化钙、氢氧化钠的物理性质	引导学生从颜色、状态、溶解性角度对比观察，介绍水溶液的俗称	观察颜色、状态	引导学生学会对比学习
		演示实验： 氢氧化钠溶解与水。 引导思考。 指导点拨	感受放热现象及溶解性强弱	增强感性认识。 复习有关溶解性的分类方法
			查阅溶解度曲线表，比较氢氧化钙、氢氧化钠的溶解性强弱	从数据角度感受两者溶解性的差异
			创设情境： 大清扫时白色墙壁被弄上污点，如何解决	复习巩固所学知识。利用所学知识解决生活中的实际问题，让学生体会学以致用。同时利用氢氧化钙露置于空气中变质的问题，引入氢氧化钠露置在空气中会发生什么改变
氢氧化钙、氢氧化钠的化学性质	复习氢氧化钙与二氧化碳反应的基础上学习氢氧化钠与二氧化碳的反应。 分组实验： (1)氢氧化钠的潮解性。	提出问题： 氢氧化钠露置在空气中会有什么变化？ 巡视指导。 引导思考： (1)氢氧化钠的潮解性在生活中有什么应用？ (2)同样的物质为什么会出现不同现象？	思考。	帮助学生建立化学与生活之间的密切联系。

续表

教学内容	教学环节与方法	教师活动	学生活动	设计宗旨与意图
氢氧化钙、氢氧化钠的化学性质	(2)对比氢氧化钠、久置氢氧化钠分别与稀盐酸的反应。 (3)演示实验： 验证久置氢氧化钠与稀盐酸反应生成气体的成分。 练习： 根据性质体会两者在生活中的应用。 对比氢氧化钠、氢氧化钙，归纳两者的化学性质	(3)猜测产生的气体是什么？给出信息资料。 演示实验： 引导学生对比氢氧化钙的化学性质，思考原因。 提出问题： (1)为什么氢氧化钠固体要密封保存？ (2)如何利用所学知识证明氢氧化钠溶液是否变质？ (3)氢氧化钠与二氧化碳反应在生活中的应用有哪些？ (4)氢氧化钙与二氧化碳反应在生活中的应用有哪些？ (5)模仿写出三氧化硫与氢氧化钠溶液的反应方程式。 (6)做硫与氧气的反应，集气瓶底部为什么要放少量的水？处理二氧化硫还可以用什么方法？ 引导对比	小组合作。 完成实验。 观察记录。 分析讨论。 观察实验现象，针对出现的异常现象进行小组讨论： 根据信息资料及所学质量守恒定律部分的知识，进行思考，对出现现象的合理性进行分析。 观察记录、思考回答。 模仿写出氢氧化钠与二氧化碳的反应方程式。 思考回答，体会化学在生活中的应用。 写出化学方程式。 思考回答。 观察对比、归纳总结	培养学生严谨的治学态度，对比研究问题的意识，并使逻辑思维能力得以提升。 培养学生的观察能力和分析判断能力。 活学活用，学以致用，充分体验化学对社会、生活、生产、环境的重要作用。 知识迁移，增强灵活运用知识的能力。 采用对比、推理与分析的方法学习两种常见的碱的化学性质，让学生在不知不觉中感悟获取更多知识的重要方法。既得出了碱的相似性质，又培养了学生从个别到一般的归纳方法。 提升学生进行归纳总结的能力
碱为什么具有相似的化学性质	演示实验： 溶液的导电性。 展示动画： 盐酸、氢氧化钠等在水中解离过程的动画课件	讲授： 某些物质的溶液能导电的原因。 播放动画	观察体会酸溶液、碱溶液中存在有自由移动的离子	培养学生透过现象看本质的辩证唯物主义观点。 利用动画模拟帮助学生建立微观的想象
氢氧化钠、氢氧化钙的用途	化学性质相似但又有不同，性质决定用途，因此，用途也有不同	指导阅读教材第 55 和 56 页	阅读归纳	体会因为构成中有相同离子，所以化学性质相似，但又因为有不同离子，所以化学性质又有所不同，因此导致用途又有差异。使学生领会辩证地看问题的方法

续表

教学内容	教学环节与方法	教师活动	学生活动	设计宗旨与意图
课堂练习	(1)固体氢氧化钠必须密封保存的原因是(　　)。 ①氢氧化钠有毒;②氢氧化钠有腐蚀性;③氢氧化钠易吸收水分而潮解;④氢氧化钠有挥发性;⑤氢氧化钠能与空气中二氧化碳反应。 A. ①②　　B. ②③④ C. ②③⑤　　D. ③⑤ (2)实验室干燥二氧化碳时应选用的干燥剂是(　　)。 A. 生石灰　　B. 氢氧化钠固体 C. 浓硫酸　　D. 稀硫酸 (3)下列物质中,俗名、名称和化学式都相符合的是(　　)。 A. 消石灰、氢氧化钙、$Ca(OH)_2$　　B. 纯碱、氢氧化钠、NaOH C. 生石灰、碳酸钙、$CaCO_3$　　D. 干冰、水、H_2O (4)下列物质长时间放置在空气中质量会增加且有其他物质生成的是(　　)。 A. 碳酸钙　　B. 氢氧化钠固体 C. 浓硫酸　　D. 稀硫酸 (5)现有两瓶失去标签的无色溶液,分别是石灰水和稀硫酸,请你对这两种溶液进行鉴别。 答案:用酸碱指示剂或二氧化碳、纯碱等鉴别			巩固所学知识,根据所给答案自行批阅,使师生及时发现存在的问题并加以解决
课堂小结	学生小结。 教师点拨	指导学生从三个维度进行总结,并加以点拨提升	从知识与技能、过程与方法、情感态度与价值观三个维度进行小结	学生从多方面感受自己的收获,学会反思提高的学习方法
课后作业	(1)设计实验证明二氧化碳与氢氧化钠溶液是否发生化学反应? (2)氢氧化钠溶液不慎沾到皮肤上,为什么要用大量清水冲洗,再涂上硼酸溶液? (3)家庭小实验: 鲜花变色。 制作叶脉书签	布置作业。 简单指导。 解答疑惑	查阅资料,完成作业	课堂时间有限,放在课后完成,可以给学生创造更广阔的时间和空间,更有利于发展学生的思维,培养其创新精神及实践能力。 为酸和碱之间的反应做铺垫。 激发学生的兴趣,增加动手操作的机会,使学生通过实践来感悟化学,使其更热爱化学

四、板书设计

常见的碱

	$Ca(OH)_2$(熟石灰、消石灰)、石灰水的溶质	NaOH(烧碱、火碱、苛性钠)
物理性质	$Ca(OH)_2$ 是白色粉末状固体 微溶于水,水溶液俗称:澄清石灰水	(1)NaOH 是白色固体。 (2)易溶解于水,且放出大量热。 (3)NaOH 易潮解,所以应该密封保存

续表

化学性质	(1)与酸碱指示剂反应:碱的溶液都可使石蕊变蓝色,无色酚酞变红色	
	(2)与非金属氧化物反应: $CO_2 + Ca(OH)_2 \xlongequal{} CaCO_3\downarrow + H_2O$	$CO_2 + 2NaOH \xlongequal{} Na_2CO_3 + H_2O$ (空气中就含有 CO_2,再次说明 NaOH 应该密封保存) $SO_3 + 2NaOH \xlongequal{} Na_2SO_4 + H_2O$
	(3)都有腐蚀性,使用时,应该注意安全	
用途	建筑业:砌砖抹墙 农业:配制农药、保护树木、改良酸性土壤 生活中:保鲜鸡蛋	可用于生产肥皂、洗涤石油、制纸张、纺织,可用做厨房清洁剂,处理二氧化硫尾气

五、学案

常见的碱

一、课前延伸

1. 温故知新

(1)溶液酸碱性的检验方法。

(2)二氧化碳与澄清石灰水反应的现象、化学方程式及在生活中的应用。

(3)质量守恒定律,化学反应前后元素种类不变的观点。

(4)物质溶解性的分类方法。

(5)硫与氧气反应,集气瓶底部放少量水的原因。

2. 预习提纲

(1)氢氧化钠、氢氧化钙的俗称。

(2)如果氢氧化钠不慎沾到皮肤上应如何处理?

(3)什么是氢氧化钠的潮解现象?在生活中有什么应用?

(4)查阅溶解度曲线图找到 20℃时氢氧化钠、氢氧化钙的溶解度并加以比较。

(5)氢氧化钙有哪些物理性质、化学性质?

(6)氢氧化钠为什么要密封保存?

(7)氢氧化钠、氢氧化钙有什么用途?

(8)除氢氧化钙、氢氧化钠外,常见的碱还有哪些?

(9)常见的酸或碱为什么均具有相似的化学性质?

二、课堂探究

1. 生石灰与水的反应

实验内容	实验步骤	实验现象	实验结论
生石灰煮鹌鹑蛋	用生石灰煮鹌鹑蛋  将一个鹌鹑蛋埋于干燥剂中,加水,观察,将鹌鹑蛋洗净,剥壳,观察		

续表

实验内容	实验步骤	实验现象	实验结论
验证剩余物溶液的酸碱性	取少量剩余物样品于试管中，加入适量蒸馏水，探究其水溶液的酸碱性(自选方法)		
验证生成物溶液的主要成分	根据反应物成分，猜测生成物溶液的主要成分，并加以证明(提示：静置取上层清液)		

2. 比较氢氧化钙、氢氧化钠的物理性质、俗称

	氢氧化钙	氢氧化钠
俗称		
水溶液俗称		
颜色、状态		
溶解性		

3. 氢氧化钠固体久置于空气中的变化

实验内容	实验步骤	实验现象	实验结论
(1)将氢氧化钠固体露至于空气中	用镊子取少量氢氧化钠固体于表面皿上，久置于空气中		
(2)久置空气中的氢氧化钠与稀盐酸反应	向上述样品表面滴加稀盐酸		
(3)氢氧化钠与稀盐酸反应	另取氢氧化钠固体，向其表面滴加稀盐酸		
反思：对比实验(2)、实验(3)的现象，有何想法			

4. 归纳氢氧化钙、氢氧化钠的化学性质：________________________

三、温馨提示

碱溶液和非金属氧化物的反应，反应前后各元素的化合价不变，因此，NaOH 与 SO_2 反应生成 Na_2SO_3 和水(S 都为+4 价)，而不生成 Na_2SO_4(S 为+6 价)，NaOH 与 SO_3 反应才生成 Na_2SO_4。

四、学习评价

(1)能使紫色石蕊试液变成蓝色，无色酚酞试液变成红色的是(　　)。

A. 氯化钠溶液　　B. 硫酸

C. 酒精　　D. 烧碱溶液

(2)固体氢氧化钠必须密闭保存，其原因是(　　)。

①氢氧化钠有毒；②氢氧化钠有强腐蚀性；③氢氧化钠在空气中会被氧化；④氢氧化钠在空气里易吸收水分而潮解；⑤氢氧化钠能与空气中的二氧化碳反应。

A. ①②　　B. ③④　　C. ④⑤　　D. ②⑤

(3)能跟氢氧化钠溶液反应的物质是(　　　)。

A. 石灰水　　B. 二氧化硫

C. 氧化铜　　D. 碳酸钠溶液

(4)下列有关物质的名称、俗名、化学式中,三者皆指同一物质的是(　　　)。

A. 氧化钙、消石灰、CaO　　B. 氯化氢、盐酸、HCl

C. 碳酸钙、熟石灰、$CaCO_3$　　D. 氢氧化钠、烧碱、NaOH

(5)消石灰砂浆广泛用于黏合砖石,因细软的消石灰砂浆硬化后能和砖、石结为一体。试回答以下问题:

①消石灰砂浆表面会迅速硬化的主要原因是______________________________。(用相应的化学方程式说明)

②消石灰里的 $Ca(OH)_2$ 和细砂里的 SiO_2(二氧化硅)能不能发生反应______,其理由是____。(如认为能反应,则要写出相应的化学方程式)____。

五、课后提升

(1)有一瓶长期暴露在空气中的氢氧化钠溶液,要检验这瓶溶液是否变质,常选用的试剂是__________,反应的化学方程式为______________________________。

(2)下列各组气体,既能用浓硫酸干燥又能用苛性钠干燥的是(　　　)。

A. H_2　O_2　　B. CO_2　O_2　　C. SO_2　CO　　D. SO_2　CO_2

(3)右图中广口瓶里分别装入下列各组中的气体,滴管分别滴入各组中的液体时,玻璃管下端所系的气球能够鼓起来的是(　　　)。

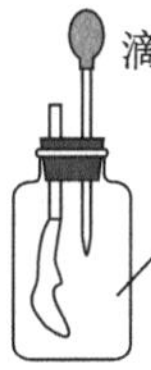

A. 氢气、浓硫酸　　B. 氮气、苛性钠溶液

C. HCl、水　　D. CO_2、烧碱溶液

(4)若将潮湿的空气依次通过烧碱溶液、浓硫酸和红热的铜网,将会依次除去空气中的________________________,最后剩余的气体主要是______。

(5)如右图所示,在一个密闭的容器里,放着一盆新鲜的绿色植物,它的旁边放着一杯氢氧化钠溶液,溶液中悬浮着一个塑料小球。现将容器放在一黑暗处,按下列要求回答问题:

①容器放在黑暗处的目的是:__________________________。

②植物呼吸放出的气体是:________。

③经过一段时间后,小球将会(　　　)。

A. 上浮　　B. 不变　　C. 下沉　　D. 先下沉后上浮

六、拓展性学习资料

(1)难溶的碱(例如,氢氧化镁、氢氧化铜等)不能使指示剂变色,也不能与非金属氧化物反应。

(2)盛放氢氧化钠溶液的试剂瓶不能用玻璃塞而要用橡皮塞,是因为 NaOH 能与玻璃成分中的 SiO_2 反应生成黏性的 Na_2SiO_3(水玻璃)等物质使玻璃相互黏结,不易打开,反应的化学方程式为 $2NaOH+SiO_2 = Na_2SiO_3+H_2O$。

(3)氢氧化钠的用途。

①制造肥皂。肥皂的主要成分是高级脂肪酸的钠盐，通常用油脂和氢氧化钠为原料经过皂化反应而制成。

②精炼石油。石油产品经硫酸洗涤后还含有一些酸性物质，必须用氢氧化钠溶液洗涤，再经水洗，才能得到精制产品。

③造纸。造纸的原料是木材或草类植物，这些植物里除含纤维素外，还含有相当多的非纤维素(木质素、树胶等)。加入稀的氢氧化钠溶液可将非纤维素成分溶解而分离，从而制得以纤维素为主要成分的纸浆。

④纺织。人造纤维如人造棉、人造毛、人造丝等，大都是粘胶纤维，它们是用纤维素(如纸浆)、氢氧化钠、二硫化碳(CS_2)为原料制成黏胶液，经喷丝、凝结而制得。

⑤印染。棉织品用烧碱溶液处理后，能除去覆盖在棉织品上的蜡质、油脂、淀粉等物质，同时能增加织物的丝光色泽，使染色更均匀。

六、教学反思

(1)此教案是为学生基础相对比较好的班级设计的。从总体上看，本节课基本达到了新课程标准要求的预期目标，即充分挖掘教材，利用各种资源，创造性地使用好新教材，重视对学生科学探究能力的培养。从学生熟悉的社会生活现象入手，引入对有关碱的性质的学习，再用碱的有关性质来解释有关日常现象，使本节课体现出从“生活—化学—生活”的鲜明主线。

(2)同时，本节课通过对生石灰与水的反应的系列实验探究，不但加深了学生对有关知识的巩固和应用，同时也使学生的创新精神和实践能力得到进一步的提高。整堂课的课堂气氛是非常热烈的，学生的积极性高，思维活跃，设计出很多精彩的方案。这也使我深深感到，在今后的教学中，要非常关注学生思维点的激发和创新精神、实践能力的培养，要充分考虑如何引导学生展开充分的思维来获取知识；如何揭示学生在学习过程中的疑难，并引导他们分析、解决问题；如何寻找思维的闪光点，并及时赞扬鼓励，进一步激发他们的创造性，努力实现以教师为主导、学生为主体的学习方式的变革，使学生想学、会学、乐学。

七、点评与分析

1. 教学目标

贴近生活、联系社会实际、增加动手实践是激发学生学习兴趣的重要方法，也是学生适应现代生活和未来发展、提高科学素养和人文素养的需要。教学时注重从学生熟悉的身边现象入手，寻找新的视角和切入点，引导他们感受身边的化学物质和化学变化，增强学习的兴趣。有意识地引导学生从多个角度对有关问题作出思考，发现问题、展开探究以获得新的知识和经验，加深对化学知识在生活实际中应用的认识，关注人类面临的与化学相关的社会问题。

2. 教学方法

本节课运用探究实验的方法使教学变得更加有趣，既能丰富学生的感性认识，又能激发学生的学习动机，并且在生活中很少能接触独立的碱类物质，所以学生对碱的了解其实很少。

3. 教学过程

“涩味和滑腻感”是碱的特征，但我们不能用品尝或触摸的方法来确定一种物质是否为碱，因此在本节的教学中，让学生在不断的实验探索中学会识别碱，加深对碱的基本知识的认识，这也是现代公民应该具备的化学素养之一。

4. 教学手段

本课采用了以探究活动为主的启发式探究教学，在注重基础的同时关注学生能力的培养，适当增加教学内容，又不增加学生太多的负担，实现了新课程理念所倡导的以教师为主导、学生为主体的学习方式的变革。

八、参考资料

中华人民共和国教育部. 2012. 义务教育化学课程标准(2011 年版). 北京：北京师范大学出版社.

点评专家：刘继和　沈阳师范大学教师专业发展学院教授，硕导

课题 2　常见的酸和碱

一、基本信息

课题	常见的酸和碱(第二课时)				
授课学校	阜新市第二初级中学	授课年级	九年级	授课班级	九年六班
授课时间	2012.4.2	课　型	新授实验探究课	课　时	1
姓名	郭霞	毕业学校及专业	沈阳师范大学化学专业		
年龄	43	最高学历	硕士研究生		
职称	中学一级	教龄	1 年		
最高荣誉	—	最高奖励	—		

二、对本节课的基本认识与理解

本节课的性质、在教材中地位与作用	性质：实验探究课。 地位：本节内容在本册课程的学习中有着十分重要的地位，教学内容包括盐酸、硫酸的物理性质及酸的化学性质几个部分，是在学习了氧气、碳及其化合物、金属等简单物质的性质和用途的基础上，更高层次的学习。通过对酸的学习，可以为碱盐的学习打下基础，完善无机物之间的关系网络。同时探究酸的学习方法，可以为碱的学习提供知识基础和学法帮助。 作用：本节课十分鲜明地体现了新教材的特点，通过实验探究的方法获得感性认识，代替了枯燥的概念性的叙述文字，同时培养了学生的实验技能和实验创新能力。常见的酸与日常生活、生产有着密切的联系，对学生今后参加社会实践具有非常重要的作用

续表

学情分析		有利因素:在以前的学习中,学生已经具有以下一些知识:(1)盐酸与石灰石反应制取二氧化碳。(2)活泼金属与酸的反应。(3)二氧化碳通入紫色石蕊试液,石蕊试液变红色。(4)酸碱指示剂。(5)盐酸、硫酸的物理性质。这些都是与酸有关的内容。 不利因素:虽然对酸有了一定的认识,但是对酸的化学性质本质还不是很清楚,可以说是“知其然,不知其所以然”。此外,本节课是一节实验探究课,学生的动手能力较差
教学目标	知识与技能	(1)常见的酸:盐酸和硫酸的物理性质和用途。 (2)认识浓硫酸的腐蚀性,掌握正确稀释浓硫酸的方法,强化实验及生活中的安全意识。 (3)通过活动与探究掌握盐酸和稀硫酸的化学性质,能描述典型反应的实验现象并会书写相应的化学方程式
	过程与方法	通过讨论交流,提升运用化学知识解决问题的能力
	情感态度与价值观	树立科学的物质观,学会用辩证的观点看待事物,能透过表面现象挖掘事物具有共性的本质原因
教学重难点	重点	浓硫酸的腐蚀性和酸的化学性质
	难点	酸的化学性质
教学资源与教学手段	仪器、药品	浓硫酸、浓盐酸、生锈的铁钉
	演示文稿	PPT
	其他资源	学案

三、教与学的过程设计

教学内容	教学环节与方法	教师活动	学生活动	设计宗旨与意图
测评导课	课前测评	PPT:投影展示习题(习题见学案)	学生抢答。 学生必答	检测学生学习情况,为本课教学奠定基础
浓盐酸、浓硫酸的物理性质	探索新知	提供教材实验10-2所需药品	根据教师提供的两瓶试剂,观察盐酸和硫酸的颜色、状态、气味以及打开瓶盖后的现象。 填写学案相应表格。 小组讨论浓盐酸瓶口有白雾而浓硫酸瓶口没有白雾的原因,总结并对本组答案进行展示	培养学生的观察能力。 培养学生归纳、总结能力。 培养学生表达能力
浓硫酸的腐蚀性	探索新知	PPT:展示某地大学生用浓硫酸泼向黑熊的报道。 教师演示教材实验10-3、10-4和10-5。	观看PPT。	通过观看报道,总结出硫酸的化学性质,同时增强了学生的法律意识和道德观念。
	探索新知	教师指导。	学生观看演示实验,记录观察到的实验现象。	培养学生观察与思考能力。
酸的化学性质	自我检测	(1)教师指导学生进行酸与指示剂作用的实验。 (2)教师检验金属与稀盐酸或稀硫酸的反应化学方程式。 (3)教师指导生锈的铁钉与稀硫酸、稀盐酸实验。	小组讨论学案思考与交流部分,组内统一答案进行展示。 学生动手实验。 小组合作探究学案内容,并将答案进行展示。 学生动手实验。	培养学生自主学习的能力以及语言表达能力。 培养学生的动手能力以及合作探究能力。
		学案相应习题	认真作答	检测学习效果

续表

教学内容	教学环节与方法	教师活动	学生活动	设计宗旨与意图
课堂练习	见学案，大屏幕出示答案			
课堂小结	学生小结本课收获			
课后作业	见学案			

四、板书设计

常见的酸和碱

二、常见的酸

1. 几种常见的酸

(1)浓盐酸和浓硫酸的物理性质

(2)浓硫酸

①吸水性

②强腐蚀性

③稀释操作

2. 酸的化学性质

五、学案

常见的酸和碱

一、旧知复习

(1)写出下列常见物质的化学式：

盐酸________硫酸________硝酸________碳酸________醋酸________

(2)说出酸可以使指示剂(酚酞、石蕊)变色的情况。

二、新知导读

探究一：几种常见的酸

根据教师提供的盐酸和硫酸，填写下表。

	盐酸	硫酸
颜色、状态		
打开瓶盖后的现象		
气味		
若长时间敞口放置	溶质质量________，溶液质量________，溶质质量分数________	溶质质量________，溶液质量________，溶质质量分数________

交流讨论：

(1)打开浓盐酸的瓶盖为什么会产生白雾？说明浓盐酸具有什么性质？

(2)浓硫酸没有白雾说明浓硫酸具有什么性质？

探究二：浓硫酸的腐蚀性

认真观察教师的演示实验，填写下表。

实验	放置一会儿后的现象
用玻璃棒蘸浓硫酸在纸上写字	
用小木棍蘸少量浓硫酸	
将浓硫酸滴到一小块布上	
将浓硫酸缓慢地倒入烧杯的水中	

交流讨论：

(1)如果不慎将浓硫酸溅在皮肤或者衣物上会有什么结果？应该怎么处理？说明浓硫酸具有什么性质？

(2)如果将稀硫酸不慎溅在衣物上，应该怎么处理？

(3)在稀释浓硫酸时教师是怎样操作的？为什么要这样做？

探究三：酸的化学性质

1. 填写下表。

	加紫色石蕊试液	加无色酚酞试液
稀盐酸		
稀硫酸		

思考：如何识别一种溶液是否是酸溶液？

2. 回忆所学的知识，完成下表。

	与稀盐酸反应的化学方程式	与稀硫酸反应的化学方程式
镁		
锌		
铁		

思考：上述反应的生成物有什么相同的地方？

3. 完成下列实验，并填写表格。

将生锈的铁钉分别放入盛有稀盐酸和稀硫酸的试管里，过一会将铁钉取出后，观察铁钉表面的现象。

	现象	化学方程式
铁锈＋盐酸		
铁锈＋硫酸		

思考交流：

(1)上述反应生成物有什么相同之处？

(2)在实验室里如何除去铁钉表面的铁锈？能否将生锈的物质长时间浸泡在酸中？为什么？

三、归纳与总结

总结酸有哪些共同的化学性质？

(1)____________________________

(2)____________________________

(3)____________________________

四、当堂检测

(1)下列气体不能用浓硫酸干燥的是(　　)。

A. H_2　　B. O_2　　C. CO_2　　D. NH_3

(2)下列物质中都含有氢元素，在水溶液中能使紫色石蕊溶液变红的是(　　)。

A. CH_4　　B. C_2H_5OH　　C. NaOH　　D. CH_3COOH

(3)下列说法正确的是(　　)。

A. 盐酸能使紫色石蕊溶液变蓝

B. 浓硫酸露置于空气中，溶质的质量分数变大

C. 露置于空气中的浓盐酸，其成分不会减少

D. 打开浓盐酸的试剂瓶，瓶口会产生白雾

(4)下列叙述中不属于盐酸的化学性质的是(　　)。

A. 盐酸具有挥发性　　B. 盐酸能除去铁锈

C. 盐酸能使紫色石蕊试液变红　　D. 盐酸能与石灰石反应制取二氧化碳

(5)不能由金属与酸反应直接生成的是(　　)。

A. $FeCl_2$　　B. $ZnCl_2$　　C. $FeCl_3$　　D. $MgSO_4$

(6)下列方程式书写完全正确的是(　　)。

A. $Zn+2HCl=ZnCl_2+H_2\uparrow$　　B. $2Fe+3H_2SO_4=Fe_2(SO_4)_3+3H_2\uparrow$

C. $Al+HCl=AlCl_3+H_2\uparrow$　　D. $Fe_2O_3+H_2SO_4=FeSO_4+H_2O$

六、教学反思

(1)本节课教学目标明确,重点突出,详略得当。本节课重点是了解浓盐酸、浓硫酸的性质和浓硫酸的稀释方法;掌握稀盐酸、稀硫酸的化学性质。

(2)能充分利用教材结构设计教学思路,让学生把所讲的内容全部记在书上,节省时间,也使学生能一目了然。

(3)重视演示实验,每个实验都做得很成功,让学生学习观察、分析总结。

七、点评与分析

1. 教学手段

本课充分体现了新课改的理念。课堂上教师注重调动学生的积极性,采取分组讨论、合作学习,引导学生自主学习。尽量让所有学生参与进来,扩展学生的学习空间。

2. 教学方法

实验探究得到充分体现。在教学中教师利用实验等手段为学生创设交流讨论、实验探究的情景,进一步培养学生自主性学习并激发其探究好奇心和积极性。在教师指导下,利用探究性实验充分发挥了学生的主体性,让学生进行实验探究,在交流讨论中获得知识,同时体验学习的成就感,激发学习兴趣。

3. 教学亮点

增加学生自我展示的机会。由于本节课的实验探究内容较多,同时针对实验现象的观察,学生较容易出错、辩错、析错和纠错。通过小组讨论得出统一答案进行交流,也有利于小组间相互纠错。本课能以学生为主体,采用小组合作探究的学习方式,体现了新课改理念。本节课是一节实验探究课,课堂上学生积极参与,动手实验,认真观察,整个课堂教学效果较好。

八、参考资料

中华人民共和国教育部. 2012. 义务教育化学课程标准. 2011 年版. 北京:北京师范大学.

点评专家:刘继和 沈阳师范大学教师专业发展学院教授,硕导

课题3　酸和碱的中和反应

一、基本信息

课题	酸和碱的中和反应				
授课学校	辽阳市第二中学	授课年级	九年级	授课班级	九年十班
授课时间	2012.4.4	课　型	新授实验探究课	课　时	1
姓名	谷雨	毕业学校及专业	沈阳师范大学化学专业		
年龄	29	最高学历	本科		
职称	中学一级	教龄	6年		
最高荣誉	—	最高奖励	市优质课一等奖		

二、对本节课的基本理解和认识

本节课的性质、在教材中地位与作用	性质：本课是《酸和碱的中和反应》的第一课时，通过设计实验证明氢氧化钠溶液和盐酸发生反应，以及学生对实验方案的分析和讨论，培养学生在实验设计中的证据意识和控制变量的学科思想。 地位：本课是常见酸和碱的性质的延续，能够帮助学生更加全面地认识常见酸和碱的化学性质，也为复分解反应的学习奠定基础。 作用：通过分析中和反应在实际中的应用，打破学生提到化学就想到"有毒、污染、致癌"等消极观念，提升化学学习的乐趣	
学情分析	有利因素：学生已经知道了常见酸和碱的性质，也具有一定的设计实验、动手操作的能力。 不利因素：实验设计中的证据意识和控制变量的学科思想还没有形成	
教学目标	知识与技能	知道酸和碱之间能发生中和反应，了解中和反应在实际生产、生活中的应用
	过程与方法	充分发挥实验对化学教学的促进作用，培养学生设计、评价实验方案的能力。总结中和反应的概念、盐的概念，培养学生从个别到一般的总结、归纳能力
	情感态度与价值观	(1)培养勇于提出问题，大胆创新、实践的科学精神。 (2)认识化学与人类生活、生产、健康的密切关系，发展学习化学的兴趣
教学重难点	重点	培养实验设计中的证据意识；归纳总结的能力
	难点	设计实验方案中的证据意识
教学资源与教学手段	仪器、药品	氢氧化钠溶液、稀盐酸、石灰水、稀硫酸、石蕊试液、酚酞试液、蒸馏水、点滴板、烧杯、滴管、量筒、试管
	演示文稿	PPT、动画(氢氧化钠与盐酸的微观粒子反应)
	其他资源	学案

三、教与学的过程设计

<table>
<tr><th>教学内容</th><th>教学环节与方法</th><th>教师活动</th><th>学生活动</th><th>设计宗旨与意图</th></tr>
<tr><td rowspan="2">课件展示：
被蜜蜂蜇后，用肥皂水或氨水清洗；被马蜂蜇后，用食醋止痛止痒</td><td>导课</td><td>设问：被同样属于蜂的两种蜂蜇，为什么一种用碱液处理，一种用酸液处理</td><td>看图片。
学生回答猜想结果</td><td>从一开始就要营造一种注重思考而不是简单记背知识的学术氛围，但思考并不是天马行空的随意想象，需要有科学知识的辅助才能结出真理的果实，因此提供给学生资料卡片</td></tr>
<tr><td colspan="4">资料卡片：
蜜蜂毒液显酸性，马蜂毒液显碱性；
氨水是一种弱碱，肥皂水也是显碱性的；食醋是一种酸溶液</td></tr>
<tr><td rowspan="4">实验：
证明氢氧化钠能与盐酸反应</td><td>实验“向氢氧化钠溶液中滴加盐酸”</td><td>指导学生实验</td><td>小组合作实验“向氢氧化钠溶液中滴加盐酸”</td><td>学生亲自动手实验，调动课堂气氛</td></tr>
<tr><td>课件展示：
药品和仪器（氢氧化钠溶液、盐酸、石蕊试液、酚酞试液等）</td><td>设问“二者反应没有现象，究竟氢氧化钠和盐酸有没有反应呢？你有方法证明吗？”</td><td>思考实验方案</td><td>追加问题更让学生跃跃欲试，不知不觉中就成为了课堂的主人。
课件展示中提示给学生药品信息，旨在降低难度，让全部学生都能参与其中，防止在简单知识上分化学生</td></tr>
<tr><td>利用所给药品设计实验，然后将小组实验方案分享到全班交流、评价，得出可行的实验方案</td><td>指导、评价实验方案</td><td>设计实验、交流实验方案（小组、全班）</td><td rowspan="2">学生亲自设计实验、交流实验方案，教师适当评价，培养学生设计能力和实验方案的证据意识，从而解决教学难点</td></tr>
<tr><td colspan="2">学生实验方案预展：
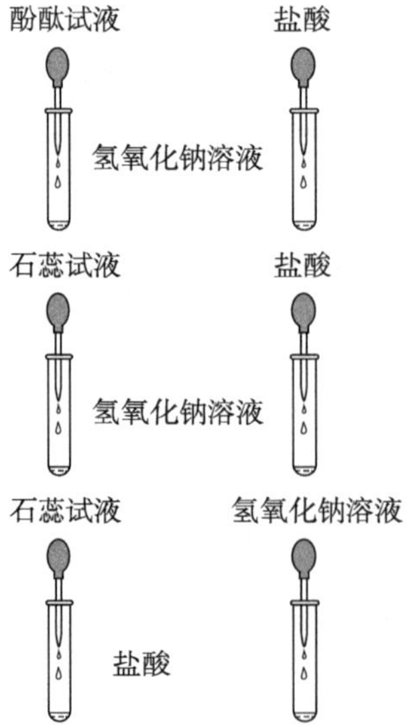
</td><td>学生小组实验</td></tr>
</table>

续表

教学内容	教学环节与方法	教师活动	学生活动	设计宗旨与意图
设计实验方案	利用实验寻找证据，证明反应的发生	导语：分小组进行实验，看哪个小组能准确找到证据记录下来，证明反应发生	思考实验的方法与过程	鼓励学生利用实验寻找证据，证明反应的发生。使学生体会设计实验中的证据意识，体现教学重点
中和反应	学生按照预展方案进行实验			“广开思路，百花齐放”，教师肯定学生的设计思路并鼓励学生实验验证
	得出结论“氢氧化钠能与盐酸反应”。 指导学生写出化学方程式	设问：“这么多实验都能成功验证氢氧化钠能与盐酸反应，你认为最合理的方案是哪个呢？”提示学生从实验效果、严密程度等方面分析	班级讨论得出最佳实验设计。 各小组代表在全班展示实验果实。 $HCl + NaOH = NaCl + H_2O$	通过让学生将自己的探究活动进行反思，将优化科学实验的思想进一步升华，让学生学会质疑，学会思考
	动画演示“氢氧化钠与盐酸的微观粒子反应”	设问：“H^+ 和 OH^- 跑哪去了呢？”	观看动画。 得出中和反应定义	动画演示做辅助，帮助学生达到由“宏观到微观”的能力增长点。归纳总结中和反应，培养归纳总结能力
	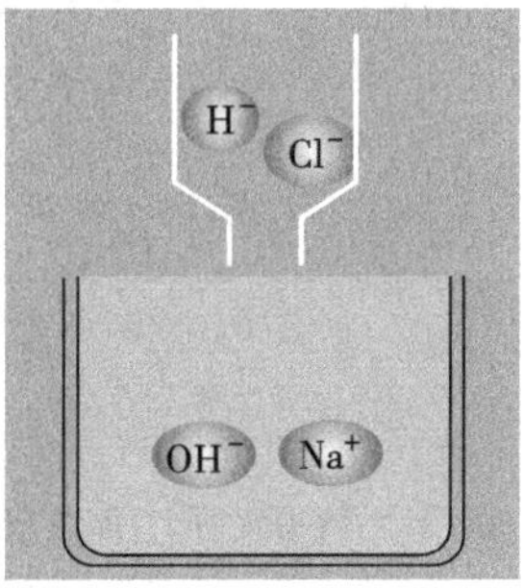 			
	氢氧化钠与硫酸、氢氧化钙与盐酸反应	设问：“请你用简便方案验证氢氧化钠与硫酸、氢氧化钙与盐酸能否反应”	学生小组实验	此处设计目的有三点： (1)加深学生对酸和碱能反应的印象。 (2)加强学生的实验技能。 (3)学生通过简单的实验罗列分析中和反应，分散了微观解释中和反应实质这一难点

续表

教学内容	教学环节与方法	教师活动	学生活动	设计宗旨与意图
中和反应	学生实验方案 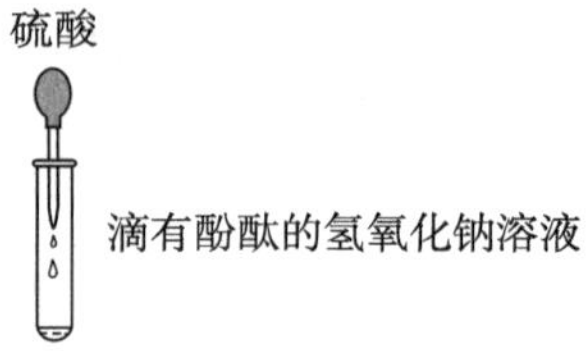 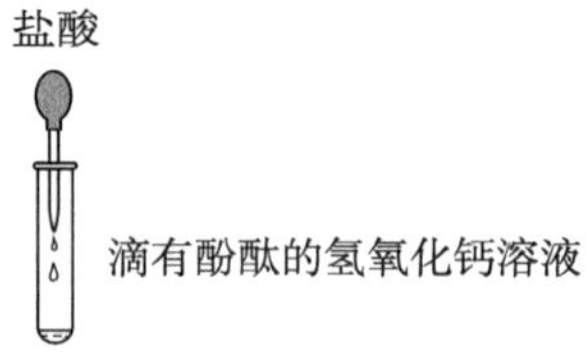			
	指导学生写出化学方程式： $2HCl+Ca(OH)_2 = CaCl_2+2H_2O$ $H_2SO_4+2NaOH = Na_2SO_4+2H_2O$ 中和反应：酸 ＋ 碱══盐 ＋ 水			
生产、生活中应用	课上展示学生通过查阅教材、课外读物等资料，网络、电视等现代化工具寻找到的身边常见的中和反应	设问："你能解开其中的奥秘吗？"（由于学生知识、生活经验有限，有些例子并不符合中和反应，教师及时指正，去伪存真）	全班参与，解释原因	体会中和反应在生活中的应用，渗透化学不只局限于课堂，而要延伸到家庭，延伸到课外的大学习理念
	课件展示： 学生提供的信息。 (1)蚊虫叮咬后的处理；(2)改良酸性土壤、处理工厂废水；(3)发馒头发酸了，加点碱压压；(4)吃皮蛋时用醋拌一拌；(5)氢氧化铝治疗胃酸过多；(6)喝完饮料口里感觉酸，刷牙；(7)杜鹃花叶子长斑用稀醋水浇花；(8)切辣椒易辣手(辣椒碱)，快涂醋；(9)胃酸吃苏打饼干			
课堂练习	见学案，大屏幕出示答案			
课堂小结	酸和碱能发生中和反应，生成盐和水。生成盐和水的一定是中和反应吗？ 酸碱中和反应在生产和生活中有广泛的应用。学完本课题，你还有什么想知道的吗			
课后作业	见学案			

四、板书设计

酸和碱的中和反应

中和反应：　酸＋碱══盐＋水

$HCl + NaOH = NaCl + H_2O$

$2HCl + Ca(OH)_2 = CaCl_2 + 2H_2O$

$H_2SO_4 + 2NaOH = Na_2SO_4 + 2H_2O$

五、学案

酸和碱的中和反应学案

一、实验用品

药品：氢氧化钠溶液、氢氧化钙溶液、稀盐酸、稀硫酸、石蕊试液、酚酞试液、蒸馏水。

仪器：烧杯、试管、滴管、玻璃棒、点滴板

二、实验

实验一：氢氧化钠溶液与盐酸反应吗？

操作步骤	实验现象
【学生实验】 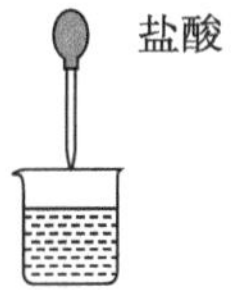 20mL 氢氧化钠溶液	

实验二：如何证明氢氧化钠与盐酸反应了？

操作步骤	实验现象
【学生实验】 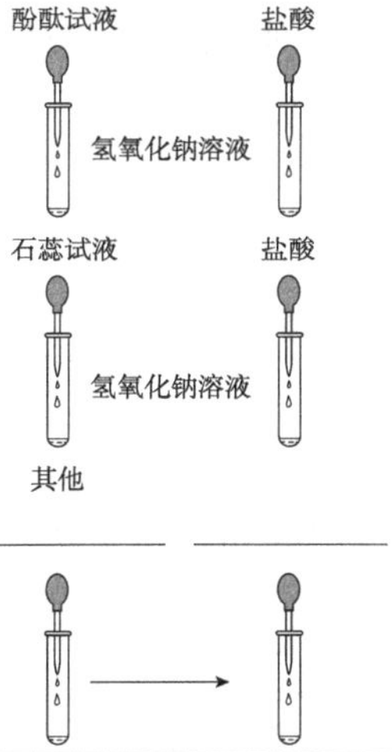 	

实验三:其他酸和碱之间的反应

操作步骤	实验现象
氢氧化钠溶液与硫酸  氢氧化钙溶液与盐酸 	

三、总结与反思

酸和碱会发生什么反应?

四、反应方程式

$HCl + NaOH = NaCl + H_2O$

$2HCl + Ca(OH)_2 = CaCl_2 + 2H_2O$

$H_2SO_4 + 2NaOH = Na_2SO_4 + 2H_2O$

五、课堂练习

某同学在家里的卫生间既使用过管道通,也用过洁厕灵清理马桶,他想如果把两种物品共同使用效果会更好!你能给他一些建议吗?

资料:

管道通说明书

产品成分:过碳酸盐、氢氧化钠、硅酸钠、表面活性剂、TAED 等。

洁厕灵说明书

主要成分:无机酸、表面活性剂、增稠剂、香精。

六、课后作业

书后习题 4、5、6。

七、总结反馈

(1)学完本课题你知道了哪些知识?

(2)关于这些知识你还有什么想知道的吗?

六、教学反思

(1)让学生动起来是有效达成教学目标的方法;让学生在动起来的过程中思考,是更有效达成教学目标的方法。

(2)本节课从实验入手中和反应,最大程度调动学生的学习热情,连续三组实验更是将学习热情持续整节课。分组实验使课堂参与比例大大加强,弱势学生也能达到本节课的基本要求。

(3)中和反应在生产、生活中的应用使学生了解到化学学科魅力之所在,让有思考的学生光彩绽放,爱上化学,成为未来的化学精英。

七、点评与分析

1. 教学方法

精心设计,调动了学生自主学习的兴趣。教师在教学第一部分通过引用特殊的生活例子,通过这种方式,改变了传统的教师高高在上,学生呆板受教的状况,一开始就拉近了学生与教师、学生与书本的距离,学生带着渴求知识的欲望自主学习。

2. 教学过程

本节课突出体现了新课标所提出的一个新的理念:积极倡导自主、合作、探究的学习方式。从实验方案的设计、实验过程、实验结论的得出,都由学生完成。在氢氧化钠与盐酸是否反应,由学生说出实验方案后,由学生观察后对出现的现象进行分析解释;这样做,给了学生很大的自主探究的空间,学生在课堂上不再是被动地接受知识,而是积极参与学习,让他们在“过程”中学会了学习,学会了知识。

3. 教学亮点

师生、生生互动,较好地处理了传授知识与培养能力的关系。教师的课堂教学不单是让学生学习知识,更为重要的是培养学生的能力。这节课问题的设计较好地体现出传授知识与培养能力的关系。教师不再是单纯的知识传授者了,而是学生学习活动的组织者和引导者,学生的积极参与,教师的适时、适当的点拨和评价等形成了师生互动、生生互动的形式,体现出重过程和重方法教育。

八、参考资料

教育部基础教育课程教材专家工作委员会. 2012. 义务教育化学课程标准(2011 年版)解读. 北京:高等教育出版社.

点评专家:洪　兴　辽阳市第二中学政教处副主任
刘继和　沈阳师范大学教师专业发展学院教授,硕导

第十一单元　盐　化肥

课题1　生活中常见的盐

一、基本信息

课题	生活中常见的盐(第一课时)				
授课学校	大连市第49中学	授课年级	九年级	授课班级	九年七班
授课时间	2012.9.3	课　型	新授元素化合物课	课　时	1
姓名	郭为纳	毕业学校及专业	北华大学化学专业		
年龄	34	最高学历	本科		
职称	中学一级	教龄	9年		
最高荣誉	—	最高奖励	大连市优质课二等奖		

二、对本节课的基本认识与理解

本节课的性质、在教材中地位与作用	性质:本单元是对盐的相关知识做进一步拓展。课题1是从生活中的食盐拓展到化学意义上的盐类化合物,指出即使在生活中,人们常见的盐也不只食盐一种,盐的概念已经在第十单元酸、碱的化学性质中提出,本课题是从学生身边的事物出发,通过认识身边的碳酸盐的性质和用途,归纳总结酸、碱、盐等化合物的知识,展现化学学科的魅力和价值。 地位:本节课是人民教育出版社《化学》九年级下册第十一单元课题1《生活中常见的盐》内容。本单元是九年义务教育阶段元素化合物知识的最后部分,在介绍盐和化肥的同时,也对酸、碱、盐之间的复分解反应及其发生的条件、碳酸盐的检验、物质的分离与提纯以及化合物的简单分类等内容进行总结和延伸。 作用:从学生身边熟悉的物质出发,通过认识身边的常见的盐的性质和用途,进一步系统地学习盐的知识。进而对酸、碱、盐的性质、应用和转化规律及化学反应有比较系统的认识,还可以将无机化合物的分类和通性进行比较完整的归纳,对初中化学知识的学习将起到小结的作用,为今后学习化学打下良好的基础
学情分析	有利因素: 已有知识和生活经验:知道食盐、碳酸钠、碳酸氢钠、碳酸钙等是生活中常见的盐,并知道食盐是生活中最常见的调味品,碳酸钠、碳酸氢钠是常见的发酵粉的主要成分,用于蒸馒头;碳酸钙是常见的建筑材料;知道常见酸和碱的性质和用途(如碳酸钠、碳酸钙与盐酸反应能产生 CO_2)。 已具备的基本能力:通过将近一年的学习,学生已经具备了一定的化学学科能力。能够用化学方法解决一些实际问题,并具备基本的实验技能和简单的实验设计能力。 不利因素: 有错误的概念:常把生活中常说的“盐”等同于化学概念中物质分类的盐。 学生对问题的讨论、互相交流所得结果的能力有所欠缺

续表

教学目标	知识与技能	了解食盐、纯碱、小苏打、碳酸钙等盐在日常生活中的用途；知道可以通过蒸发的方法分离、提纯固体混合物
	过程与方法	初步学会通过实验检验组成里含有碳酸根离子或碳酸氢根离子的盐；通过对实验的分析、比较、归纳等方法认识知识之间的联系，形成合理的认知结构
	情感态度、价值观	认识到化学与生产、生活有密切的联系，充分认识到生活中处处有化学；在科学实验探究过程中体验成功的乐趣
教学重难点	重点	初步学会通过实验检验组成里含有碳酸根离子或碳酸氢根离子的盐
	难点	通过对实验的分析、比较、归纳等方法认识知识之间的联系，形成合理的认知结构
教学资源与教学手段	仪器、药品	仪器：试管、带导管的单孔塞、玻璃棒、蒸发皿、酒精灯。 药品：碳酸钠、碳酸氢钠、稀盐酸、澄清石灰水、氯化钠溶液
	演示文稿	PPT
	其他资源	教学光盘

三、教与学的过程设计

教学内容	教学环节与方法	教师活动	学生活动	设计宗旨与意图
盐的组成及分类	导课	设疑：生活中的食盐和化学概念中的盐是否相同	不相同。 (回忆酸碱中和反应) 盐是指一类组成里含有金属离子和酸根离子的化合物。而食盐——氯化钠只是盐的一种	通过食盐与盐的概念不同，纠正在日常生活中对盐的错误认识
		请根据盐的组成写出我们以前学习中所接触过的盐。 讲解：我们可以根据盐的组成里所含金属离子和酸根离子将盐分类，例如，组成里含有钠离子的盐被称为钠盐，像氯化钠、碳酸钠、碳酸氢钠；组成里含有碳酸根离子的盐被称为碳酸盐，像碳酸钙、碳酸钠	书写学习过盐的化学式	引入不同类型盐的学习
食盐、纯碱、小苏打、碳酸钙等盐在日常生活中的用途	课前搜集资料，课上相互交流	请同学们把课前搜集到有关食盐、碳酸钠、碳酸氢钠、碳酸钙在生活、生产中的用途进行相互交流。 补充：食盐的妙用以及工业用盐 $NaNO_3$ 的危害。 讲解：一些盐(如碳酸钠、碳酸氢钠、亚硝酸钠)的溶液呈碱性	交流资料。 观看 PPT：食盐的妙用。 了解食盐与亚硝酸钠的区别并找出方法加以鉴别	通过课前资料收集，学生主动获取知识，利用课堂交流，对知识的归纳整理，使学生主动参与到课堂中来。同时也认识到，化学源于生活，生活中处处有化学

续表

教学内容	教学环节与方法	教师活动	学生活动	设计宗旨与意图
粗盐提纯	回顾旧知识，学习新技能	播放教学光盘： 《食盐》(节选) 讲解：海水晒盐得到的是含有多种可溶性杂质和不溶性杂质的粗盐。 提问： (1)如何除去粗盐中的不溶性杂质？ (2)如何得到初步提纯后的食盐固体？ 演示实验：蒸发食盐溶液。 讲解：蒸发实验基本操作要点	观看海水晒盐录像，思考得到的盐是否就是我们日常生活中用的食盐。 溶解、沉淀、过滤。 回忆过滤操作。 蒸发结晶。 观察学习蒸发的基本操作技能	由于新教材《将粗盐中难溶性杂质的去除》作为实验活动8出现，并且溶解、沉淀、过滤是已学知识，所以进行简单的回顾，此部分重点放在蒸发基本操作的学习上。在减少本节课学习内容、减轻学生学习压力的同时为实验活动8的连贯活动做好准备
组成里含有碳酸根离子或碳酸氢根离子的盐的检验	分组实验，归纳总结	提问：实验室如何制取二氧化碳？ 比较碳酸钙与碳酸钠和碳酸氢钠的组成，推断碳酸钠和碳酸氢钠是否发生类似反应？ 小结：我们可以利用稀盐酸和澄清的石灰水来检验组成里含有碳酸根离子或碳酸氢根离子的盐。 利用碳酸盐与酸反应我们在生活中还可以自制汽水，做馒头、面包等食品。 展示PPT： (1)自制汽水：制作方法(1瓶量)：把冷开水倒入一只干净的汽水瓶中，不要太满，加入砂糖和果汁。然后放入1.5g小苏打，最后放1.5g柠檬酸，立即用塞子塞紧瓶口，用细绳把塞子扎紧。轻轻摇动瓶子，不断上下翻滚，大约经过20min便可饮用。 (2)做馒头、面包等发面食品时，要将面粉、水和发酵粉(含碳酸钠、碳酸氢钠和有机酸)混合，这样发酵后的面团中就会有许多小孔，能使做好的发面食品松软可口。请你说明碳酸钠、碳酸氢钠在其中的作用(资料：碳酸氢钠受热易分解，生成二氧化碳、水和碳酸钠)	回忆并书写实验室制二氧化碳的原理。 小组讨论。 分组实验： 小组成员共同完成实验。 观察并记录实验现象，对实验现象进行比较分析，得出结论。 汇报实验结果，班级内讨论。 观看PPT： 思考主要是什么成分起了作用？ 讨论、分析碳酸钠和碳酸氢钠在其中的作用	学生通过运用比较、分析的学习方法对组成里含有碳酸根离子或碳酸氢根离子的盐共同点有了认识，并通过亲自实践进行了检验，除了加深对知识的理解外，也体验到了实验的乐趣，同时加强了师生间、生生间的交流，达到了共同发展的目的。 通过自制汽水，做馒头、面包等食品的小事例让学生认识到知识来源于生活，并运用到生活中去
课堂练习	完成学案中的随堂检测			巩固知识，反馈学生学习情况
课堂小结	知识梳理	通过本节课的学习，你有哪些收获	本节课我们学习了盐的组成及分类；通过学生之间的交流，了解到食盐、纯碱、小苏打、碳酸钙等盐在日常生活中的用途；学习了一种新的操作——蒸发；初步学会通过实验检验组成里含有碳酸根离子或碳酸氢根离子的盐	学生对本节课的知识进行梳理

续表

教学内容	教学环节与方法	教师活动	学生活动	设计宗旨与意图
课后作业	设计家庭小实验	布置家庭实验	设计家庭小实验：厨房中有两个调味瓶都放着白色固体，只知道它们分别是食盐（NaCl）、纯碱（Na_2CO_3）。请你利用家中现有的条件将它们区分开来。简要叙述你准备采取的实验方案、实验步骤、预测现象	让学生在课余体验化学的乐趣，并从中得到提高

四、板书设计

生活中常见的盐

金属离子、酸根离子 → 盐：
- 氯化钠 ——→ 粗盐提纯
- 碳酸氢钠、碳酸钠、碳酸钙 → 检验 ——→ 稀盐酸、澄清石灰水

五、学案

生活中常见的盐

一、课前预习

(1)请同学们通过预习教材第 72 页和第 73 页内容，以及查阅资料认识下列物质。

	氯化钠	碳酸钠	碳酸氢钠	碳酸钙
化学式				
组成				
用途				

以上物质在组成上有什么共同之处：____________________。

(2)请同学们通过预习教材第 87 页和第 88 页内容了解粗盐初步提纯的方法。

①要除去粗盐中难溶性杂质泥沙，用到的净化方法是________________。

②从滤液中得到溶质氯化钠的方法是____________________。

③在溶解、过滤、蒸发过程中，都用到了玻璃棒，它的作用分别是什么？

(3)通过访问、查阅资料，了解水垢的主要成分，以及生活中除水垢的方法。若在实验室中用稀盐酸除水垢，请写出相关化学方程式________________。

二、自主探究

请同学们根据教材第 74 页实验 11-1，以小组协作的形式完成实验，并填写下表。

	碳酸钠＋盐酸	碳酸氢钠＋盐酸
现象		
分析		

三、随堂检测

(1)下列各组物质中的两种物质不能用同一个化学式表示的是(　　)。

A. 食盐、氯化钠　　B. 苛性钠、烧碱　　C. 纯碱、火碱　　D. 熟石灰、消石灰

(2)下列物质不能与盐酸作用产生使澄清石灰水变浑浊的气体的是(　　)。

A. 石灰石　　B. 纯碱　　C. 食盐　　D. 小苏打

(3)日常生活中,我们常常遇到许多物质,如食盐、纯碱、大理石等。其中用作调味剂的是________;用作洗涤剂的是________;用作建筑材料的是________。

(4)可以通过________、________等方法分离混合物,例如使粗盐提纯。

六、教学反思

教学设计尝试突出了三个基本理念:

(1)实践理念,从学生身边的事物出发,联系实际,学生既感到亲切,又感到有用;课前,让学生多渠道收集资料,课中,让学生之间进行交流,不是"我讲你听",自然会调动学生学习的积极性。

(2)探究理念,让学生通过实验探究,获取新的知识,用新知识来解决问题,使学生探究问题的能力与创新思维得到充分的发展。

(3)主体理念,教学过程以学生自主性学习为主,注重了协作性学习与探究性学习相结合,个体学习与集体学习相融合,让学生成为真正意义上的学习主体。

七、点评与分析

1. 教学目标

本教学设计的亮点是体现了新课程的教学理念,实现了三维教学目标的融合,体现了学习方式和教学方式的转变,特别突出了教学情景设计和实验的应用。

2. 教学手段

通过课前让学生查找资料主动获取知识,并运用交流、整理、归纳的方法进行知识梳理。用比较的方法认识碳酸盐的性质,形成知识规律,体验学习方法。在实际应用中体验碳酸盐的检验方法,及时巩固、反馈所形成的知识和技能。设计恰当的、多样化的教学活动,体现学习方式的多样化和自主性。

3. 教学亮点

善于寻找学生思维的闪光点,及时予以鼓励和赞扬,进一步激发他们的主动性和创造性,达到想学、会学、乐学的效果。

八、参考资料

中华人民共和国教育部. 2012. 义务教育化学课程标准(2011 年版). 北京:北京师范大学出版社.

点评专家:刘继和　沈阳师范大学教师专业发展学院教授,硕导

课题2　化学肥料

一、基本信息

课题	化学肥料				
授课学校	大连市第79中学	授课年级	九年级	授课班级	九年五班
授课时间	2012.3.20	课　型	新授元素化合物课	课　时	1
姓名	张甄臻	毕业学校及专业	辽宁师范大学化学专业		
年龄	32	最高学历	本科		
职称	中学一级	教龄	10年		
最高荣誉	—	最高奖励	—		

二、对本节课的基本认识与理解

本节课的性质、在教材中地位与作用	性质：本节课是本单元最后一个课题，从难度上说，不及酸碱盐部分的知识，但是在化学与社会的主题下，化肥的使用是很重要的内容。 地位：本课的内容可以看做是酸碱盐知识的延伸和拓展，学习过程中既用到酸碱盐的知识，又得以将化学知识运用到生活当中。 作用：本课可以让学生感受到化肥为增产作出的巨大贡献，也可以让学生认识到化肥的不合理施用带来的负面影响。有利于让学生清楚地认识到合理使用物质的重要性，有利于学生学习辩证地看待问题	
学情分析	有利因素：通过之前对于元素化合物以及酸碱盐的学习，学生已经具备了对于本课即将学习的化肥相关知识进行分析、归纳总结的能力，而且学生在平时的日常生活中也了解了一些关于化肥、农药残留影响人体健康的事例，对于正确认识农药、化肥的作用有一定的帮助，当然这种认识还是片面的，本课要充分调动学生的主动性去了解化肥、农药对于解决粮食紧缺问题作出的重大贡献，从而能够让学生进一步认识到化学对社会发展起到的正面作用。 不利因素：城市学生的生活环境决定了本课一个最大的障碍就是他们对于农业常识知之甚少，对于化肥、农药的作用基本没有概念，所以本课如果按照常规教学的方式进行，效率很低，无法激发出学生足够的学习兴趣，要尽量改变教学方式，运用多种学习方式，充分调动学生的积极性，才能提高课堂教学的有效性	
教学目标	知识与技能	了解化学元素对植物生长的重要性以及常见化肥的种类和作用； 了解使用化肥、农药对环境的影响
	过程与方法	学会通过查阅资料进行自学，学会用分析归纳的方法对信息进行加工； 通过了解化肥使用的“两面性”学习辩证地看待问题
	情感态度价值观	了解化学在缓解人类面临粮食供应不足方面做出的积极贡献。进一步感受化学是推进现代社会文明和科学技术进步的重要力量
教学重难点	重点	常用化肥的种类、作用
	难点	资料的整理归纳

续表

教学资源与教学手段	实验用品	植株两盆，一盆为正常生长，一盆为生长不良
	演示文稿	PPT
	其他资源	无
	学生课前准备	(1)查阅关于化肥分类、作用的知识，并打印相关的资料。 (2)完成教材第 84 页调查与研究的内容

三、教与学的过程设计

教学内容	教学环节与方法	教师活动	学生活动	设计宗旨与意图
新课导入	引入新课	展示两盆盆栽花卉，一盆正常生长，另一盆植株弱小，教师提问：如何改善弱小植物的生长状况？今天我们将对化肥对植物的生长所起的作用进行学习	提出不同的建议	创设情境。利用生活中常见的情景引入新课，充分调动学生学习的积极性
自学化肥的用途	阅读教材自学	通过导读问题，指导学生阅读与自学	通过阅读教材，尝试解答导读问题，以便能够检查自己的自学情况	培养学生的阅读能力，以及对资料的整理归纳能力
	小组共同解答导读问题	教师引导：通过刚才的阅读，这些问题你都能够顺利解答吗？请在小组讨论中借助彼此的帮助解决那些难以解答的问题	互相检查导读问题的完成情况	借助这个环节一方面帮助自学能力不强的同学及时跟上学习的进度，另一方面，通过检查进行彼此校正
总结化肥的分类及作用	学生汇报自学情况	谁能说说你通过自学了解到哪些关于化肥的知识	学生踊跃进行归纳总结，不断进行补充，将本课的重点内容：化肥的分类及作用，用自己的语言进行表达	这个环节可以培养学生的表达能力，也是对本课的重点内容再次条理清晰进行整理的过程。对同学们通过自学已经初步了解的内容进行进一步的梳理
课外知识拓展	学生补充自己查阅的资料	我们通过阅读教材了解了一些关于化肥的知识，那么同学们在课前查资料的过程中，还了解到哪些关于化肥分类和作用的知识呢？你能与我们一同分享吗	学生展示自己查阅到的资料。通过语言叙述、朗读、投影展示等多种方式与大家一起共同学习	这是对教材内容的补充，可以开阔学生的视野，培养学生对于化学的兴趣，激发学生查阅资料的主动性、积极性
化肥的种类	及时反馈，判断投影化肥的种类	投影：各种化肥的包装袋，根据化学式判断化肥的种类	学生检验自己对化肥分类知识的掌握情况	有助于及时发现学生的问题

续表

教学内容	教学环节与方法	教师活动	学生活动	设计宗旨与意图
化肥的应用	再现情境	让学生诊断开课时那盆发育不良的植株的问题，并针对问题提出解决方案	学生根据具体的植株问题运用刚学过的知识尝试解决。在最后，教师也要提示学生：这些方案要经过试验才能确定是否奏效	学以致用，让学生在这个环节中感受化学学科对生活的帮助
	问题辨析	20 世纪 70 年代刚使用化肥时，生产队里种黄豆，为确保增产，施用了大量尿素。夏天时，黄豆苗生长非常旺盛，农民很高兴。结果，到了秋天，黄豆的结实率很低。相反，漏掉施尿素的地方，黄豆结实却较丰厚，令人哭笑不得	学生对这个例子进行充分思考。 假如思考效果不理想可以设置讨论	让学生明白，科学知识要结合实际情况合理运用，否则只能适得其反
	根瘤菌的固氮作用	向学生介绍大豆根瘤菌的作用(假如在前面资料展示环节已经有人介绍了这个内容，则此处环节可省略)	再次阅读教材学习	指导学生认识到植物自身的补养功能，化肥不是植物生长的必需品，而是植物营养素的合理补充剂
	雷雨天对植物生长的作用	指导阅读：雷雨发庄稼	阅读教材学习	让学生认识到自然条件下植物的补养情况
课堂讨论化肥利弊	辩论：使用化肥利大于弊还是弊大于利	阅读教材第 82 页讨论的内容，教师组织正反两方队员到台前表达自己的观点进行辩论	学生根据自己在日常生活以及查阅资料中了解到的信息对化肥的使用进行评价。畅所欲言自己的观点	在这个过程中让学生认识到化肥的使用有利也有弊。学会辩证看待问题。最终认识到要正确使用化肥、农药这样的物质，才能感受到化学给生活带来的贡献
课堂小结	小结，评价学生表现	简要说明本课的学习内容，对学生积极参与学习的态度给予肯定	回忆自己本课的收获	对学生的表现给予肯定能够更好激发他们学习化学的热情
课堂检测	完成课堂检测卷	巡视，了解学生的完成情况	完成试卷	通过这个环节应用自己的本课所学
课后作业	(1)与本课相关课后练习。(2)查阅关于不同类别化肥的区分方法的资料			

四、板书设计

化学肥料

化肥
- 氮肥
  - $NaNO_3$　硝态氮肥
  - NH_4Cl、NH_4HCO_3　铵态氮肥
  - $CO(NH_2)_2$　有机氮肥
  - $NH_3 \cdot H_2O$
  - ——叶
- 磷肥　磷矿粉、过磷酸钙、钙镁磷肥——果实、根系
- 钾肥　K_2SO_4、KCl——————————茎、杆

五、学案

化学肥料学案

一、回答问题

阅读教材第 79 页～第 81 页内容，并且回答下列问题：

(1)什么是化肥？人们使用化肥的目的是什么？

(2)植物生长所需营养元素有哪些？需要量最大的是什么？

(3)化肥主要分为哪些种类？是如何分类的？

(4)不同种类化肥的作用是什么？

(5)植物生长过程中缺乏营养元素的表现是什么？

(6)应该如何判断给植物施用化肥的种类？

二、课堂检测

(1)科学施用化肥是农业增产的重要手段。下列属于氮肥的是(　　)。

A. K_2CO_3　　B. $Ca(H_2PO_4)_2$　　C. NH_4HCO_3　　D. K_2SO_4

(2)以下几种常见化学肥料中属于复合肥的是(　　)。

A. 硫酸钾(K_2SO_4)　　B. 磷酸二氢钾(KH_2PO_4)

C. 磷矿粉[有效成分 $Ca_3(PO_4)_2$]　　D. 尿素[$CO(NH_2)_2$]

(3)下列物质不可作为钾肥施放于土壤中的是(　　)。

A. 氢氧化钾　B. 硫酸钾　C. 硝酸钾　D. 草木灰

(4)钾肥能提高农作物抗倒伏、抗病虫害的能力。小明家的水稻出现了倒伏现象，应施用的肥料是(　　)。

A. $Ca(H_2PO_4)_2$　B. $NH_4H_2PO_4$　C. $CO(NH_2)_2$　D. KCl

(5)某试验田的玉米叶色淡黄，有倒伏现象，你认为应施用的复合肥是(　　)。

A. $CO(NH_2)_2$　B. KCl　C. $Ca(H_2PO_4)_2$　D. KNO_3

六、教学反思

(1)因为本节课所涉及的新授部分的内容从难度上说并不大，适合学生自学，因此本课的另一个任务就是培养学生查阅资料、整理归纳资料，并借助资料进行自学的能力。

(2)本课的教学设计也是本着体现上述目标的原则。教师身份是教学的主导者，并不进行过多的讲授，学习的主体是学生。设计之初，我心里还有些担心，担心学生不知道如何查阅有效的资料，担心学生在辩论的时候无话可说。

(3)结果通过授课，我发现这样的开放式教学带给我的惊喜也很多，学生不仅完全有能力自学，在资料展示的环节，体现出了学生查阅资料的能力，说明他们已经知道如何筛选相关资料。在辩论的环节，双方的学生展示了各自的口才，以及非常优秀的表达能力，而这些能力，在传统的课堂上学生是没有机会展现的。

七、点评与分析

1. 教学手段

本课的设计改变了常规的教学方式，使化学肥料的教学发挥了更多的作用。学生查阅到的资料难免不够全面，而教师通过教材阅读环节，又有效弥补了这个问题，与此同时，学生查到的资料也可以成为教材学习的补充，开阔学生的视野，也为学生提供了展示自己查阅成果的机会，激发了学生自主学习的动力。

2. 教学方法

学生通过阅读自学之后，教师的归纳总结过程看似重复，但是必不可少，因为学生的学习能力有差别，通过小组共同讨论的方式可以进行一定程度的弥补，但是这样的自学大多数学生很难对知识进行归纳、总结，这时教师就要及时对学生的学习进行引领，帮助他们把零散和分散的知识归类，便于学习，便于运用，这个过程也是对学生学习方法的教学，让学生逐渐学会学习。

3. 教学过程

辩论和讨论的环节，学生发挥得非常出色，这说明学生对农药、化肥的两面性问题已经有一定程度的认识，但是通过本课的这个环节，相信一定可以使学生能够更充分地感受、更深入地思考化学与环境、化学与社会的关系，认识到合理使用化学物质的重要性。

八、参考资料

教育部基础教育课程教材专家工作委员会. 2012. 义务教育化学课程标准(2011 年版)解读. 北京：高等教育出版社.

点评专家：刘继和　沈阳师范大学教师专业发展学院教授，硕导

第十二单元　化学与生活

课题1　人类重要的营养物质

一、基本信息

课题	人类重要的营养物质				
授课学校	朝阳市第四中学	授课年级	九年级	授课班级	九年十二班
授课时间	2012.3.16	课　型	新授概念原理课	课　时	1
姓名	王亚杰	毕业学校及专业	鞍山师范学院化学专业		
年龄	26	最高学历	本科		
职称	中学二级	教龄	2年		
最高荣誉	—	最高奖励	—		

二、对本节课的基本认识与理解

本节课的性质、在教材中地位与作用	性质与地位：第十二单元属于《化学与社会发展》这个一级主题，是个涉及面较广的单元。本课题《人类重要的营养物质》属于《化学物质与健康》这个二级主题；从知识内容看，不是初中化学的核心内容，属于知识的扩展与应用的范畴。 作用：有利于联系社会实际，丰富学生的生活常识，能引起学生的学习兴趣。这些知识与生活实际联系密切，教育学生合理膳食，远离有害物质，关爱生命，十分有利于学生情感态度、价值观的发展	
学情分析	有利因素：从生活经验中，学生已经懂得食物及其中的营养成分对生命活动的重要意义，也大都听说过"蛋白质""蔗糖""脂肪""维生素"等名词。在七年级生物课上，学生已初步认识了食物中的糖类、脂肪、蛋白质、水、无机盐和维生素六大营养物质及其生理功能，并了解了它们在人体内消化和吸收的过程，初步树立了合理膳食与食品安全的意识。 不利因素：学生对蛋白质的结构和生理功能学习有困难，在学习态度上，学生常表现出不够重视	
教学目标	(1)知道一些对生命活动具有重要意义的有机物(如葡萄糖、淀粉、油脂、蛋白质、维生素等)。 (2)知道某些物质(如一氧化碳、甲醛、黄曲霉素等)对人体健康的影响，认识掌握化学知识能帮助人们提高自我保护意识。 (3)初步认识化学科学发展在帮助人类营养保健与战胜疾病方面的重要贡献	
教学重难点	重点	营养物质对人类健康的重要作用。学生视野的拓展
	难点	蛋白质的生理功能。科学、合理地安排日常饮食
教学资源与教学手段	实验用品	特仑苏牛奶一箱、可乐15瓶
	演示文稿	PPT
	其他资源	导学案

三、教与学的过程设计

教学内容	教学环节与方法	教师活动	学生活动	设计宗旨与意图
导课：人类重要的营养物质有哪些	多媒体展示前一日食堂午餐菜谱。 话题——减肥	设问：你们爱吃这些菜吗？ 追问：食堂为我们提供的饭菜是否有营养呢	学生很兴奋，并回答	从学生最熟悉的地方入手，增强学生的兴趣
蛋白质	完成学案中第一题的内容。 师生互动完成蛋白质相关内容	设问：阅读教材完成相应的问题。 小组讨论，教师巡视中指导。 提问的方式完成学案的内容，同时多媒体展示。 鼓励学生到讲台上来完成蛋白质的代谢过程。 设问：说出机体内一种蛋白质有哪些具体作用？ 追问：它们是怎样完成使命的？ 追问：血红蛋白的这一性质容易发生什么事故。 通过以上内容，对于吸烟有什么感触，会怎么做。 设问；甲醛浸泡过的蛋白质是否还可以使用呢？（提示阅读资料卡片）	阅读教材。 完成学案，小组讨论。 回答问题。 观看多媒体。 学生踊跃回答。 学生讨论，交流回答。 学生从惊讶中完成阅读，交流，讨论回答。展示自己对健康的重视	培养学生学习新知识的能力。 提高学生分析能力，信息获取能力。 调动学生积极性，提高学生语言表达能力。 让学生知道一氧化碳、甲醛对人体健康的影响。 联系生活，感受化学的学科魅力。 能帮助人们提高自我保护意识
糖类	多媒体展示需要学生回答的问题，完成糖类等相关内容。 (1)糖类主要由哪些元素组成？ (2)糖类的功能是什么？ (3)常见的糖类有哪几种，它们的化学式是什么？ (4)富含糖类的食物有哪些？ (5)糖类的来源和在机体内代谢过程是什么	设问：阅读教材完成相应的问题。 小组讨论，教师巡视中指导。 提问的方式完成学案的内容，同时多媒体展示	小组自主学习、汇报成果、讨论、交流	培养分析能力、信息获取能力。 提高综合分析、运用能力。 能帮助人们提高自我保护意识
油脂	多媒体展示及提示不能不合理的减肥。 什么是油脂？存在于哪些物质，其作用是什么	设问：什么是油脂？存在于哪些物质，其作用是什么？ 提出当今社会热门话题——减肥。 “谈脂色变”及正确认识减肥	分析交流、小组合作学习	学生运用简洁的语言描述、培养整理归纳能力

续表

教学内容	教学环节与方法	教师活动	学生活动	设计宗旨与意图
维生素	多媒体展示完成维生素相关内容。 富含维生素的食物有哪些？缺乏维生素 A、维生素 C 引发的疾病是什么	设问：你听过哪些维生素？ 追问：缺乏维生素 A、维生素 C 会引发哪些疾病？哪些食物中富含维生素。 设问：发霉的食物能食用吗？ 追问：对人体的危害	学生阅读教材，回答问题	初步认识化学科学发展在帮助人类营养保健与战胜疾病方面的重要贡献。 知道黄曲霉素对人体健康的影响
能量问题	总结机体的供能物质	设问： 机体的供能物质有哪些？ 最重要的能量来源是什么？备用能源呢	小组自主学习、讨论、交流	提高整合知识的能力
健康教育	实物展示   多媒体展示 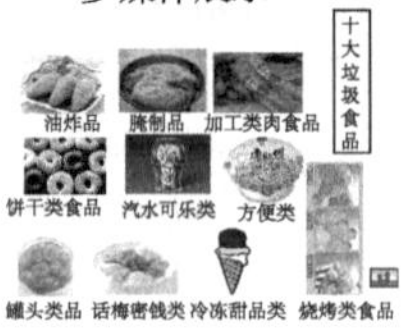 	提问：大家观察提供的牛奶和可乐包装盒上的说明，它们都含有哪些营养物质，哪一个更健康些？是否可以每天就喝牛奶或饮料。 图片展示生活中学生最喜欢吃的确实不健康的一些食品	小组自主、讨论、交流，汇报结果。 学生讨论	提高学生对健康饮食的认识。 树立正确的饮食观念
	再次展示食堂午餐菜谱	设问：食堂设计的午餐是否合理，都含有哪些营养素	学生讨论回答	学以致用
课堂练习	见学案			
课堂小结	学生汇报收获，提出疑问			
课后作业	自制食谱，对于今后饮食习惯的改变写一个心得体会			

四、板书设计

人类重要的营养物质

六大营养素：蛋白质、糖类、油脂、维生素、无机盐和水。

蛋白质：蛋白质是构成人体细胞的基本物质，是机体生长及修补受损组织的原料。

糖类和油脂：糖类和油脂在人体内经氧化放出能量，为机体活动和维持恒定体温提供能量。

维生素：维生素起到调节新陈代谢、预防疾病和维持身体健康的作用。

五、学案

人类重要的营养物质学案

一、学习内容

人类重要的营养物质有哪些？

(一)蛋白质

(1)蛋白质主要由哪些元素组成？

(2)蛋白质由什么构成？

(3)蛋白质的功能是什么？

(4)蛋白质在人体内如何分布？

(5)富含蛋白质的食物有哪些？

(6)蛋白质的代谢过程是怎样的？

(7)重要的蛋白质有哪几种？

(二)糖类

(1)糖类主要由哪些元素组成？

(2)糖类的功能是什么？

(3)常见的糖类有哪几种，它们的化学式是什么？

(4)富含糖类的食物有哪些？

(5)糖类的来源和在机体内代谢过程是什么？

(三)油脂

什么是油脂？存在于哪些物质，其作用是什么？

(四)维生素

富含维生素的食物有哪些？缺乏维生素 A、维生素 C 引发的疾病是什么？

二、课堂练习

(1)下列物质中,少量摄入体内就会使人中毒的是(　　)。

A. 二氧化碳　　B. 醋酸　　C. 一氧化碳　　D. 食盐

(2)已知的维生素有 20 多种,它们多数在人体内不能合成,需要从食物中摄取。人体缺乏下列哪种维生素,会引起夜盲症？(　　)。

A. 维生素 A　　B. 维生素 B　　C. 维生素 C　　D. 维生素 D

(3)日常生活中食用的白糖、冰糖和红糖的主要成分是(　　)。

A. 淀粉　　B. 葡萄糖　　C. 蔗糖　　D. 果糖

(4)吸烟对人类有着严重的危害,燃着的香烟产生的烟气中含有一种能与血液中的血红蛋白结合的有毒气体,它是________________。

(5)维生素 C($C_6H_8O_6$)主要存在于________、________中,它能促进人体生长发育,增强人体对疾病的抵抗力。近年来科学家发现维生素 C 有防癌作用。

(6)生活中处处有化学。请根据你所学过的化学知识,判断下列说法中错误的是(　　)。

A. 医疗上常用体积分数为 70%～75%的酒精作消毒剂

B. 为防止流感传染,可将教室门窗关闭后,用食醋熏蒸进行消毒

C. 氯化钠是家庭常用的防腐剂,可用来腌制食品

D. 使用液化石油气可以杜绝厨房污染

(7)现在,我们把无污染、无公害的食品叫做绿色食品。而最初,专家把绿色植物通过光合作用转化的食品叫做绿色食品,海洋提供的食品叫做蓝色食品,通过微生物发酵制得的食品叫做白色食品。根据最初的说法,下列属于绿色食品的是(　　)。

A. 大米　　B. 海带　　C. 食醋　　D. 食盐

(8)下列说法中,在科学上没有错误的是(　　)。

A. 吸带过滤嘴的香烟,对人体无害

B. 纯天然物质配成的饮料,不含任何化学物质

C. 水可以变为油

D. 保护环境就是保护人类自己

(9)在医疗上葡萄糖被大量用于病人输液的原因是(　　)。

A. 葡萄糖是人体必须食用的营养素

B. 葡萄糖由 C、H、O 三种元素组成

C. 葡萄糖在人体内能直接进入新陈代谢

D. 每克葡萄糖被氧化释放的能量比同质量的油脂被氧化时放出的能量多

(10)1997 年,第一只“克隆羊”在英国诞生。“克隆羊”的关键技术之一是找到一些特殊的酶,它们能激活普通体细胞,使之像生殖细胞一样发育成个体。下列有关酶的叙述中错误的是(　　)。

A. 酶是具有催化功能的蛋白质　　B. 酶的催化作用具有选择性和专一性
C. 酶通常在强酸或强碱条件下发挥作用　　D. 高温及紫外线照射会降低酶的活性

六、教学反思

(1)从学生的发展来看,学生亲身体验化学知识与实际社会生活的联系,不仅可以培养学生的化学知识创新能力和实践能力,而且可以使学生更深刻地理解化学知识对于自己、社会的意义,对涉及化学的社会问题作出判断、反思或决策的能力,形成对个人、社会、环境等的责任感。《人类重要的营养物质》要求学生对于化学在实际生活中的运用做一个基本的了解,内容较多较杂,但是重点少、考点少。学生刚刚学习酸碱盐部分的知识,精神上比较紧张,这部分的内容恰好起到一个调节的作用,学生的精神得以放松。

(2)在教学过程中,我力求使学生学会从化学的视角观察世界,不断发现"生活中的化学"问题,学会运用化学的知识、方法和思维方式来解决实际生活的问题,使学生在面临与化学有关的社会问题的挑战时,能做出更理智、更科学的决策,体现了"贴近生活,贴近社会"的化学教学的策略。

(3)我对自己本课的准备和表现基本满意,但其中暴露出的不足之处是我接下来的工作中需要尽力解决的。在以后的授课中我要尝试各个小组派代表讲解营养素的知识。

七、点评与分析

1. 教学目标

本节课基本完成教学大纲的要求,重点突出,情景创设较好,学生较容易的接受本节课的内容。思维活跃,课题气氛较好。本节课创设以教师为主导的积极、活泼的学习环境,使学生始终处于主动探索、主动思考、主动建构意义的认知主体位置,但又离不开教师在探究学习过程中画龙点睛的引导。

2. 教学过程

设计思路顺畅得体。由学生食堂菜谱很自然的引出食物中所含的六种营养物质,进而对四种营养物质分别从作用、结构、放热能力、种类和食物来源五个方面进行深入研究,最后从定性和定量两个角度分析得出饮食一定要均衡营养、平衡膳食,形成科学健康的饮食观。教材处理重点突出,详略得当。对蛋白质的学习教师设计得非常细致,而对其他营养物质的学习则比较简略,符合课标和教材要求。善于创设问题情境,激发学习兴趣。

3. 教学方法

教师从学生感兴趣的问题出发,引发学生的注意和兴趣。紧密联系生活实际,既达到了学以致用,又激发了学习兴趣。善于引导学生开展阅读、讨论、主体性教学活动。

4. 教学建议

对课程的分析深度不够,应加强对本学科知识系统的联系和理解。对于重点把握不够,有待提高。教师语言和表情缺乏亲和力,语言不够生动,语气缺乏感染力,思维与能力培养的力度还要加强。课堂反馈要更及时准确,在学生的反馈中要充分展露他们的思维过程和思维缺陷,捕捉到学生的思维闪光点,并给予及时准确的评价。

八、参考资料

教育部基础教育课程教材专家工作委员会. 2012. 义务教育化学课程标准(2011 年版)解读. 北京:高等教育出版社.

化学课程教材研发中心. 2012. 义务教育教科书化学九年级下册教师教学用书. 北京:人民教育出版社.

点评专家:刘继和　沈阳师范大学教师专业发展学院教授,硕导

课题 2　化学元素与人体健康

一、基本信息

课题	化学元素与人体健康				
授课学校	朝阳市第八中学	授课年级	九年级	授课班级	九年四班
授课时间	2013.3.16	课　型	新授元素化合物课	课　时	1
姓名	李亚男	毕业学校及专业	沈阳师范大学化学专业		
年龄	26	最高学历	本科		
职称	中学二级	教龄	4 年		
最高荣誉	—	最高奖励	—		

二、对本节课的基本认识与理解

本节课的性质、在教材中地位与作用	从化学新课程知识的内容来看,本课题不属于核心部分,只是化学知识扩展与应用的范畴,并且教材的教学要求不高,大多确定为“知道”“了解”层次,对可供选择的学习情境与素材作以常识性介绍,丰富了学生的生活常识,更加激发了学生的学习兴趣。本课题学习的切入点落实在化学元素和影响人类生活的重要意义上。本课题的学习有利于学生深刻体会到化学与生活的密切关系,科学选择健康生活,自觉形成环境意识,具有深远的现实意义	
学情分析	教学中要强调人体必需的元素应该有最佳摄取量,依据相关的化学原理,正确了解有关的补钙、补铁、补锌等保健药剂的医学疗效,学会读懂它们的标签和说明书,了解其主要成分	
教学目标	(1)了解人体的元素组成;了解某些元素(如钙、铁、锌等)对人体健康的重要作用;懂得一些生活常识。 (2)初步学会运用多种手段(特别是网络)查找资料,运用比较、分类、归纳、概括等方法获取有用信息;主动与他人进行交流和分享。 (3)逐步建立科学的世界观,用一分为二的观点看待元素对人体健康的影响;初步认识化学科学的发展在帮助人类战胜疾病与营养保健方面的重大贡献	
教学重难点	重点	无机盐的生理功能
	难点	一些元素与人体的关系

续表

教学资源与教学手段	课前准备	学生在课前收集与人体健康有关元素的食品包装袋商标，药品的说明书等
	演示文稿	PPT
	其他资源	导学案、电子白板

三、教与学的过程设计

教学内容	教学环节与方法	教师活动	学生活动	设计宗旨与意图
活动一：人体所需元素主要功能及来源	观察与思考	屏幕投影学生观看三幅图片，思考病人得了哪种疾病？说(或猜)出疾病名称。第一幅________；第二幅________；第三幅________。(根据学生回答逐一显示图片和疾病名称：粗脖子病、佝偻病、龋齿) 思考：你知道引起这种疾病的原因吗	读教材第87、88页内容及资料图12-10人体中含量较多的化学元素，并思考下面的问题。 屏幕投影：①组成人体自身的元素约有多少种？人体中含量最多的非金属元素是哪一种？含量最多的金属元素是哪一种？这些元素是以什么形式存在的？②常量元素和微量元素划分的依据是什么？它们对人体有什么作用	图片切入，触目惊心，身边事例，真实可信。可谓开门见山，直击主题。其目的是引起学生思考：化学元素究竟与我们人体健康存在什么样的关系？进而认识化学在保证人类的生存并不断提高人类的生活质量方面起着重要的作用。与第一单元走进化学世界《化学使世界变得更加绚丽多彩》可谓是首尾遥相呼应
活动二：讨论探究钙、钠和钾元素	根据自己查阅的资料，谈谈你对这几种元素的认识。 交流汇报：学生将自己课外查阅的资料在班上进行交流展示	引导学生阅读教材第98页内容。并积极讨论： 根据自己社会阅历谈谈你对钙元素的认识。 将学生带来的牛奶袋、牛奶盒和牛奶瓶等实物上的图案和说明文字投影到屏幕上。同时教师将收集到的琳琅满目的各种补钙品补充投影到屏幕上。 提出问题：为什么人每天要摄入一定量的食盐？ 小组讨论，教师巡视中指导	阅读、讨论。 各小组讨论，发言。 组与组之间讨论得出最后结论	紧紧围绕课程标准确立的三维目标，力求做到：在课堂上，教师努力创设问题的真实情景，采用问题驱动等形式引导学生正确理解元素对人体健康的影响，并能辩证地从正反两方面来正确地看待问题；在教学过程中，教师成为了学生学习的组织者、合作者、引导者和参与者
活动三：微量元素的应用	PPT展示以下讨论问题，引导学生讨论分析	阅读教材讨论以下问题： (1)人体的非必需元素有哪些？有害元素有哪些？ (2)缺碘地区如何预防甲状腺肿大？ (3)龋齿是什么原因引起的？如何预防？ (4)经研究发现，长期使用我国发明的铁锅炒菜做饭，可有效地减少缺铁性贫血的发生，原因是什么？ (5)分组讨论锌、铁、硒、碘、氟对人体健康的重要影响。 (6)人体缺少必需微量元素会得病，因此有人认为应尽可能多吃含有这些元素的营养补剂，你认为这种想法对吗？为什么	小组自主学习、汇报成果、讨论、交流	培养观察能力、分析能力、信息获取能力。提高综合分析、运用能力

续表

教学内容	教学环节与方法	教师活动	学生活动	设计宗旨与意图
活动四：课后反思	反思与小结这节课你学到了什么(收获、体会、方法……)	指导小组同学进行总结	小组讨论交流、汇报小结	培养学生的归纳总结能力
课堂练习	见学案			
课堂小结	自我汇报			
课后作业	课后练习要呈现在学案上			

四、板书设计

化学元素与人体健康

一、人体中元素的存在形式

- 必需元素
  - 常量元素
  - 微量元素
- 非必需元素

二、元素对人体健康的影响

1. 钙

2. 钠和钾

五、学案

化学元素与人体健康学案

一、学习目标

(1)知道人体的主要化学元素组成，维持元素在人体新陈代谢过程中的相对平衡对保持人体健康有重要意义。

(2)了解元素对人体健康的重要意义，通过学习及查阅资料，了解人是如何摄取这些元素的。

(3)认识到均衡膳食能更好地维持人体的元素平衡。

二、课前预习

阅读、分析、讨论教材第 92～95 页文字及图片，认识人体中的化学元素及其对人体的作用，自学完成下列问题。

(1)组成人体自身的元素约有多少种？(　　)

(2)人体中含量较多的元素有多少种？(　　)

(3)人体较多的元素约占人体质量的多少？(　　)

(4)以水、糖类、油脂、蛋白质和维生素的形式存在的元素是哪几种？(　　)

(5)以无机盐形式存在的元素总量不超过人体质量的(　　)。

(6)以无机盐的形式存在的元素可分为哪两类？(　　)
(7)在人体中含量超过0.01%的元素是常量元素吗？(　　)
(8)钙是微量元素吗？(　　)
(9)人体必需的微量元素有多少种？(　　)
(10)哪些元素是微量元素？(　　)

三、合作探究

(1)组成人体的元素约________种。
(2)人体中含量最高的非金属元素是________，人体中含量最高的金属元素是________。
(3)常量元素和微量元素有哪些区别？它们对人体有什么作用？
(4)元素对人体健康的影响见下表。

元素	人体内含量	对人体的作用	适宜摄入量	对人体健康的影响
铁	4～5g	能帮助氧气的运输	12～15mg	
锌	2.5g	影响人体发育	10～15mg	
硒	14～21mg	有防癌、抗癌作用	20～350μg	
碘	25～50mg	甲状腺素重要成分	100～200μg	
氟	1.4mg	能防治龋齿	3.3～4.1mg	

(5)讨论：
①你家里炒菜做饭使用铁锅还是铝锅？用什么锅较好？谈谈你选择的理由。

②人体缺少必需微量元素会得病，因此有人认为应尽可能多吃含有这些元素的营养补剂，你认为这种想法对吗？为什么？

四、达标测试

(1)维生素和以无机盐形式存在的元素能够调节人体的新陈代谢，缺乏时会导致疾病。
①缺乏维生素A，易患________。　②缺乏维生素C，易患________。
③人体缺乏铁元素会引起________。④甲状腺肿大是缺乏________。
⑤幼儿及青少年缺钙会得________和________。老年人缺钙会________，容易发生________。
⑥因体内缺乏而引起表皮角质化和癌症的营养元素是________。
⑦指甲中有白斑且食欲不振是缺乏________。
⑧龋齿是缺乏________。
(2)人体缺碘会影响正常的生命活动，为提高人体素质，食物补碘已引起人们的高度重视。人体内缺碘易产生的病症是(　　)。

A. 甲状腺机能亢进症　　B. 地方性呆小症

C. 侏儒症　　D. 地方性甲状腺肿大

为了防止上述现象产生，常在食盐中加入 KIO_3 来补充，该物质属于________。市售“加碘盐”外包装文字说明上都有“含碘量”的字样，这儿的碘是指(　　)。

A. KIO_3　　B. 碘元素　　C. 碘分子　　D. 碘离子

(3)经研究发现，长期使用我国发明的铁锅炒菜做饭，可有效地减少缺铁性贫血的发生，原因是________，如果在炒菜时经常加入适量的食用醋，效果会更好，理由是________，$FeSO_4$(Fe^{2+} 在空气中易被氧化成 Fe^{3+})可作治疗________的药剂，通过你的观察，在医疗上人们是如何防止 $FeSO_4$ 被氧化的呢?

(4)下列元素中属于人体所需微量元素的是(　　)。

A. 氧、磷、钾　　B. 钙、磷、钾　　C. 铁、锌、硒、碘　　D. 钾、碘、硒

(5)下列叙述错误的是(　　)。

A. 化学元素与人体健康有着密切的关系

B. 大部分元素在人体中主要以无机盐的形式存在

C. 幼儿体重轻，需要钙的量比成年人少

D. 人体每天对铁元素的适宜摄入量比碘元素多

(6)1989 年，世界卫生组织把铝确定为食品污染源之一加以控制利用，下列对铝应控制使用的是(　　)。

①制铝合金　②制电线　③制餐饮具　④制银白漆的原料　⑤制装饮料的易拉罐　⑥包装糖果的小食品

A. ①③④　　B. ③⑤⑥

C. ②⑤⑥　　D. 全部

(7)(2009 苏州)人体中缺乏某些元素会影响身体健康，甚至引起疾病。例如，导致骨骼疏松、畸形所缺的元素是(　　)。

A. 锌　　B. 碘　　C. 钙　　D. 铁

(8)(2009 达州)某种营养素补充剂的标签如右图：

【主要原料】 碳酸钙、维生素 D、大豆油、明胶等
【功效成份及含量】每 100g 含：钙 20.3g，维生素 D 0.28mg
【注意事项】本品不能代替药品，不宜超过推荐量或与同类营养补充剂同时食用

①标签中的“钙 20.3g”，这里的“钙”是指________(填编号)。

A. 元素　　B. 原子

C. 分子　　D. 离子

②该营养素具有补钙功能，同时还能补充人体所需的营养成分：________。(写出一种即可)

③淀粉是人们食用的最主要的糖类，由于淀粉能与碘作用呈________色。因此常用碘水(或碘酒)来检验食物中是否含有淀粉。

④蛋白质是人体所需的重要营养成分之一，是构成细胞的基础物质，人如果食用甲醛溶液浸泡过的鱼会危害身体健康，其原因是________________。

六、教学反思

(1)本课题的难点在于学生没有有机化学的基础知识,在不能讲明这些营养物质的结构和性质的情况下,要学生了解它们在人的生命活动中的作用及营养价值有一定的难度。在教学中,要注意将切入点落在这些营养物质对生命活动的意义上,即给学生做一些常识性的介绍。同时要回避结构问题,因为这几类物质的结构比较复杂,尤其是蛋白质的结构。

(2)在教学前,可布置学生查阅有关资料,写一篇主题是“食品中的营养物质”的小论文。教师在教学课堂中,可先请几位学生朗读小论文,然后通过一些具体的事实,较为详细地介绍糖类、油脂、蛋白质、维生素等营养物质与人体健康的关系,同时可引导学生进行以下问题的交流和讨论:糖类、油脂、蛋白质、维生素等营养物质与人体健康的关系是什么?日常生活中为什么要注意荤素搭配、膳食平衡?如何克服不良的饮食习惯?

七、点评与分析

1. 教学目标

本课时教学中,教师确定的教学目标合理、准确。

2. 教学方法

采用的教学方法适合学生的认知特点,从分析生活中的商标或说明书中人体所需元素主要功能及来源引课,激发了学生的求知欲,使学生感到化学与生活息息相关,能将学到的化学及时与生活中的事物相互联系,加深了学生对知识理解的同时,培养了学生的实践和分析能力。

3. 教学建议

教学中,还注重应用问题引导法和学案,指导学生分组讨论、思考和交流,充分调动学生的学习参与积极性,使学生的学习思维深度增加,提高了学习效率。

点评专家:任宗明　朝阳市教师进修学院初中部主任,中学高级教师
刘继和　沈阳师范大学教师专业发展学院教授,硕导

课题3　有机合成材料

一、基本信息

课题	有机合成材料(第一课时)				
授课学校	辽宁省实验学校	授课年级	九年级	授课班级	九年一班
授课时间	2012.4.6	课　型	新授元素化合物课	课　时	1
姓名	申艳秋	毕业学校及专业	沈阳师范大学化学专业		
年龄	43	最高学历	硕士研究生		
职称	中学高级	教龄	20		
最高荣誉	省骨干教师	最高奖励	国家优质课一等奖		

二、对本节课的基本认识与理解

<table>
<tr><td>本节课的性质、在教材中地位与作用</td><td colspan="2">性质:本课主要介绍了区别聚乙烯塑料和聚氯乙烯塑料的方法,认识塑料的热塑性和热固性,使学生充分认识化学与生活、生产的密切联系,提高学生的化学素养。
通过教师引导、学生探究,结合调查和查阅资料,从化学的视角观察、分析和解释学生生活、社会和生产、科技等所涉及的一些简单的化学问题,能从给出的情境中总结出一些规律。
地位:通过前面各单元的学习,学生已对化学在材料、能源及环境上的重要作用有了一定的认识,在此基础上学习本课题是对本主题知识体系的进一步完善,也是学生夯实基础及构建化学知识可持续发展体系的需要。通过对有机合成材料的学习,可以丰富视野,增长见识,建立起化学与生活的桥梁,使学生认识学习化学的重要性。
作用:通过有机合成材料在生活各个方面的广泛应用及造成的危害,让学生体会合成材料方便了人类的生活,但也带来了环境问题,培养学生关注自然和社会的责任感</td></tr>
<tr><td>学情分析</td><td colspan="2">有利因素:本课的大部分内容与生活密切相连,学生有一定的感性认识,学习起来比较容易,新型材料的奇妙用途能较大程度的调动学生的兴趣,激发学生联系生活的能力。
不利因素:概念较多,如有机物和无机物、有机高分子化合物、热固性、热塑性等,理解困难</td></tr>
<tr><td rowspan="3">教学目标</td><td>知识与技能</td><td>(1)能初步区别有机化合物和无机化合物,了解有机化合物的概念及其特点。
(2)知道塑料的一些性能,初步学会辨别聚乙烯和聚氯乙烯塑料,探究热塑性塑料和热固性塑料的性质差异</td></tr>
<tr><td>过程与方法</td><td>(1)在探究式的学习过程中,培养学生自主学习、创新意识,从而学会获取新知科学的学习方法。
(2)在合作学习的过程中,培养学生合作精神、协作能力。
(3)通过学习,学生感受到化学就在身边</td></tr>
<tr><td>情感态度与价值观</td><td>(1)通过对塑料的研究,学生形成“任何事物都具有正反两方面”的辩证唯物主义观点。
(2)通过对使用塑料利与弊分析,增强学生环保意识。
(3)通过学习,了解化学使生活变得更加美好,培养学生关注社会,认识有机合成材料的发展对人类社会的进步所起的重要作用</td></tr>
<tr><td rowspan="2">教学重难点</td><td>重点</td><td>(1)有机化合物和无机物化合物的区分。
(2)聚乙烯和聚氯乙烯塑料、塑料热塑性和热固性的区分。
(3)使用合成材料对人和环境的影响</td></tr>
<tr><td>难点</td><td>(1)组织学生进行“使用塑料的利与弊”的辩论。
(2)学生收集信息、加工信息的训练</td></tr>
<tr><td rowspan="3">教学资源与教学手段</td><td>仪器、药品</td><td>聚乙烯和聚氯乙烯样品、热固性塑料(如炒锅锅把手)、酒精灯、蒸发皿、坩埚钳等,学生自带塑料制品、种类不限</td></tr>
<tr><td>演示文稿</td><td>PPT、动画(商品过度包装的危害、少用塑料制品等)、视频(白色污染、有关塑料垃圾对环境危害的影片、先进的塑料垃圾处理系统)</td></tr>
<tr><td>其他资源</td><td>(1)学案。
(2)学生自带的塑料制品</td></tr>
</table>

三、教与学的过程设计

教学内容	教学环节与方法	教师活动	学生活动	设计宗旨与意图
创设教学情境	展示色彩鲜艳的各种塑料制品	塑料制品在我们的身边处处可见，塑料与我们的生活息息相关，让我们走进塑料的世界，共同研究塑料的有关问题	展示自带的塑料制品	创设情境，激发学生的学习热情
有机化合物	课件展示： 教材第102页的“活动与探究”中的表格，并利用实物投影学生的答案	指导探究，得出讨论。 指导阅读，引导学生根据表格内容比较和讨论	认真填写表格中有关内容，并进行比较和讨论，最后归纳小结	通过身边熟悉的物质——塑料，引出有机物和无机物的学习，符合学生的认知规律，利于学生接受和掌握
塑料的用途	课件展示： “塑料制品应用范围”的饼状图	“请同学们观察、分析该图，能得到什么结论？”	观看、分析、思考、回答	学生独立看大屏幕，培养学生独立读图的能力
	课件展示： 纳米塑料、聚碳酸酯塑料等新型塑料的用途	展望塑料的应用前景	口述塑料在生活、生产中的广泛应用，通过阅读参考资料、提供的网络资源，对新型塑料的用途有所认识	
塑料的性质	实验探究： (1)塑料热塑性和热固性的区分。 (2)聚乙烯和聚氯乙烯塑料的区分	“塑料有这么广泛的用途，大家都知道塑料有哪些性质呢？”	学生思考、讨论、回答，归纳出塑料的一般性质	培养学生“认识事物从现象到本质”的思维过程及动手实验能力和观察能力
		指导学生实验：“对比两块塑料样品的燃烧现象，有什么不同？由此可推测出什么结论？”引导学生分析和解决一些实际问题，使学生自主学习，探究新知识	分组实验、演示实验，完成实验报告。 通过对燃烧现象的对比，讨论、交流，得出所用的塑料种类不同	
		简介常见塑料的种类——聚乙烯塑料和聚氯乙烯塑料，聚乙烯塑料无毒而聚氯乙烯塑料有毒，大家把这两种样品对比一下，找出二者的区别	学生通过感官寻找两种塑料的不同：(1)感官：摸、抖；(2)点燃：气味、烟及燃烧难易程度	学生感到我们所学的化学知识非常有用、与生活息息相关，学习兴趣高涨

续表

教学内容	教学环节与方法	教师活动	学生活动	设计宗旨与意图
白色污染 1.探索防治“白色污染”的途径	多媒体播放有关塑料垃圾对环境危害的影片。 学生分小组通过各种形式，推选代表汇报课前进行的白色污染危害的调查结果	“塑料种类不同，作用各异。人类的生产、生活离不开它，如果不合理使用，会对环境造成哪些危害呢？” 组织学生汇报调查结果，积极促进学生发现问题、解决问题的能力	观看影片，进一步了解塑料废弃物所导致的“白色污染”的严重现状 自选形式汇报调查结果	培养学生合作精神，使学生感受成功的喜悦，从而增强自信
	课件展示：“按人均丢弃5g塑料垃圾计算，某城市人口约550万，一天将丢弃塑料垃圾多少千克？”	教师展示生活中常常丢弃的塑料瓶、牛奶袋等塑料垃圾，告知其质量，让学生计算城市一天产生塑料垃圾的质量。 “这些垃圾将堆满四十个这样的教室！”“如果这些垃圾铺散开的话，用一个词来形容，就是铺天盖地！”	学生计算出结果“27500kg”。 数字惊人、触目惊心	运用比喻、类比的方法，能让学生深刻理解塑料垃圾产量之大，从而认识到治理“白色污染”的紧迫性
	展示动画： 包装垃圾包地球；选用绿色包装。 展示课件：中国环境保护委员会的倡导	与同学们一起倾听，揣摩方法的有效性与合理性，并随时发表见解。 总结归纳为少用、替代、降解、回收	学生讨论、交流，各抒己见	培养学生创造力，增强学生的环保意识。使学生树立人和自然、社会协调发展的观念，有利于培养学生具有正确的价值观
2.塑料垃圾的处理方法	投影：学生收集的标有“塑料包装制品回收标志”的塑料制品。 多媒体展示：先进的塑料垃圾处理系统。 展示课件：用“掩埋、焚烧、露天堆放”的方法处理塑料垃圾的利与弊	“白色污染的罪魁本身并不是使用塑料，而是没能很好地回收处理塑料垃圾！”“如何处理回收的塑料垃圾？”“掩埋、焚烧、露天堆放行不行？” 抓住学生思维的闪光点，适当点拨、引导。使学生从教师的肯定中获得力量，增强自信心，并进一步转化为学习动力	讨论回答各标记的含义。 学生讨论、交流，最终得出塑料垃圾最佳处理方法——综合利用	利用STS教学树立学生对环境的爱护的意识和责任
3.辩论“使用塑料的利与弊”	展开辩论	组织辩论。 将学生分成正方、反方两大组，正方的论点是“塑料的利”，反方的论点是“塑料的弊”。 呼吁大家珍惜资源、爱护环境、合理使用化学物质	正、反双方面对面展开辩论，课堂气氛达到高潮，学生争着表现自己	通过辩论和观看投影，学生意识到学习化学、爱护环境的重要性，培养了学生的表达能力和合作意识，使学生辩证地看问题，树立学好化学的决心
课堂小结	投影小结	激励学生努力学习，鼓励他们有朝一日能用科学的力量战胜“白色污染”	畅谈感受	知识来源于社会，但要发展又必须服务于社会，引导学生学以致用
课后作业	集思广益：请你结合本节课的研究向区政府提交治理“白色污染”的合理化建议			

四、板书设计

有机合成材料

一、有机化合物

含碳的化合物（CO、CO_2、$CaCO_3$ 等除外）

有机高分子化合物

二、塑料

1. 种类：聚乙烯塑料、聚氯乙烯塑料（热塑性）、酚醛塑料（电木）（热固性）等

2. 白色污染

五、学案

有机合成材料学案

(1)塑料都有哪些用途？

(2)滥用塑料制品的危害是什么？（汇报形式可从漫画、小品、故事、唱歌、诗歌等形式中任选）。

(3)调查塑料垃圾的处理方法，并将收集到的信息加工整理，准备以最佳的效果在课堂上汇报。

(4)学生自带的塑料制品。

六、教学反思

(1)塑料垃圾造成环境污染，已引起了大家的注意，这是一个正待致力研究、解决的问题，学生在接受科学知识的同时，也要让他们关注我们的生活，引发他们对生态环境的保护意识，将学到的化学知识再应用于社会——这就是设计本堂课的思想主线。

(2)通过查资料、上网等方式了解治理“白色污染”的有效措施，学生收集了许多的材料和数据，提出了很多合理化建议，他们的创造、表演才能令我刮目相看，我从中学到了很多东

西，真正体会到教学相长。学生热情很高，无论是实验还是辩论都全心投入，使我深刻感到：让课堂更自由更灵活，让学生们将课堂所学能应用到生活中才是教学的真正目的，将课堂真正还给学生。

七、点评与分析

1. 教学目标

教师从学生身边的物质入手，贴近生活实际，巧妙地设置教学情境，极大地激发了学生的学习热情。

2. 教学方法

采用开放式、探究式的教学方法，步步推进，环环深入，为学生主动学习、自主学习创设了佳境。

3. 教学手段

在进行“塑料的危害”学习课题时，学生们课前调查收集素材，通过故事、独幕剧、漫画等表现形式鲜活地将塑料的危害展示给大家，表现出极大的创造力和震撼力。通过对使用塑料的利与弊的分析，学生学会辩证认识事物的观点。

4. 教学内容

在学习“塑料的综合利用”课题时，在教师的调控下，学生们有理、有利、有节地展开了热烈的讨论、交流、评价、辩论活动，开发了创造潜能，真正进入了自主学习、创造性学习的状态之中。

八、参考资料

教育部基础教育课程教材专家工作委员会. 2012. 义务教育化学课程标准(2011年版)解读. 北京：高等教育出版社.

关松林. 2006. 中学教学典型课示例. 北京：光明日报出版社.

点评专家：刘继和　沈阳师范大学教师专业发展学院教授，硕导